Mudras

LA GEAR
LA GEAR

Zora Gienger

Mudras

Finger-Yoga für Gesundheit,
Wohlbefinden und Gelassenheit

Weltbild

Inhalt

Die Empfindung für unser Wohl und Wehe hängt von unserer Eigenliebe ab.

François de La Rochefoucauld

In diesem Teil finden Sie Mudras, die Ihnen bei körperlichen und seelischen Beschwerden und Störungen helfen können, wie sie jeden von uns im Alltag immer wieder einmal heimsuchen. Neben den Mudras finden Sie auch Hinweise auf die möglichen Ursachen von Störungen.

Wer es versteht, sich zu befühlen und sich energisch mit sich selbst zu beschäftigen, für den ist Meditieren eine gewaltige, gehaltvolle Arbeit.
Michel Eyquem de Montaigne

Mudras sind eine gute Ergänzung zu Ihren täglichen Gebeten und Meditationen. Sie helfen, Gebet und Meditation zu einem festen Bestandteil Ihres Alltags zu machen.

Mudras – Fingeryoga für das Wohlbefinden

Das Wort »mudra« kommt aus dem Sanskrit und bedeutet so viel wie »Siegel« oder »Mysterium«. Es handelt sich dabei um eine symbolische Handgeste (Handbewegung, Handstellung), die sowohl im alltäglichen Leben und in der religiösen Praxis als auch im indischen Tanz ihre Anwendung findet.

Als ich die ersten Erfahrungen mit Mudras machte und die ersten Erfolge mit den Fingerhaltungen verzeichnete, hatte ich schon viele Jahre aktiv Yoga praktiziert und ein spezielles Yogaprogramm für Schwangere entwickelt. Die Erfahrungen mit dem Fingeryoga kamen also erst später dazu, sind aber heute aus meinen Kursen überhaupt nicht mehr wegzudenken.

Mit Schwangeren setze ich Mudras gezielt für den Angstabbau vor und während der Geburt ein, zur Entspannung, aber auch, um körperlich gestärkt zu werden. Wir üben die Handhaltungen ganz bequem im Sitzen, wobei sich die Hochschwangeren an dicke Kissen lehnen dürfen und die Hände ganz entspannt auf den Oberschenkeln liegen. Die Schwangeren nehmen die Handposition ein und schließen die Augen.

Dann schlage ich eine meiner zahlreichen Klangschalen an und lasse meine Kursteilnehmerinnen den Klang verinnerlichen,

Mudras schenken Ruhe und Sammlung und versorgen Körper und Geist mit neuer Energie für den Alltag.

während die Mudra gehalten wird. Ein sanfter Kerzenschimmer erwärmt die Atmosphäre, und endlich kann sich Stille in die überreizten Gemüter senken.

Da die Kurszeit immer sehr begrenzt ist, halten wir die Mudras nie sehr lange, eigentlich zu kurz, um sie richtig zur Wirkung zu bringen. Dennoch geschieht es, dass diese Wirkung sich entfaltet, manchmal sehr schnell, bei einigen Kursteilnehmerinnen sofort: Kaum lassen sie sich voll und ganz auf die Mudra-Handhaltung ein, wird etwas in ihrem Inneren in Bewegung gesetzt. Dieses Phänomen beobachte ich schon seit einigen Jahren.

Wenn Sie also einmal wenig Zeit für Mudras haben, lassen Sie sich nicht verdrießen. Selbst eine Minute reicht schon, um energetische Prozesse in Gang zu bringen.

Und noch eine erstaunliche Entdeckung habe ich gemacht: Viele Fingerhaltungen kommen immer wieder im Alltag zum Einsatz, ohne dass sich der Ausführende darüber im Klaren ist. Die Fingerhaltungen werden dann ganz unbewusst eingesetzt und können ungehindert ihre Wirkung entfalten. So »wissen« die Hände immer genau, was gerade gebraucht wird. Die Finger finden einander und berühren sich – und schon wird der Energiefluss angeregt.

Bestimmte Fingerhaltungen und Gesten sind ganz selbstverständlicher Bestandteil unseres Alltags. Achten Sie einmal darauf, wie Sie und Ihre Mitmenschen tagtäglich die Hände einsetzen und was damit alles ausgedrückt werden kann.

Wenn Sie Lust haben, beobachten Sie einmal Ihre Mitmenschen zu Hause, in Bus und Bahn, bei der Arbeit, in Konferenzen und beim gemütlichen Zusammensein. Überall werden Sie Mudras entdecken.

Und wenn Ihnen einmal jemand den »Stinkefinger« zeigt, dann lächeln Sie geduldig. Denn der Mittelfinger symbolisiert die Welt des Himmels, in der großartige Ideen geboren werden können, in der aber auch die Realität zu Hause ist. Und wer ist nicht gerne auf dem himmlischen Pfad unterwegs?

Ich wünsche Ihnen viel Freude beim Ausprobieren und Anwenden der Mudras.

Ihre Zora Gienger

Mudras – Freude in Ihren Händen

Mudras sind ganz spezielle Fingerhaltungen, die ursprünglich aus dem Yoga und dem indischen Ayurveda stammen. Obwohl Mudras hauptsächlich dem asiatischen Kulturraum zugesprochen werden, kennt jede Kultur und Religion ähnliche Gebets-, Hand- und Fingerhaltungen. Sie dienen dem Bewusstmachen traditioneller Überlieferungen und symbolisieren meditative Bewusstseinszustände, die Körper, Geist und Seele harmonisieren sollen.

Was sind Mudras?

Das Wort Mudra kommt aus dem Sanskrit und bedeutet »Siegel« oder »Mysterium«, besser gesagt »das Mysterium der Freude«, denn die Silbe »mud« bedeutet Freude, die durch das »ra« in Aktion treten kann.

Ich selbst nenne Mudras die »gelebte Freude der Stille und Meditation«. Schon allein deshalb, weil meine Kursteilnehmerinnen nach dem Halten der Mudra allesamt ein sanftes Lächeln auf den Lippen tragen. Woher dieses Lächeln kommt? Dies wird das ewige Geheimnis jeder Mudra bleiben. Und so wird jeder Mensch beim Üben mit den Mudras aufgefordert, sich dem Mysterium hinzugeben und der Sehnsucht seiner Seele zu folgen.

Mudras sind Bestandteil verschiedener Yogarichtungen. Ihnen wird die Kraft zugeschrieben, in bestimmter Weise auf den Organismus als Ganzes und die einzelnen Organe zu wirken und eine wohltuende Wirkung auf Geist und Seele zu entfalten. Daher kommt auch die Bezeichnung »Fingeryoga«.

Mudras stellen in einer einfachen Handhaltung all das dar, was Menschen fühlen, denken, empfinden und ausdrücken wollen. Sie sind emotionale und rationale Wegweiser und schaffen Berührung. Über die Hände tritt der Mensch in Berührung mit sich selbst und seiner Umwelt. Ein kräftiger Händedruck, eine sanftes Schulterklopfen, ein zartes Streicheln, ein festes Anpacken, ein Festhalten und Ertasten – über die Hände spiegeln sich Gedanken und Gefühle und nehmen Einfluss auf die Umwelt.

Ihr Körper kennt seine eigene Weisheit und wird über Worte und Gesten kommunizieren. Achten Sie deshalb einmal ganz besonders auf die Gestik Ihrer Mitmenschen, denn während Worte immer bewusst gewählt werden können, verraten Hand- und Fingerhaltungen all die Gedanken und Gefühle Ihres Gegenübers. Zur Übung beobachten Sie doch einmal die Politiker im Bundestag, wenn eine Debatte im Fernsehen übertragen wird. Schalten Sie den Ton ab, und achten Sie auf die Körpersprache.

Mudras sind die Flügel der Hände, die Ihnen Stille und Harmonie schenken und Sie auf eine zarte und einfache Art und Weise dem Himmel auf Erden näher bringen und die Welt ein wenig besser »be-greifen« und »er-fassen« lassen.

Was bewirken Mudras?

Im Laufe unserer langen Entwicklungsgeschichte spielten die Fertigkeiten und Ausdrucksmöglichkeiten unserer Hände und Finger eine große Rolle bei der »Menschwerdung«. Da ist zum einen die Fähigkeit, mit Händen Werkzeuge zu schaffen und zu beherrschen, und zum anderen die Gabe, mit den Händen zu kommunizieren und Gefühle auszudrücken.

Mudras entfalten ihre Wirkung in allen Bereichen, also körperlich, geistig und seelisch. Sie schaffen Verbindung und helfen dem Menschen, wieder in Einklang mit sich selbst zu kommen und seine innere Mitte und Zufriedenheit zu finden. Dadurch unterstützen sie heilende Prozesse, aktivieren die Gesundheit und verbessern das Wohlbefinden.

Sie fördern die Konzentrationsfähigkeit, schenken Entspannung und regen über die Fingerreflexzonen den gesamten Energiefluss im Körper an.

Jede Hirnaktivität steht im engen Zusammenhang mit den Händen. Das können Sie sich folgendermaßen vorstellen: Sie erfahren Ihre Umwelt mit allen Sinnen und erfassen insbesondere über den Tastsinn, Ihre Hände, die Welt. All diese Eindrücke werden in Ihrem Gehirn gespeichert und in den entsprechenden Regionen der Hirnrinde aufgezeichnet.

Wenn Sie traurig, wütend, aufgeregt, begeistert oder voller Freude sind – bei jeder Emotion drückt sich Ihr inneres Empfinden auch körperlich aus, vor allem auch über Ihre Hände. Sie reiben beispielsweise die Hände aneinander, ballen sie zu Fäusten, schütteln sie oder klatschen laut. Bei allen inneren Regungen regen sich auch Ihre Hände.

Umgekehrt können Sie aber ebenso durch eine bestimmte Handhaltung eine entsprechende innere Haltung auslösen. Ein ganz einfaches Beispiel: Wenn Sie die Hände zum Gebet falten, machen Sie sich bereit für die Zwiesprache mit Gott und werden in eine feierliche, meditative Stimmung versetzt.

Auf diese Art und Weise wird auch in anderen Situationen über eine ganz bestimmte Hand- und Fingerhaltung eine entsprechende geistige, seelische und körperliche Haltung ausgelöst und ein Impuls gesetzt, um die leibliche und seelische Befindlichkeit zu verändern.

Sie brauchen nur ein wenig Zeit und einen ruhigen Ort, um die wohltuende Wirkung von Mudras spürbar zu machen.

Eine ganzheitliche Wirkung

Mudras helfen besonders gut, wenn Sie sich innerlich zerrissen fühlen und den Kontakt zu Ihrem Körper verloren haben. Jeder von uns kennt die typischen Alltagsbeschwerden, die unsere Lebensweise mit sich bringt. Zu langes Sitzen, Stress, schlechte Ernährung, wenig Schlaf und zu wenig Bewegung machen auf die Dauer krank. Dann meldet sich Ihr Körper und verlangt mit Hilfe von Kopf- oder Rückenschmerzen eine Kurskorrektur. Doch Sie sind nicht bereit, auf Ihren Körper zu hören. Ja, oftmals ist es sogar so, dass die kleinen Warnimpulse des Körpers gar nicht mehr wahrgenommen werden. Bis es dann zum Beispiel zu einer heftigen Migräneattacke oder einem Hexenschuss kommt.

Mudras helfen Ihnen, sich diese Sachverhalte wieder bewusst zu machen und Verbindung herzustellen: auf körperlicher, geistiger und seelischer Ebene. Wie beim Yoga werden auch beim Halten der Mudras körperliche, geistige und seelische Prozesse bewusst gemacht und wieder in Einklang gebracht. Sie sehen die Ganzheit Ihres Wesens und reagieren im Laufe der Zeit sensibler auf die Bedürfnisse von Leib und Seele.

Im Alltag – unter dem Einfluss von Hektik, Zeitdruck und Stress – verdrängen wir häufig das Wissen um den Zusammenhang zwischen körperlichem und seelisch-geistigem Wohlbefinden. Mudras können uns helfen, diesen Zusammenhang wieder spürbar werden zu lassen.

Im Überblick: Mudras und ihre Wirkung

Auf der körperlichen Ebene

- Harmonisierung der Energiebahnen und Energiezentren im Körper über die Meridiane und Chakren
- Ausreichende Versorgung der Organe mit Energie und Blut
- Regulierung der Funktion der endokrinen Drüsen, Fehlsteuerungen der Hormonproduktion werden ausgeglichen.
- Körperliche Vitalisierung (bei Erschöpfungszuständen und Müdigkeit)
- Allgemeine Entspannung
- Senkung eines erhöhten Blutdrucks
- Positive Einflussnahme auf Verspannungen und Verkrampfungen von Muskeln
- Positive Einflussnahme auf Befindlichkeitsstörungen und Schmerzen

Auf der geistig-seelischen Ebene

- Förderung der Kreativität
- Impulse und Inspiration
- Steigerung der Selbstwahrnehmung
- Mehr Bewusstheit im Leben
- Zur inneren Ruhe finden
- Den Weg der Gelassenheit unterstützen
- Loslassprozesse einleiten
- Harmonisierung von seelischen Wachstumsprozessen während Krisen
- Selbstvertrauen finden
- Unterstützende Hilfe beim Abbau von Ängsten und Depressionen
- Unterstützung bei Lernschwierigkeiten

Unterstützung durch eine bewusste Lebensweise

Im Gleichgewicht ist der Mensch erst dann, wenn er auf eine gesunde Lebensweise achtet. Dazu gehören eine ausgewogene Ernährung, ausreichend Schlaf und Erholungsphasen, Lebensfreude, eine Arbeit, die Befriedigung bringt, viel Bewegung, soziale Kontakte, frische Luft und das sinnliche Erfahren der Natur.
Bei Krankheiten und Beschwerden sollten Sie immer auch einen Arzt zu Rate ziehen! Mudras wirken unterstützend auf ganzheitliche Heilprozesse, ersetzen aber nicht die medizinische Versorgung. Wenn Sie krank sind oder sich krank fühlen, zögern Sie nicht, eine medizinische Behandlung einleiten zu lassen, und befolgen Sie die Ratschläge Ihres Therapeuten.

So wirken Mudras am besten

- Lassen Sie die Vergangenheit ruhen.
- Hegen Sie friedliche und liebevolle Gedanken.
- Leben Sie in der Gegenwart.
- Seien Sie dankbar.
- Erkennen Sie die Schönheit der Schöpfung.
- Erkennen Sie die Einmaligkeit und Einzigartigkeit Ihrer eigenen Existenz.
- Freuen Sie sich, dass es Sie gibt und Sie da sein können.
- Folgen Sie der Sehnsucht Ihrer Seele, Ihrer inneren Stimme.
- Haben Sie Selbstvertrauen und Gottvertrauen.
- Lieben Sie sich selbst, und verschenken Sie Liebe.
- Lassen Sie sich auf Kontakt zu Ihren Mitmenschen ein, ohne sich selbst zu verleugnen oder aufzugeben.
- Finden Sie Ihre Mitte, und suchen Sie sie auf, wann immer Sie es brauchen oder das Gefühl haben, sich selbst zu verlieren.
- Freuen Sie sich an der Natur und an allem Schönen, das Sie tagtäglich umgibt.
- Lassen Sie so viel Freude wie möglich in Ihr Leben.

Die Kraft guter Gedanken

Längst hat die Wissenschaft erkannt, dass die Energie eines jeden Gedankens Einfluss nimmt auf die sensiblen Stoffwechselvorgänge im Körper. Ob zum Beispiel eine Zelle Nährstoffe optimal verwerten und Stoffwechselabfallprodukte abgeben kann, wird von guten Gedanken positiv unterstützt.

Nehmen Sie sich jeden Tag ein paar Minuten Zeit, um gute Gedanken zu fassen: Freuen Sie sich auf ein schönes Ereignis, das vor Ihnen liegt, auf eine Begegnung mit einem lieben Menschen. Oder gehen Sie auf eine Gedankenreise in Ihr Traumland. Auch wenn Sie sich vorher angespannt und gereizt gefühlt haben, werden Sie merken, wie Sie das entspannt.

Negative Gedanken verändern das Denk- und Verhaltensmuster und lassen unangenehme Gefühle entstehen. Ihre innere Haltung zum Leben ist also mit ausschlaggebend dafür, wie wohl Sie sich fühlen.

Gute Gedanken können Sie trainieren! Sie haben die Möglichkeit, sich Ihr Alltagsverhalten bewusst zu machen, die innere Einstellung zu verändern und auch im äußeren Leben Veränderungen willkommen zu heißen.

Bewusstheit trainieren

Vielleicht kennen Sie das: Sie gehen durch den Wald und grübeln über sich, die angeschlagene Partnerschaft, den bösen Nachbarn, die anstrengenden Kinder und die Intrige der Kollegen am Arbeitsplatz. Von der Schönheit des Waldes bekommen Sie kaum etwas mit, weil Sie so sehr in Ihren Gedanken versunken sind.

Auf diese Weise vergehen die Stunden, die Tage, die Monate und die Jahre. Plötzlich ist das Jahr herum. Und Sie sagen sich schon wieder: »Meine Güte, wie schnell die Zeit doch vergeht.« Ein Tag ist wie der andere, Ihre Gedanken kreisen meistens um Sie selbst und um die Klage, wie schrecklich der Tag doch wieder ist. Frühling, Sommer, Herbst und Winter kommen und gehen, und Sie bekommen nichts davon mit. Ihr Alltag frisst Sie auf, und im Urlaub liegen Sie erschöpft am Strand und schlafen. Oder Sie jagen von der einen zur anderen Attraktion, ohne wirklich Zeit und Muße für sich zu haben. Sie leben unbewusst.

All Ihr Gedankenmüll kreist in Ihnen, setzt sich dann irgendwo im Körper fest und äußert sich schließlich in Form psychosomatischer Beschwerden. Wenn Sie nun immer noch unbewusst leben, werden die Beschwerden irgendwann chronisch. Sie haben sich festgesetzt.
Mudras helfen Ihnen, sich Ihrer selbst bewusst zu werden. Ihr Bewusstsein ist gefordert, die Welt mit allen Sinnen zu erleben, sich dem Lebensfluss hinzugeben, die Signale des Körpers zu beachten und die scheinbare Bequemlichkeit über Bord zu werfen. Bewusstheit hilft Ihnen, die Selbstheilungskräfte des Körpers zu aktivieren.

Mudras gegen Alltagsstress

In meine Gesundheitssprechstunde, die ich in der Frauenarztpraxis meines Mannes leite, kommen oftmals Frauen, die zwar körperliche Symptome aufweisen, bei denen aber medizinisch alles in Ordnung ist. Eigentlich sind sie gesund, und sind es doch wieder nicht. Der Stress macht sie krank. Oft sind es Frauen, die unter der Mehrfachbelastung von Beruf und Familie leiden, die im Berufsleben stark eingespannt sind, Probleme mit dem Partner haben oder vom Wesen her unruhig und hyperaktiv sind. Ich erinnere mich an eine Frau, die klagte, sie wache morgens wie gerädert und mit starken Muskelverspannungen und Rückenschmerzen auf. Nun kam sie zu mir, weil sie eine beginnende Osteoporose vermutete. Und weil ich für die Osteoporoseprävention zuständig bin, ermittelte ich den Knochendichtewert, der völlig in Ordnung war.
Schon beim Hereinkommen war mir aufgefallen, dass die Frau sehr unruhig wirkte. Sie konnte kaum still sitzen, war aber sehr korrekt im Verhalten und auch keine »Plaudertasche«. Ich fragte sie nach ihren Schlafgewohnheiten, und sie erzählte mir, dass sie sich eine ganz neue Matratze und neue Kissen gekauft hatte.

Der Begriff »Stress« kommt aus dem Englischen und wurde 1936 von dem Biochemiker und Mediziner Hans Selye (1907–1982) geprägt. Er bezeichnete damit ein Reaktionsmuster, das alle Menschen und Tiere bei hoher körperlicher und geistiger Beanspruchung zeigen.

Wir bezeichnen Stress, der als negativ empfunden wird als »Distress«. Er entsteht, wenn wir eine Situation umgehen möchten, weil wir uns ihr nicht gewachsen fühlen. Der Gedanke an eine nicht zu bewältigende Aufgabe überfordert und lähmt uns. Das Gegenteil dazu ist der »Eustress« – Stress, der mit einer Herausforderung verknüpft ist, die wir erfolgreich bewältigen und für die wir Dank und Anerkennung ernten.

Nun konnte sie gut schlafen und wachte dennoch völlig gerädert und mit Verspannungen auf. Sie gehörte eindeutig zu den Menschen, die den Stress des Alltags in der Nacht verarbeiten. Manche dieser Menschen knirschen mit den Zähnen, andere spannen sämtliche Muskeln an und verdrehen sich beim Schlafen so, dass es zum Muskelkater kommt. Vor allem die korrekten Menschen, die nach außen nicht auffallen wollen, aber dennoch zur Unruhe neigen, nervös sind und Stress schlecht wegstecken können, werden von nächtlichen Stressattacken geplagt. Ich gab ihr einige Mudras, Atem- und Yogaübungen mit auf den Weg und empfahl ihr, sich einen Kurs auszusuchen, bei dem Stress aktiv abgebaut werden kann, zum Beispiel das Autogene Training, einen Yoga- oder Entspannungskurs.
Es geht um Bewusstheit, um etwas verändern zu können und den Teufelskreis aus Krankheit und Unbewusstheit zu durchbrechen. Übernehmen Sie Verantwortung für Ihr Wohlbefinden, und werden Sie sich bewusst, wie Körper, Geist und Seele verbunden sind und Ihrem Leben Gestalt geben.

Hand und Finger – Spiegel von Leib und Seele

Ebenso wie die Füße sind die Hände in reflektorische Zonen eingeteilt, die bestimmten Körperteilen und Organen zugeordnet sind. Darüber hinaus symbolisiert jeder Finger eines der fünf existierenden Elemente Feuer, Erde, Wasser, Luft und Äther (den Himmel) und wird in den Energiezentren des Körpers, auch Chrakras genannt, repräsentiert. Jedem Finger ist eines der Hauptenergiezentren zugeordnet.

Vom Brustbein bis zur Fingerspitze

Anatomisch gesehen stellen Hand, Arm, Schlüsselbein, Schulterblatt und Brustbein eine Bewegungseinheit dar. Das heißt, dass

DIE ZUORDNUNG DER FINGER ZU DEN ELEMENTEN, ENERGIEZENTREN UND PLANETEN

Kleiner Finger	Wasser, Energiezentrum unterhalb des Bauchnabels (Sakralchakra), Merkur
Ringfinger	Erde, Energiezentrum zwischen Steißbein und Schambein (Wurzelchakra), Apollo
Mittelfinger	Äther (Himmlisches), Energiezentrum am Kehlkopf (Halschakra), Saturn
Zeigefinger	Luft, Energiezentrum in der Mitte des Brustkorbs (Herzchakra), Jupiter
Daumen	Feuer, Energiezentrum auf dem Nabel und eine Hand breit darüber (Solarplexus), Mars

sich jede Bewegung, die Sie über die Hände ausführen, bis hin zum Brustbein auswirkt und alle beteiligten Knochen und Muskeln beeinflusst.

Zudem führen die Nervenbahnen im Nacken durch die Wirbellöcher in Arme, Hände und Finger. Handübungen und Handmassagen wirken sich deshalb immer besonders gut auf Nackenverspannungen aus.

Wenn Sie die Finger spreizen, spreizen sich durch einen Reflex ebenso die Brustwirbel, sodass Sie besser Atem schöpfen können. Wer unter Husten leidet oder Asthmatiker ist, sollte alle zehn Finger vor dem Oberkörper spreizen und tief ein- und ausatmen.

Unbewegliche Finger, die nicht mehr gespreizt werden können, weisen eine Tendenz zu Osteoporose und sogar zu einer Herzerkrankung auf. Bei meiner Großmutter, die vor einigen Jahren gestorben ist, konnte ich diese Entwicklung beobachten: Sie war herzkrank und hatte eine sehr starke Osteoporose. Beide Hände waren so gekrümmt, dass eine Öffnung der Finger kaum mehr möglich war.

Stress macht krank. Seele und Körper leiden. Gastritis, Magengeschwüre, Bluthochdruck und Herzinfarkt gehören zu den Krankheiten, die durch negativen Stress entstehen. Einer ernsthaften Erkrankung geht jedoch eine ganze Reihe von Beschwerden voraus, denen wir mit Hilfe von Mudras etwas entgegensetzen können.

Die Beweglichkeit der Finger

Wie sehr wir auf die Beweglichkeit unserer Finger und Hände angewiesen sind, merken wir häufig erst, wenn sie nicht mehr klaglos ihren Dienst verrichten: im Falle eines Bruchs zum Beispiel oder einer Arthroseerkrankung. Mudras sind auch eine Möglichkeit, Beweglichkeit zu erhalten und zu schulen.

Die Beweglichkeit der Finger sagt auch etwas über die geistige Beweglichkeit aus. Schön ist dabei der Zusammenhang zwischen Kreativität und Musikalität zu sehen. Wer ein Instrument spielt, das große Fingerfertigkeit erfordert, hält ebenso seinen Geist aktiv und fördert die Intelligenz des Denkens. Aber auch die Koordinationsfähigkeit und die Feinmotorik werden durch bewegliche Finger geschult. Ganz besonders erschreckend ist es, dass viele Schulkinder nicht mehr in der Lage sind, verschiedene Fingerhaltungen auszuführen. Wer nur noch das Bedienen der Computermaus beherrscht, lernt schwerer und ist im Denken nicht so flexibel. Koordination, geistige Beweglichkeit, Improvisationstalent, Spontaneität und ein reges Fingerspiel gehören zusammen und können geschult werden. Das Üben von Mudras beeinflusst also auch die Denkfähigkeit.

ZUORDNUNG DER FINGER ZU CHARAKTEREIGENSCHAFTEN

Kleiner Finger	Kreativität, Schönheitssinn, Klarheit, Kommunikation, Vernunft, Auffassungsgabe, Intellekt, Geschäftssinn, sprachliche Gewandtheit, Spiritualität
Ringfinger	Kommunikation in Beziehung zum Gesprächspartner, Gemeinschaftssinn, Sinnlichkeit, Fantasie, Intuition, fließende Kreativität
Mittelfinger	Realitätssinn, Tatkraft zum Umsetzen von Ideen, Anpassung, Beharrlichkeit, Tugendhaftigkeit, Verantwortung, Sachlichkeit
Zeigefinger	Selbstbewusstsein, Stärke, Willensäußerung, Selbstverwirklichung, Schaffenskraft, Rationalität
Daumen	Lebensenergie, Körperbewusstsein, Willenskraft, Behauptungskraft, Erfassen der Umwelt, Antriebskraft, Schöpferkraft, Dynamik

Wer kein Instrument beherrscht, dafür aber die Tastatur seines Computers im Zehnfingersystem bedienen kann, tut ebenso etwas für seine geistige Flexibilität. Ich selbst bin sehr dankbar, dass ich das Tastenschreiben (damals noch auf der Schreibmaschine) im Zehnfingersystem als Teenager erlernt habe. Heute kann ich als Autorin so schnell schreiben, wie ich denke. Zwischen Denkvorgang und Computereingabe vergeht keine Zeit. Deshalb kann ich auch sehr schnell arbeiten.

Durch das Tasten und Berühren mit den Fingerspitzen wird die Gehirntätigkeit trainiert. Ein reges Fingerspiel in Kombination mit Überkreuzbewegungen, zum Beispiel die rechte Hand ans linke Ohr legen und umgekehrt, beeinflusst die Neustrukturierung der Neuronen im Gehirn. Es können neue Vernetzungen gebildet werden. Diese Tatsache ist nicht nur für Kinder interessant.

Fingerübungen als »Gehirnjogging«: Durch die enge Beziehung zwischen unseren Händen und unserem Gehirn, regen Mudras auch die Gehirntätigkeit positiv an und fördern neue Verknüpfungen.

Handgymnastik im Alltag

Nutzen Sie Ihre Alltagstätigkeiten für eine kleine Handgymnastik oder einige Handspielchen, die nicht nur Kindern großen Spaß machen.

Bewusstes Händewaschen

Kneten und berühren Sie Ihre Hände einmal ganz genau. Schauen Sie dabei hin, und verfolgen Sie das Spiel der Hände beim Waschen. Dann schließen Sie die Augen und erspüren den Kontakt Ihrer Hände.

Händeklatschen

Klatschen Sie in die Hände in vielen Varianten. Einmal so, wie Sie es immer machen, dann mit der anderen Hand obenauf. Anschließend mit »hohlen Handflächen« und dann so, wie es kleine Kinder machen, wenn beide Handflächen direkt aufeinander treffen.

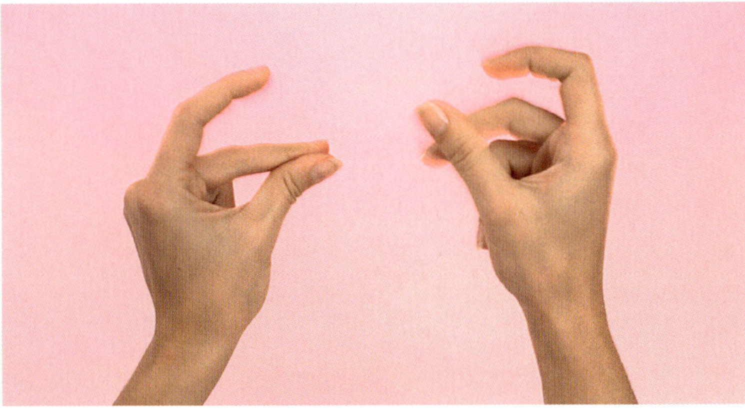

Stimmen Sie sich vor dem Halten einer Mudra mit einigen Fingerübungen ein, um ihre Hände beweglich zu machen.

Mit den Fingern schnipsen

Üben Sie das Schnipsen, auch wenn Sie dabei keinen Ton erzeugen können.

Fingerspielchen

Ist das Energiegleichgewicht im Körper gestört, können Mudras dabei helfen, dass die Lebensenergie wieder richtig fließt. Sie versorgen den Körper auf sanfte Weise mit der nötigen Energie und wirken belebend oder beruhigend, genau so, wie Sie es brauchen. Nehmen Sie Ihre Gesundheit und Ihr Wohlbefinden ganz einfach wieder in Ihre eigenen Hände!

Lassen Sie in schnellem Wechsel die Daumenspitze mit den restlichen Fingerspitzen zusammentreffen. Also: Daumen und Zeigefinger, dann Daumen und Mittelfinger, Daumen und Ringfinger und Daumen und kleiner Finger. Versuchen Sie immer schneller zu werden, ohne einen Fehler zu begehen. Anschließend versuchen Sie es mit beiden Händen gleichzeitig und überprüfen, ob Ihre Hände synchron arbeiten können.

Fingerspitzen klopfen

Legen Sie die Fingerspitzen beider Hände aneinander, also Daumen auf Daumen, Zeigefinger auf Zeigefinger usw., und klopfen Sie die Fingerspitzen in kurzen Abständen aneinander. Dies regt den Kreislauf an und macht schnell wieder munter.

Häutchen zupfen

Spreizen Sie die Finger einer Hand, und zupfen Sie die Fingerzwischenräume mit Daumen und Zeigefinger der anderen Hand mehrmals ab. Dann die Seiten wechseln. Bei langer Computertätigkeit wirkt diese Übung belebend.

Hände verschränken

Verschränken Sie die Hände wie zum Gebet, strecken Sie dann die Arme aus und drehen die Handflächen nach außen. Die Finger bleiben verschränkt. Dehnen Sie sich aus! Auch diese Übung ist gut bei langer Computerarbeit oder nachdem Sie viel mit der Hand geschrieben haben.

Durch die Zuordnung bestimmter Finger und Fingerglieder zu bestimmten Organen und Funktionen ist es möglich, mit Hilfe der Ausführung von Mudras ganz gezielt Einfluss zu nehmen. Die Verbindung besteht durch die so genannten Meridiane, Energieleitbahnen, die auch für die heilende Wirkung von Akupunktur und Akupressur verantwortlich sind. Diese Bahnen durchziehen unseren ganzen Körper und wurden zuerst von chinesischen Heilkundigen entdeckt.

Trommeln

Trommeln Sie mit den Fingerspitzen, aber auch mit den flachen Händen auf verschiedene Unterlagen. Hören Sie, wie Sie selbst unterschiedliche Töne und Rhythmen erzeugen können, je nach Handhaltung und Schlagintensität.

Hände schütteln

Schütteln Sie immer mal wieder die Hände aus, und lassen Sie die Schultern fallen. Atmen Sie kräftig dabei aus.

Faust und Spreizfinger

Wechseln Sie zwischen gespreizten Fingern und geballter Faust ab. Diese Übung ist hervorragend bei niedrigem Blutdruck und stärkt das Atemvolumen.

ZUORDNUNG DER FINGER ZU DEN ORGANEN

Kleiner Finger	Geschlechtsorgane, Blase, Wirbelsäule, Gehirn
Ringfinger	Verdauungsorgane, Knochen
Mittelfinger	Lunge, Hals-Nasen-Ohren-Bereich
Zeigefinger	Herz, Augen, Muskulatur
Daumen	Magen-Darm-Trakt

Die Einteilung der Fingerzonen

Auch auf symbolischem Wege sind Finger und Fingerglieder bestimmten Sachverhalten zugeordnet. Wer diese Zuordnungen kennt, kann bei der Auswahl der passenden Mudra sehr bewusst und gezielt eine Wirkung auf Körper und Seele auslösen.

Jedem Finger ist eine bestimmte Symbolik unterlegt, die in den einzelnen Fingergliedern noch konkreter wird.

Im unteren Fingerglied: Impulse für die Stärke des Ichs. Konkrete Sachverhalte werden beim Berühren klar gemacht, um Probleme tatkräftig zu bewältigen.

Im mittleren Fingerglied: Ideen und Absichten werden bei Berührung verdeutlicht. Innere Blockaden werden ins Bewusstsein gerückt.

Im oberen Fingerglied: Stärkung der seelischen Empfindsamkeit. Sanfte Lösung von psychischen Blockaden

Die Symbolik des kleinen Fingers

An der Spitze eines Fingers befinden sich etwa 4000 Nervenfasern, die im Kontakt mit den Organen und dem Zentralnervensystem stehen. Fingermudras wirken auf dem Weg der Akupressur.

Der kleine Finger ist dem Element Wasser zugeordnet, was für eine rege Gefühlswelt spricht. Alles Freudvolle erwärmt den Menschen, Gefühlskälte tut ihm nicht gut. Erfüllende Beziehungen, Herzenskraft und Freude sprechen aus dem kleinen Finger. Das innere und äußere Wohlbefinden ist stark mit positiven Gefühlen verknüpft. Wer diese Gefühle in sich leugnet, schneidet sich selbst ab von fließender Liebe und Herzenswärme. Wie das Wasser, so ist oft auch die Stimmung des Menschen: einmal ruhig und an der Oberfläche schwimmend, ein anderes Mal heftig und bis in die Tiefe reichend mit allen aufwühlenden Gefühlen.

Der kleine Finger ist aber auch dem zweiten Energiezentrum, dem Sakralchakra zugeordnet, das für alle zwischenmenschlichen Liebesbeziehungen, Partnerschaften und eine erfüllende Sexualität steht.

Wenn Sie den kleinen Finger einer Hand mit den Fingern der anderen Hand umschließen, aktivieren Sie Ihr Bewusstsein, um Probleme in der Gefühlswelt und innerhalb von Partnerschaften wahrzunehmen und neue Impulse in diesem Bereich zu erhalten.

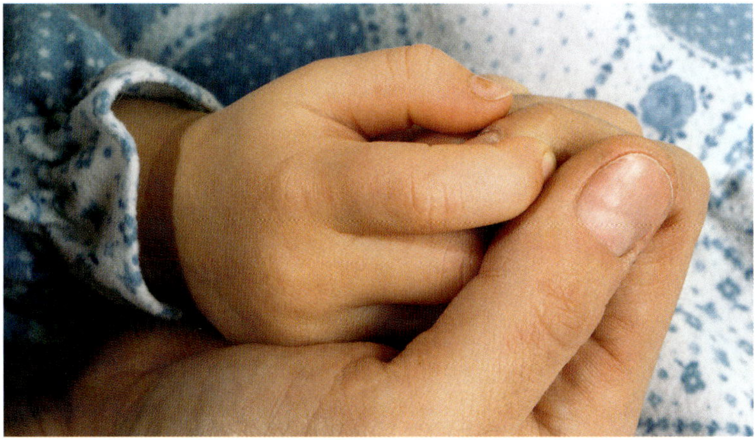

Ob klein oder groß, alt oder jung: Hände besitzen ihre ganz eigene Symbolsprache und haben uns viel zu sagen.

Die Symbolik des Ringfingers

Im Ringfinger werden die Kräfte am Beckenboden konzentriert, um die Basis von Kraft, Durchhaltevermögen und Durchsetzungskraft zu stärken. Aber auch Hoffnung, Geduld und Gelassenheit werden spürbar, wenn ein sicheres Fundament im Leben besteht. In Krisen und während belastender und stressreicher Zeiten hilft die Energie des Ringfingers, im inneren Gleichgewicht zu bleiben und die Balance zu halten. Halt und Geborgenheit sind hier anzutreffen und schenken Kraft für die Bewältigung des Hier und Jetzt und der künftigen Aufgaben im Leben. Die Kraft des Elements Erde gibt Stabilität.

Umschließen Sie den Ringfinger, und spüren Sie, wie Halt, Geborgenheit und Sicherheit Ihr festes Fundament sind, um Ihrem Leben Stabilität zu verleihen und sich in harten Zeiten nicht unterkriegen zu lassen, sondern sich mutig und hoffnungsvoll »durchzubeißen«.

Im westlichen Sprachgebrauch wird Akupressur oft auch als Druckpunktmassage bezeichnet. Die Kenntnisse über diese fernöstliche Heilmethode reichen über mehr als 5000 Jahre zurück.

Die Symbolik des Mittelfingers

Die Energie des Mittelfingers wird von den Kräften des Himmels gespeist. Dies ist der Bereich des Lebens, der auf einen höheren Sinn im Leben weist und all die irdischen Probleme hinter sich

lässt. Als Zeichen der Unendlichkeit weist der Mittelfinger auf die Kraft Gottes hin, die sich in der gesamten Schöpfung entfaltet. Das Halschakra dient als Wegweiser, um in die Klarheit des Himmels zu schauen und kommunikativ Verbundenheit mit allem Lebendigen zu spüren und reinen Herzens aus der Liebe Gottes zu leben. Freude und Aktivität sind dabei die Helfer, um das Leben sinnvoll zu gestalten, auf Gott zu vertrauen und die Herausforderungen des Lebens furchtlos anzupacken.
Umschließen Sie den Mittelfinger, und lassen Sie sich von der Kraft Gottes durchs Leben geleiten.

Die Symbolik des Zeigefingers

Der Zeigefinger trägt seinen Namen, da er bevorzugt dafür verwendet wird, um auf ein Objekt oder in eine Richtung zu zeigen (»Fingerzeig«). Sieht man von Greifbewegungen ab, wird der Zeigefinger von allen Fingern am häufigsten genutzt. Er kann, ebenso wie der Daumen, relativ unabhängig bewegt werden.

Gedankenkraft, Inspiration, Ideenreichtum – mit dem Element Luft symbolisiert der Zeigefinger die Welt der Gedanken und des Geistes. Der Zeigefinger ist aber auch dem Herzchakra zugeordnet. Dies ist das Zeichen, um das Leben mit Herz und Verstand anzugehen und klare Gedanken zu fassen, mit denen die Lebensziele verfolgt werden können. Positive Gedanken, die voller Herzensliebe frei fließen können, sorgen für schöpferische Kräfte und lassen den Ideen Tatkraft folgen. Auf diese Weise können Ziele angegangen, aber auch wichtige Veränderungen stattfinden. Der Zeigefinger zeigt den Weg, um Bequemlichkeiten zu durchbrechen und Gewohnheit zu überprüfen. Und wer seine Gedanken verändert, verändert auch seine Welt.
Umfassen Sie den Zeigefinger, und spüren Sie der Kraft Ihrer Gedanken nach.

Die Symbolik des Daumens

Mit dem Element Feuer ist der Daumen der energiereichste Finger. Diese Energie nährt den ganzen Menschen und stärkt das Selbstbewusstsein. Ein starker Solarplexus stellt körperlich und seelisch Stärke dar. Die Macht des Feuers lässt Altes verbrennen, um mit Hilfe der fruchtbaren Asche Neues und Besseres entste-

hen zu lassen. So werden auch wieder Ordnung und Gleichgewicht hergestellt. Mit Hilfe des Fiebers werden Keime und Bakterien vernichtet, es tritt eine wärmende und lichte Kraft ins Leben, die den Körper stärkt und Geist und Seele neue Möglichkeiten zur Entfaltung schenkt.
Umfassen Sie den Daumen, und erspüren Sie Ihre körperliche Kraft.

Wie wird eine Mudra richtig gehalten?

Mudras sind einfach zu halten. Legen Sie die Finger sanft aneinander, ohne Druck auszuüben. Bleiben Sie beim Halten der Mudra mit dem gesamten Körper entspannt. Lassen Sie bewusst die Schultern fallen, und legen Sie die Hände auf die Oberschenkel, um die Halteposition bequem einnehmen zu können und auch durchhalten zu können, ohne sich anzustrengen oder irgendwo im Körper zu verkrampfen, wenn Sie im Schneidersitz oder im Meditationssitz sitzen. Wenn Sie auf einem Stuhl sitzen, können Sie ebenso bequem die Hände auf die Oberschenkel legen. Achten Sie darauf, nicht die Beine zu verschränken, sondern mit beiden Fußsohlen am Boden zu bleiben und eine aufrechte Sitzposition einzunehmen. Wenn Sie eine Mudra im Stehen ausführen, denken Sie immer an entspannte Arme und Schultern!
Im Liegen können Sie Ihre Hände auf dem Bauch oder Oberkörper ablegen oder die Hände auf der Liegematte oder im Bett seitlich neben den Körper legen.

Ein ruhiger Raum, gedämpftes Licht und der zarte Duft ätherischer Öle (→ Seite 146 ff.) helfen Ihnen, sich auf Ihre Mudraübungen einzustimmen.
Auch die Farben der Umgebung spielen eine Rolle (→ Seite 141 ff.).

Wann ist die beste Zeit zum Üben?

Mudras können immer und überall gehalten werden. Wenn Sie sich allerdings in Ihrem Alltag einen festen Platz für Entspannung, Meditation und Mudrayoga reservieren, wird dieses Ritual zum Kraftspender im Alltag. Sie können sich dann schon dar-

auf freuen und wissen, dass diese kostbare Zeit nur Ihnen gehört. Freilich gilt es, den richtigen Zeitpunkt zu wählen. Ein voller oder hungriger Magen trainiert nicht gerne! Die Energie der Mudras kann am besten zwischen den Mahlzeiten wirken, wenn Sie weder hungrig oder durstig noch satt und träge sind.
Wenn Sie ein festes Ritual aus der Mudrapraxis machen, werden Sie mit der Zeit die Wirksamkeit optimieren und Leib und Seele dauerhaft erfreuen.

Wann setzt die Wirkung einer Mudra ein?

Wir Menschen sind sehr verschieden in unseren Eigenheiten und Reaktionen. Entsprechend unterschiedlich reagieren wir auch auf ganzheitliche Methoden wie zum Beispiel die Mudras. Während der eine sofort eine Reaktion oder gar die Besserung einer Beschwerde verspürt, hat der andere Mühe, sich überhaupt auf die Übungen zu konzentrieren. Für alle gilt: Haben Sie Geduld!

Während meiner Kurse habe ich festgestellt, dass sich Mudras an keine feste Zeitangaben richten. Sie wirken bei jedem Menschen unterschiedlich schnell oder langsam. Generell gilt:

- Sobald Sie sich unwohl fühlen und das Bedürfnis haben, die Mudrahaltung zu lösen und zu beenden, tun Sie es.
- Aller Anfang ist schwer. Halten Sie eine Mudra am Anfang höchstens fünf Minuten, um sich an den Prozess zu gewöhnen. Sie können die Zeit mit einer Mudra dann in Verbindung mit einer Meditation bis zu einer Dreiviertelstunde ausdehnen.
- Wird eine Mudra zu körperlichen Heilungsprozessen angewandt, so müssen Sie sie über Wochen und Monate täglich praktizieren.
- Wird eine Mudra zu seelischen und geistigen Prozessen angewandt, so entfaltet sich ihre Wirkung im Durchschnitt nach etwas drei bis sechs Wochen, bis Veränderungen bewusst bemerkbar und wahrnehmbar sind.
- Bei akuten Schmerzen halten Sie die Mudra so lange, bis eine Schmerzlinderung eintritt.
- Bei chronischen Beeinträchtigungen und Krankheiten setzen Sie eine Mudra wie ein Medikament drei Mal täglich ein, um den Heilungsprozess zu unterstützen.

- Eine Mudra für zwischendurch zum schnellen Entspannen oder Krafttanken können Sie drei Minuten lang halten. Manchmal wirken die Mudras aber auch sofort, kaum, dass sich die Fingerspitzen berührt haben und Sie einmal ein- und ausgeatmet haben.
- Um während der Mudrahaltung ein Zeitgefühl zu haben, besorgen Sie sich eine Sanduhr, auf die Sie immer mal wieder blicken.

Was passiert beim Üben?

Das Halten einer Mudra zieht immer energetische Prozesse nach sich. Das bedeutet, dass Sie unter Umständen sofort mit einer Wirkung konfrontiert werden, die Sie gar nicht erwartet haben. So habe ich im Kurs schon einige Schwangere gesehen, denen beim Halten einer Mudra plötzlich die Tränen über die Wangen liefen, weil ihnen ein ganz wichtiger Sachverhalt in ihrem Leben bewusst wurde.

Weniger ist mehr! Um eine Wirkung zu erzielen, sollten Sie sich auf zwei bis drei Mudras pro Tag beschränken. Suchen Sie sich Mudras für das Gebiet aus, auf dem Sie am dringendsten nach einer Änderung verlangen.

Bitte beachten Sie:

- Eine Mudra kann unter Umständen sofort blockierte Emotionen lösen: Sie fangen an zu weinen, zu lachen, sich zu freuen, sich befreit zu fühlen, sich traurig oder wütend zu fühlen oder aggressiv zu werden.
- Sie fühlen ein energetisches Kribbeln in bestimmten Körperteilen oder sogar im gesamten Körper. »Verstopfte« Energiebahnen werden befreit und äußern sich spürbar.
- Sie fühlen sich möglicherweise zittrig, müde oder wohlig träge. All die aufgesetzte Anspannung, das »Sich-zusammenreißen-müssen« fällt von Ihnen ab.
- Manchmal tritt eine Erstverschlimmerung auf: Schmerzen werden stechender, alte Narben melden sich, es gluckert im Bauch, Sie fühlen sich unwohl und im Ungleichgewicht, einfach schlechter als vorher. Das kann unter Umständen dazu

führen, dass Sie öfter auf die Toilette müssen, sich Darm und Blase häufiger entleeren, Sie sogar Durchfall bekommen, Pickel auftreten, Schweißausbrüche eintreten, das Haar schneller fettig wird und Mundgeruch auftritt. Vielleicht wird Ihnen auch übel, oder Sie verspüren Heißhunger auf ungewohnte Speisen. Auch Kopfschmerzen können auftreten. Das alles sind Zeichen für einen einsetzenden Reinigungsprozess, der erst einmal alles über Blase, Darm, Poren und Mund nach außen schafft und auf Leib und Seele gleichermaßen reagiert.

Jeder Mensch ist einzigartig

Mudras allein können nicht zu Wohlbefinden und völliger Gesundheit führen: Überprüfen Sie Ihre Lebensumstände, und überdenken Sie, was Sie an Ihren Lebensumständen (Partnerschaft, Arbeitsstelle) und an Ihrem Lebensstil (Ernährung, Bewegung, Freizeit) ändern können (und vielleicht sogar müssen).

Manche Menschen reagieren sehr sensibel auf energetische Veränderungen im Körper. Und obwohl bei den meisten Menschen Mudras sehr sanft wirken, kann es sein, dass ausgerechnet bei Ihnen ein ganz besonderer Umwälzungsprozess in Gang gesetzt wird.

MEIN TIPP

Trinken Sie viel. Durch das Trinken von warmem Wasser oder Tee (bitte keine kohlensäurehaltigen Getränke), wird der Reinigungsprozess unterstützt. Nach jeder Mudra-Haltung sollten Sie eine Tasse Tee oder Wasser trinken.

Wie viele Mudras können täglich angewandt werden?

Natürlich ist es reizvoll, gleich möglichst viele Mudras auszuprobieren. Aber davon rate ich ab. Sie wären körperlich und seelisch mit zu vielen unterschiedlichen Heilungs- und Reinigungsprozessen überfordert. Wer sensibel reagiert, sollte sich auf eine Mudra pro Tag einlassen und diese dann auch mit Leib und Seele genießen. Gegen Minimudras zwischendurch ist nichts einzuwenden. Ansonsten sollten Sie höchstens zwei bis drei Mudras am Tag anwenden. Wenn Sie korrekt üben wollen und sich Zeit dafür nehmen, ist es ohnehin besser, Sie wenden in aller Ruhe eine einzige Mudra pro Tag an. Das ist wirklich ausreichend. Dafür üben Sie ja täglich.

Energetische Prozesse brauchen Zeit

Wenn es zu keiner Erstverschlimmerung oder zu einem Reinigungsprozess kommt, werden Sie sehr positive Empfindungen beim Halten einer Mudra feststellen. Bei mir werden zum Beispiel meine ständig kalten Füße wieder warm.

Es wird Ihnen wohlig warm werden, schmerzhafte Zustände klingen ab, Sie fühlen sich fit, wohl und wie in Licht gebadet. Wenn Sie sehr unter Zeitdruck stehen, sollten Sie sich erst recht wenigstens fünf Minuten zum Mudrahalten gönnen. Wenn es nicht anders geht, dann üben Sie auf der Toilette. Dieses stille Örtchen sollte in diesem Fall eine Quelle der Ruhe und Kraft für Sie sein.

Wenn Sie ganz wenig Zeit haben: Es gibt Minimudras, die Sie ohne Probleme auf dem Weg vom und zum Arbeitsplatz oder beim Warten auf den Bus oder die Kinder durchführen können (→ Seite 184ff.).

Wohlfühlvorbereitungen für Stille und Genuss

Das Halten jeder Mudra sollte für Sie Genuss und Freude bringen. Umso wichtiger ist es, sich Zeit zu nehmen und sich rundherum wohl zu fühlen.

Machen Sie es sich richtig schön! Ein wohliges Heim, das kuschelig ist und Gemütlichkeit ausstrahlt, wirkt entspannend auf Leib und Seele und verschafft Ihnen Genuss mit allen Sinnen. So kann die Mudra ihre Wirkkraft noch viel besser und schöner entfalten.

Vor dem Halten der Mudra

- Vor dem Üben gut lüften!
- Alle Lärmquellen abstellen: Handy, Telefon, Türglocke, Faxgerät, Computer, Fernseher, Radio ausmachen!

- Allen Mitbewohnern Bescheid geben, dass Sie sich jetzt zurückziehen.
- Ihren Platz herrichten: einen Stuhl, auf dem Sie gut sitzen können, ein Meditationskissen, eine Yogamatte oder ein Schaffell. Kissen für den Rücken zum Abstützen der Lendenwirbelsäule bereitlegen.
- Duftlampe und Kerzen nach Bedarf entzünden, eventuell eine Salzkristallleuchte einschalten.
- Nach Bedarf sanfte, leise Meditationsmusik einschalten.
- Sich bequem kleiden.
- Sämtliche Ringe, Armbänder und Uhren abnehmen, damit die Energie ungestört fließen kann.
- Wer zu kalten Füßen neigt, sollte warme Socken oder Hausschuhe anziehen.
- Einige Bewegungs- und Dehnübungen zum Lockern ausführen, kräftig ein- und ausatmen.
- Sich eine angenehme Handmassage gönnen!

Wir empfehlen warme, dicke Socken gegen kalte Füße. Auch das Stricken dieser weichen Wärmehüllen kann in der entsprechenden Atmosphäre durchaus eine meditative »Fingerübung« sein!

Während des Haltens der Mudra

- Stimmen Sie sich ein, indem Sie ein inneres Bild von Weite und Schönheit in sich entstehen lassen und visualisieren.
- Spüren Sie mit geschlossenen Augen, wie Sie sich langsam entspannen, und entwerfen Sie eine schöne Landschaft, in der Sie jetzt gern sein würden: an einem Sandstrand, im Wald, am Meer, an einem See, in Wiesen und Auen, in den Bergen. Nehmen Sie geistig den Platz in Ihrer Lieblingslandschaft ein, und geben Sie sich dem Gefühl von Frieden, Liebe, Erholung und Entspannung hin.
- Geben Sie sich den schönen Gefühlen und Gedanken hin, die mit dem visualisierten Bild Ihrer Lieblingslandschaft in Ihnen auftauchen.
- Gönnen Sie sich ab und zu einen Blick auf die Sanduhr, damit Sie wissen, wie lange Sie die Mudra halten wollen.

- Wenn Sie ganz viel Zeit haben, dann können Sie die Sanduhr auch weglassen und einfach dann die Haltung beenden, wenn Ihnen danach ist.
- Wer lieber mit geschlossenen Augen üben möchte, darf dies gerne tun.

Nach dem Halten der Mudra

- Strecken und rekeln Sie sich, atmen Sie wieder kräftig ein und aus.
- Bewegen Sie Arme und Beine, um den Kreislauf in Gang zu bringen.
- Ballen Sie die Hände zur Faust, und spreizen Sie die Finger abwechselnd.
- Verweilen Sie noch ein wenig in Ihrer gedanklichen Lieblingslandschaft, bevor Sie sich erheben. Nehmen Sie das entspannende Bild mit in den Alltag.
- Trinken Sie eine Tasse Tee oder ein Glas (warmes) Wasser ohne Kohlensäure.
- Lassen Sie den Alltag langsam und ruhig weiterlaufen.

Wenn Sie Probleme mit dem Kreislauf haben und bei den Mudras sitzen: Seien Sie bitte vorsichtig, wenn Sie aufstehen, damit Ihnen nicht schwarz vor Augen wird. Erheben Sie sich langsam, und stützen Sie sich gegebenenfalls dabei mit den Händen auf den Oberschenkeln ab.

Es ist eine gute Vorbereitung und Einstimmung auf das Üben von Mudras, wenn Sie sich den Platz bewusst einrichten und beispielsweise eine Kerze anzünden.

Draußen üben

Zum Mudramachen gehe ich gern an den Waldrand, der bei mir gleich vor der Haustür liegt. Ich laufe über die Wiesen und schlage den Weg in den Wald ein, der zu einer großen Lichtung führt. Am Rande der Lichtung gibt es einen Baumstumpf, auf dem ich immer sitze und auf dem ich mich dann den Wahrnehmungen des Waldes hingebe und eine Mudra halte. Nur selten kommen Menschen dort vorbei, sodass ich auch nicht angegafft werde. Manchmal beobachte ich auch nur die Sonnenstrahlen auf den Blättern der Bäume und in der saftigen Wiese. Oder ich höre auf die raschelnden Geräusche, die aus dem Wald kommen. Ameisen, Käfer und Schmetterlinge ziehen an mir vorbei. Dann lege ich die Handflächen zusammen oder forme aus den Händen eine Schale, um all das Wunderbare dieses besonderen Augenblicks in mir festzuhalten.

Der Urlaub eignet sich besonders gut für den Einstieg in das Üben von Mudras in der freien Natur. In entspannter Umgebung und angesichts einer grünen Hügellandschaft oder des bewegten Meeres fällt das vielen von uns leichter als zu Hause, eingebunden in den Alltag.

Das Erlebnis, eine Mudra in der Natur zu halten, ist besonders intensiv. Wenn Sie dies öfter praktizieren, werden Sie sich ganz eins mit dem Wald fühlen und die Schönheit der Natur mit anderen Augen sehen. Ob Sie im eigenen Garten sitzen, auf dem Balkon oder der Terrasse oder irgendwo an einem verschwiegenen Plätzchen in der Natur, bleibt ganz Ihnen überlassen.

Spüren Sie den Unterschied! Eine Mudra, die Sie mit der Natur verbindet, hat eine ganz andere Qualität und lässt Ihre Energien besonders gut fließen.

Die Handmassage zu Beginn der Übungen

Eine Handmassage regt alle Reflexzonen der Hand an und beglückt Sie an Leib und Seele. Dadurch, dass von der Hand bis zum Brustbein der gesamte Arm einschließlich der Schultern und Schulterblätter eine Bewegungseinheit darstellt, lockert eine

Handmassage zudem auch den ganzen, bei vielen Menschen mit sitzender Tätigkeit sehr verspannten Schulter-Nacken-Bereich.
Die Handmassage ist nicht zwingender Bestandteil der Mudraübungen, öffnet aber Ihr Bewusstsein für die täglichen Aufgaben Ihrer Hände, pflegt sie und stellt eine Möglichkeit dar, sich selbst Gutes zu tun.
Zur Handmassage können Sie zum Beispiel erwärmtes Olivenöl nehmen, ein duftendes Massageöl oder eine reichhaltige Handcreme einsetzen.

Gönnen Sie sich für Ihre Handmassage ein besonders feines Massage- oder Körperöl. Wählen Sie einen natürlichen Duft, der nicht zu aufdringlich ist, und reservieren Sie das Öl nur für diesen Zweck. Allein der Geruch des Öls wird mit der Zeit schon entspannend auf Sie wirken.

1. Verteilen Sie Öl oder Creme in den Handflächen, und verreiben Sie es, bis die Hände rundum eingefettet sind.
2. Schließen Sie die Augen, und halten Sie eine Hand in der anderen Hand. Wie fühlt sich die Hand an? Ist sie klein, groß, knochig, weich, gut gepolstert oder mager? Wie fühlen sich die Nägel an? Wie fühlen sich die Fingerknöchel an? Was empfinden Sie, wenn Sie Ihre Hände halten?
3. Nun beginnt die Massage einer Hand. Kneten Sie zunächst einmal die gesamte Hand durch.
4. Streichen Sie den Handrücken ab. Setzen Sie dabei die Finger in die Zwischenräume der Knöchel, und streichen Sie in Richtung Handwurzel. Wiederholen Sie dieses Streichen einige Male.
5. Massieren Sie kreisend die Handinnenfläche.
6. Streichen Sie an der Handkante entlang.
7. Zupfen Sie die Fingerzwischenräume, sodass Sie mit Daumen und Zeigefinger die »Schwimmhäute« zwischen den Fingern lang ziehen.
8. Nun massieren Sie die Finger, vom Knöchel zum Nagel. Streichen und kneten Sie dabei jeden Finger einzeln durch.
9. Streichen Sie die Fingernägel aus.
10. Streichen Sie zum Schluss die gesamte Hand Richtung Fingerspitzen aus, und wechseln Sie die Seite, damit die andere Hand ebenso massiert wird.

Mudras bei Beschwerden

Die folgenden Mudras wirken bei körperlichen und seelischen Beschwerden. Im Zusammenhang mit Yogaübungen, Bewegung, Ernährung, bestimmten Verhaltensweisen und der Bewusstwerdung krankmachender Faktoren können Sie sanfte Heilungsprozesse in Gang setzen. Wenn Sie unter mehreren Beschwerden leiden, ist es sinnvoll, sich erst einmal voll und ganz dem schlimmsten Übel zu widmen. Vergessen Sie nie, dass jede Krankheit immer in die erfahrenen Hände eines Arztes gehört!

Aggressionen

Aggressionen kommen dann zustande, wenn Emotionen nicht frei fließen können. Unterdrückte Gefühle aus Wut, Zorn, Groll, Enttäuschung, Verbitterung, Angst, Entsetzen, Unverständnis und Verweigerung setzen sich im Körper fest und brodeln. Stellen Sie sich einen kochenden Topf vor, dessen Deckel durch den Druck nach oben gehoben wird, der aber immer wieder abgedeckelt wird, sodass sich der Dampf im Inneren hält.

Aggressionen gehören zu den normalen menschlichen Verhaltensweisen und müssen sich nicht zwangsläufig zerstörerisch und gewalttätig äußern. Körperlich, geistig und seelisch wirken Aggressionen nur dann zerstörerisch, wenn sie kein geeignetes Ventil finden, um sich sinnvoll äußern zu dürfen.

Die Bewegungslosigkeit unseres modernen Alltags fördert Aggressionen. Regelmäßige Bewegung (Sport, Spazierengehen, Gartenarbeit usw.) hilft auch Ihnen, »Dampf abzulassen«, bevor er einen größeren Schaden anrichten kann.

URSACHEN VON AGGRESSIONEN

- Angst, den Anforderungen nicht mehr gerecht zu werden (Wut auf sich selbst)
- Permanente Überforderung (Wut auf die Gesellschaft, das Leben, die eigene Hilflosigkeit)
- Auseinandersetzungen, Streit, Verletzungen, Machtmissbrauch (Wut auf andere Personen, die Gesellschaft, das Leben)

Mudras und andere Strategien zur Verarbeitung von Aggressionen

Verwandeln Sie Aggressionen in Bewegung: Tanzen, Laufen, Radfahren, Kissenboxen, Hüpfen oder kräftiges Aufstampfen – all das hilft Ihnen, Aggressionen abzubauen. Jede Art von Sport ist hilfreich, und wenn Ihnen danach zu Mute ist, schreien Sie dabei, so laut Sie können. Sie können Aggressionen aber auch in kreatives Tun verwandeln: Singen, musizieren, handwerken, basteln, gärtnern, kochen – oder putzen Sie!

Und schließlich hilft Veratmen: Atmen Sie kräftig ein, schieben Sie beim Ausatmen die Arme weit nach vorn, und lassen Sie die Luft beim Ausatmen durch den leicht geöffneten Mund mit einem lauten »haaa« entweichen.

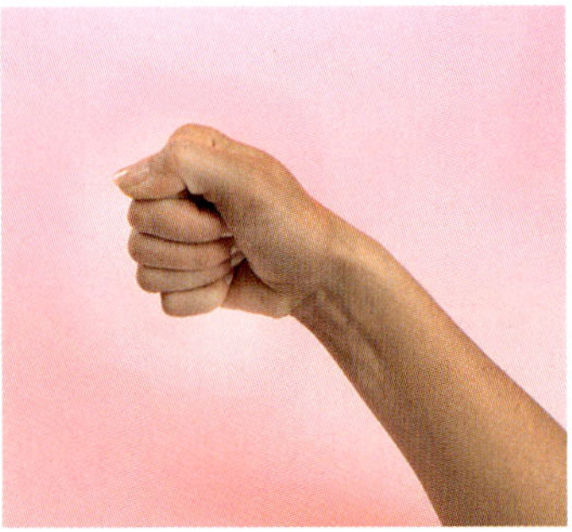

Die Faustmudra

Ballen Sie beide Hände vor dem Solarplexus zur Faust. Die Daumen liegen dabei auf dem Ringfinger. Drücken Sie die Finger fest zusammen, und spannen Sie die Armmuskeln mit an, ohne die Luft anzuhalten. Atmen Sie ruhig und entspannt weiter! Ein und aus, ein und aus! Halten Sie die Mudra so lange, bis Sie spüren, dass der Druck in Ihrem Inneren nachlässt. Sobald Sie sich besser fühlen, öffnen Sie die Mudra und beenden mit der Sonnenmudra die Übung.

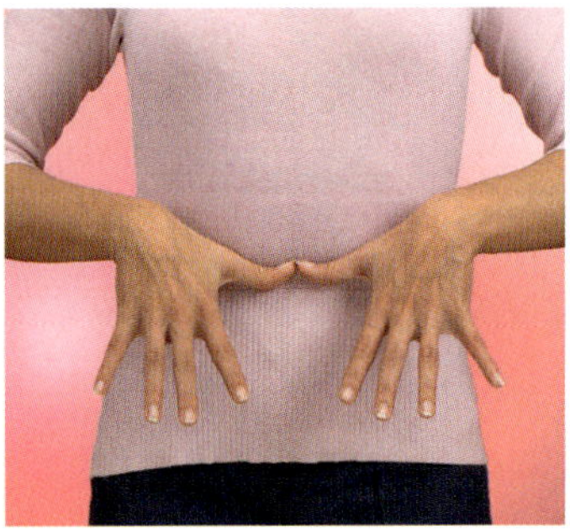

Die Sonnenmudra

Legen Sie beide Daumenspitzen vor dem Solarplexus aneinander, und spreizen Sie alle anderen Finger. Legen Sie die zusammengelegten Daumenspitzen auf den Solarplexus; die anderen Finger spreizen sich ohne Körperberührung. Ihre Hände stellen eine Sonne dar. Spüren Sie in die Sonnenkraft hinein, die nun frei fließen kann. Die zusammengelegten Daumenspitzen stärken den Solarplexus, der bei Aggressionen besonders heftig angegriffen wird. So stärken Sie Ihr Selbstbewusstsein, lassen Lichtenergien Leib und Seele erwärmen und geben Belastungen ab.

Das kreative Dreieck

Diese Mudra wirkt besonders, wenn sich Ihre Aggressionen gegen Sie selbst richten und nicht nur den Solarplexus, sondern auch das kreative Energiezentrum unterhalb des Nabels schwächen. Legen Sie die Daumenspitzen und die Seiten der Zeigefinger aneinander. Die anderen Finger werden eng zusammengehalten. Legen Sie Ihre Hände nun auf den Körper. Die Daumenspitzen liegen auf dem Solarplexus, die anderen Finger unterhalb des Bauchnabels auf dem Bauch. Diese Mudra kann Ihr Selbstbewusstsein stärken, Ihnen kreative Energien bewusst machen und Ihre Lebensfreude aktivieren.

Die Löwenbabymudra

Diese Übung ist der Renner in meinen Yogakursen. Sie können mit ihrer Hilfe schnell und effektiv Dampf ablassen und Ihren Humor wieder zurückbekommen. Winkeln Sie die Arme vor dem Oberkörper an, und strecken Sie die Hände in Höhe des Kehlkopfs so aus, dass die Fingerspitzen von Ihnen wegzeigen. Die Handkanten berühren sich dabei. Atmen Sie kräftig ein. Beim Ausatmen sagen Sie ganz laut »bäh« und strecken die Zunge ganz weit heraus. Führen Sie dies drei Mal aus. Stellen Sie sich dabei vor, wem Sie jetzt am liebsten die Zunge zeigen würden und zu wem Sie gern »bäh« sagen würden. Nach der Übung werden Sie sich leichter fühlen und vielleicht auch so kichern wie meine Kursteilnehmerinnen.

Die verzeihende Herzmudra

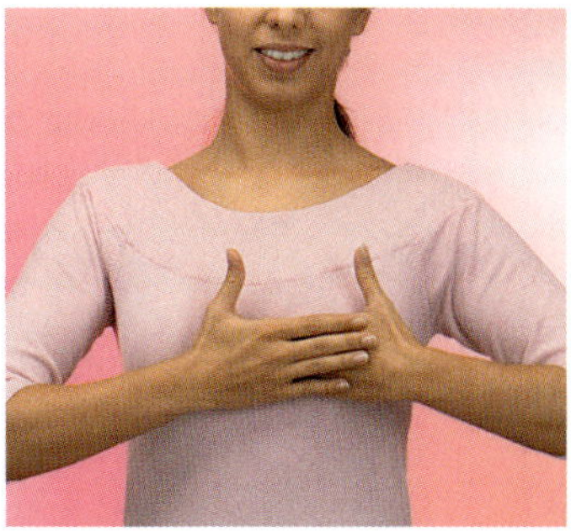

Bei dieser Übung geht es darum, sich selbst und dem Rest der Welt zu verzeihen. Ansonsten bleiben Reste von Groll in Ihnen, die Ihnen das Herz schwer machen. Erst mit einem reinen Herzen können Sie ganz befreit Ihre Zukunft gestalten. Setzen Sie sich aufrecht hin, und legen Sie beide Hände auf Ihr Herz. Die Finger liegen dabei fest zusammen, die Daumen sind weggespreizt. Die Hände liegen Handfläche an Handrücken übereinander. Atmen Sie kräftig aus, und führen Sie dabei die Hände und Arme in großem Bogen von sich fort und wieder zurück auf Ihr

Herz. Die Hände bleiben aber immer in der Mudraposition und werden nur durch die Arme bewegt. Beim Einatmen wiederholen Sie die Übung. Dann wieder beim Ausatmen usw. Jedes Mal wird ein großer Bogen beschrieben. Sagen Sie laut folgenden Spruch bei jedem Bogen:
»Ich verzeihe dir. Du verzeihst mir. Ich verzeihe mir selbst. Ich lasse alles los.«

Angst

Ängste sind Gefühlszustände, die als seelische Beengung, Erregung oder Verzweiflung erlebt werden und häufig die Willenskraft des Menschen bei schwierigen oder gefährlichen Handlungen hemmen. Ängste haben von Natur aus eine Warnfunktion vor Gefahren. Die Zuordnung der Angst zu einer realen Gefahr ist in der modernen Zivilisation jedoch häufig außer Kraft gesetzt.

Ängste sind vielseitig und überall. Jeder kennt sie und muss mit ihnen umgehen. Manche Ängste haben durchaus ihre Berechtigung. Sie dienen der Vorsicht, warnen vor Gefahren und lassen Sie umsichtig handeln. Andere Ängste aber sind einfach nur hemmend und behindern ein freies, selbstbestimmtes Leben. Es gibt Menschen, die haben vor allem und jedem Angst. Angst vor Prüfungen, Lampenfieber, Angst vor Veränderungen und Krisen, vor dem Verlust des Arbeitsplatzes oder dem sozialen Abstieg und wirtschaftlichen wie finanziellen Einbußen sind kulturübergreifend und beherrschen ganze Völker. Und die Angst vor dem Tod ruht in den Hinterköpfen und kommt hin und wieder beunruhigend zum Vorschein. Das Vertrauen in sich und die Welt ist gestört. Ruhe, Gelassenheit und Selbstvertrauen sind deshalb die Pfeiler, um Wege aus der Angst zu finden.

URSACHEN FÜR ÄNGSTE

- Mangelndes Selbstvertrauen, mangelndes Gottvertrauen
- Schlechte Erfahrungen
- Misstrauen, Unsicherheit, Zweifel
- Erschöpfungszustände, die an den eigenen Kräften zweifeln lassen

Mudras und andere Strategien gegen Ängste

Die folgenden Strategien können Ihnen helfen, sich Ihrer Ängste bewusst zu werden und sie danach systematisch anzugehen. Die Mudras können diesen Prozess unterstützen.

Ängste benennen

Was sind denn genau die Ängste, die Sie plagen? Schreiben Sie alles auf, was Ihnen einfällt. Selbst, wenn es die lächerlichsten Ängste sind. Angst, in der U-Bahn keinen Platz zu finden? Angst, beim Autofahren links abbiegen zu müssen? Angst, sich zu blamieren? Angst, nicht ernst genommen zu werden? Angst, etwas von sich preisgeben zu müssen? Eine der größten Ängste ist die Angst, dass der andere erfährt, wie man wirklich ist. Wenn Sie all Ihre Ängste benennen, dann bleiben sie nicht diffus in Ihnen stecken, um Sie eines Tages mit körperlichen Krankheiten zu plagen. Nun hat die Angst einen Namen und kann konkret angegangen werden.

Selbstvertrauen stärken

Packen Sie den Stier bei den Hörnern. Sobald Sie Ihr Selbstvertrauen stärken, werden Sie auch wieder mehr Mut zu sich selbst haben und die Kraft besitzen, Ihren Ängsten den Rücken zu kehren. Eine sehr gute Methode, das Selbstvertrauen zu stärken, sind Affirmationen. Affirmationen sind positiv formulierte Worte und Sätze, die Mut machen und Stärke vermitteln. Wenn sie immer wieder gesprochen werden, helfen sie, Ängste loszulassen und Veränderungen zu bewirken. Im Akutfall helfen sie, Bärenkräfte zu entwickeln und über sich selbst hinauszuwachsen. Eine andere Methode ist, durch permanentes Üben Selbstvertrauen zu entwickeln. Wer zum Beispiel Angst vor dem Einparken hat, kann das Einparken so lange üben, bis es klappt und man von sich selbst überzeugt ist, dass es jetzt endlich funktioniert und man es kann. Kompetenz heißt dabei das Zauberwort.

Selbstbewusste Menschen kennen weniger Angst! Werden Sie sich Ihrer selbst besser bewusst – Ihrer Stärken und Ihrer Schwächen –, und Ihre Ängste werden schwinden. Mudras können Ihnen auf dem Weg zur Selbstfindung sehr helfen.

Manchmal hilft es auch, sich die Angst machenden Situationen vor Augen zu halten und sich vorzustellen, in aller Ruhe hindurchzugehen.
Hilfreiche Affirmationen sind zum Beispiel:

- »Alles was ich will, das kann ich auch.«
- »Ich schaffe das.«
- »Ich bin stark.«
- »Ich bin voller Vertrauen.«
- »Alles ist gut.«

Gottvertrauen entwickeln

Glauben gibt unserem Leben ein Fundament. Wer sich Gott anvertrauen kann, erfährt Schutz und Geborgenheit in vielen beängstigenden Lebenssituationen.

Wer sich im Leben geborgen fühlt und weiß, dass alles in der Hand des Schöpfers liegt, kann innerlich loslassen und darauf vertrauen, dass das Richtige geschieht. Übergeben Sie alle Lasten und Ängste dem Schöpfer, wenn Sie selbst nicht weiterkommen.
Wenn Sie verinnerlichen, dass Sie ein Teil dieses großen Ganzen und immer behütet sind, kann die innerliche Anspannung weichen. Die Angst hat dann kein Fundament mehr. Stattdessen reagieren Sie gelassener und fühlen sich wohl.
Eine Möglichkeit, seine Ängste in den Griff zu bekommen, ist deshalb das Gebet. Im Kapitel Mudras und Gebet erfahren Sie mehr zu diesem Thema.

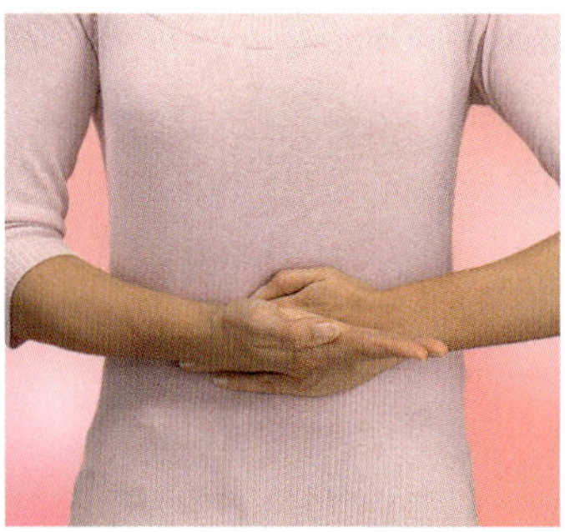

Die Alles-in-Ordnung-Mudra

Legen Sie die linke Hand auf den Solarplexus. Die rechte Hand stellen Sie mit der Handwurzel auf den Handrücken der liegenden Hand.
Die Finger sind gestreckt und liegen eng beieinander. Die Hand zeigt nach oben. Atmen Sie dabei ganz regelmäßig und rhythmisch tief ein und aus.
Diese Mudra hilft Ihnen, Ihr Selbstbewusstsein zu stärken, Vertrauen und Kraft aufzubauen.

Die Ich-schaffe-alles-Mudra

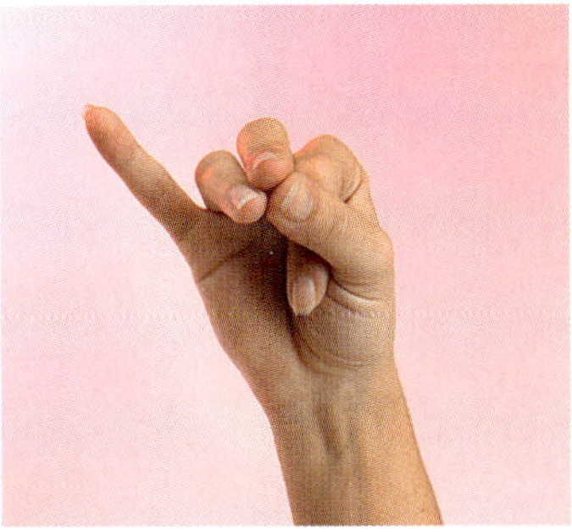

Dies ist die beliebteste Mudra meiner Schwangerenkurse. Sie hilft nämlich bei Ängsten vor der Entbindung und verleiht Ihnen Flügel, welche Ängste Sie auch immer plagen. Sie werden sich stark und sicher fühlen. Legen Sie die Zeigefingerspitzen beider Hände auf den Handballen unter dem Daumen. Dann führen Sie die Daumenspitzen mit Ring- und Mittelfingerspitzen zusammen und strecken die kleinen Finger aus.

Die Vertrauensmudra

Falten Sie die Hände wie zum Gebet. Halten Sie die Position so lange, bis die Angstattacke langsam abebbt. Öffnen Sie dann die Hände, die Finger bleiben aber noch verschränkt. Dehnen Sie die Hände mit den verschränkten Fingern nach außen, und halten Sie sie in Brusthöhe. Diese Mudra hilft besonders gut bei akuten Ängsten, Grübeleien und unnötigen Sorgen.

Die Wurzelmudra

Führen Sie an beiden Händen die Daumenspitzen mit den Spitzen der Zeigefinger zusammen. Alle übrigen Finger strecken Sie aus, führen die Hände zusammen und legen die Fingerspitzen aneinander: Ringfinger auf Ringfinger, Mittelfinger auf Mittelfinger und kleinen Finger auf kleinen Finger. Ihr Urvertrauen wird gestärkt, und Sie finden zu mehr Gelassenheit.

Die Baummudra

Stellen Sie sich mit beiden Beinen aufrecht auf den Boden. Atmen Sie aus, und führen Sie während der Ausatmung die Handflächen zusammen. Beim Einatmen nehmen Sie die Arme über den Kopf, ohne dass sich die Handflächen voneinander lösen. Stehen Sie aufrecht, und spüren Sie in die Position hinein. Halten Sie die Position eine halbe Minute. Stellen Sie sich vor, dass Sie stark wie ein Baum sind und nichts Sie entwurzeln kann.

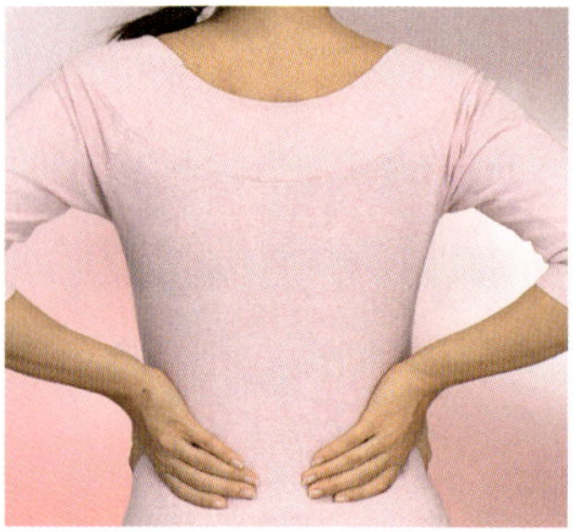

Die Schutzmudra

Stellen Sie sich mit beiden Beinen aufrecht auf den Boden. Atmen Sie aus, und legen Sie beide Handflächen auf den Nierenbereich. Platzieren Sie die Hände so, dass die Daumen nach außen zeigen und sich die beiden kleinen Finger und die Ringfinger berühren. Während dieser Haltung drehen Sie den Kopf langsam nach rechts und nach ein bis zwei Atemzügen nach links. Dann lösen Sie die Hände wieder. Diese Mudra hilft Ihnen, sich beschützt zu fühlen, Sicherheit und Halt zu spüren und aus diesem Gefühl heraus offen zu sein für neue Perspektiven.

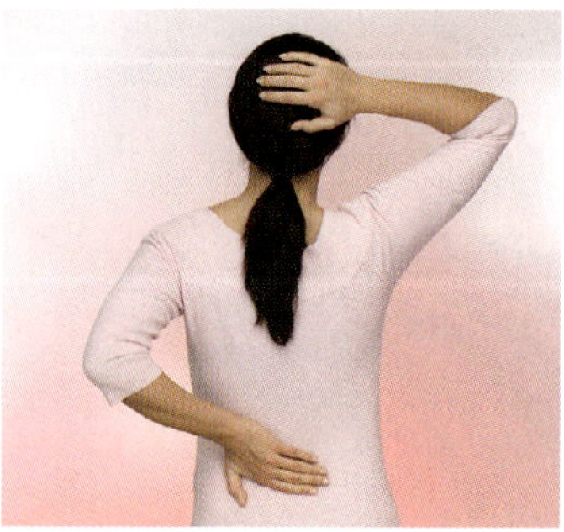

Die Urvertrauenmudra

Legen Sie die rechte Handfläche an den Hinterkopf und die linke Handfläche auf das Kreuzbein. Diese Haltungsmudra stärkt Ihr Urvertrauen. Als Baby wird jeder Mensch auf diese Art und Weise gehalten (eine Hand am Kopf, die andere am Po). Diese Haltung schenkt Vertrauen und Geborgenheit. Der Mensch fühlt sich nicht mehr haltlos, sondern erfährt Halt. Da Sie selbst als Baby so gehalten worden sind und dies der allererste Halt in Ihrem Leben war, lösen Sie durch diese Mudra die Erinnerung wieder aus. Halten Sie die Position drei Minuten lang.

Die Umarmungsmudra

Schnelle Hilfe bei plötzlich auftretenden Ängsten ist mit Hilfe der Umarmungsmudra möglich. Sie schlingen die Arme um den Körper und legen die Hände flach auf den Körper. Die Finger liegen eng beieinander. Lehnen Sie sich gegen eine freie Wand, und atmen Sie gleichmäßig in den gesamten Körper hinein.

Appetitlosigkeit

Wer unter Appetitlosigkeit zu leiden hat, ist von seinen täglichen Anforderungen so gestresst, dass ihm alles auf den Magen schlägt, und befindet sich in einer Phase, in der er »nichts mehr schlucken« kann. Er oder sie kann weder körperlich, noch geistig oder seelisch etwas aufnehmen oder verarbeiten. In Phasen der inneren und äußeren Unordnung tritt Appetitlosigkeit häufiger auf als in Zeiten der Harmonie. Den Betroffenen fehlt buchstäblich der Sinn für die Nahrungsaufnahme.

Ihre Mahlzeiten sollten Sie immer in Ruhe und am Tisch zu sich nehmen. Häufiges »Essen nebenbei« kann das Hungerempfinden unseres Körpers völlig aus dem Gleichgewicht bringen und so den Weg für eine Essstörung ebnen.

Aber auch wenn der Körper mit Krankheitserregern zu kämpfen hat und das Immunsystem auf Hochtouren arbeitet, kann es sein, dass der Appetit ausbleibt. Müsste sich jetzt der Körper mit der Verdauung befassen, könnte er nur bedingt Killerzellen zum Töten der Krankheitserreger aussenden. Nehmen Sie deshalb in diesem Fall die Appetitlosigkeit als Zeichen einer regen Immunabwehr.

Wenn Sie eine Frau sind, ist Ihnen sicher schon aufgefallen, dass Ihr Appetit eng mit Ihrer Zyklusphase zusammenhängt. Appetitlosigkeit tritt in der ersten Zyklushälfte auf, während nach dem Eisprung bis hin zur Periode oftmals regelrechte Heißhungerattacken auftreten. Diese hormonelle Instabilität tritt vor allem in Zeiten auf, in denen Frauen besonderen Belastungen ausgesetzt sind. Doppelbelastungen durch Familie und Beruf, zu pflegende

URSACHEN FÜR APPETITLOSIGKEIT

- Stress und Überlastung
- Körperliche, geistige und seelische Unordnung
- Phasen der inneren Reife und Entwicklung (Wachstumsphasen)
- Das Abwehrsystem läuft auf Hochtouren
- Hormonelle Instabilität

Angehörige oder Kleinkinder und ein hoher Anspruch an sich selbst gehören zu den Stressfaktoren, die diesen Kreislauf nur noch verschlimmern.

Mudras und andere Strategien gegen Appetitlosigkeit

Schenken Sie Ihrer Ernährung die Aufmerksamkeit, die sie verdient! Schließlich ist unsere Nahrung unser »Treibstoff«, verschafft uns die Kraft, die wir brauchen, um unseren Alltag und besondere Herausforderungen zu bewältigen. Gerade in schwierigen Zeiten sollten Sie Ihrer Ernährung Aufmerksamkeit und Zeit widmen, damit Ihr Körper alle Nährstoffe bekommt, die er braucht.

Tritt die Appetitlosigkeit in Abständen auf und verschwindet wieder, sollten Sie sich keine Sorgen machen. Versuchen Sie, während dieser Zeit aufbauende Nahrungsergänzungen zu sich zu nehmen, um keinen Vitamin- und Mineralstoffmangel zu bekommen und weiterhin physisch bei Kräften zu bleiben. Je gelassener Sie mit Ihrer Appetitlosigkeit umgehen, desto eher wird sie auch wieder verschwinden.

Entwicklungsphasen zulassen und Stress abbauen

Wer nichts essen mag, wartet auf »andere Nahrung«. Diese »andere Nahrung« kann in Form einer Lebensveränderung auf Sie zukommen oder Zeichen einer inneren Entwicklung sein. Ihre Seele sehnt sich nach innerem Wachstum und äußerlichen Veränderungen.

Wenn Sie sich nicht gegen Veränderungen wehren und Entwicklungszeiten zulassen, wird Ihr Körper auch wieder bereit sein, Freude am Essen zu haben. Dasselbe gilt, wenn Sie sich konstruktiv mit Ihrer Lebensweise auseinander setzen und konsequent Stress abbauen.

Überprüfen der Ess- und Nahrungsgewohnheiten

Fragen Sie sich, was Ihnen nicht mehr schmeckt. Dies kann ganz handfeste Ursachen haben wie zum Beispiel ein lieblos zubereitetes Mahl, wenig schmackhafte Lebensmittel oder ein ungutes Ambiente bei Tisch. Hektik bei den Mahlzeiten schlägt ebenso auf den Magen wie ein liebloses, vitalstoffarmes Fertigessen aus dem Alunapf. Und wer seine Mahlzeiten immer nur alleine verbringt, hat irgendwann auch keinen Hunger mehr. In Gesell-

schaft macht es umso mehr Spaß! Essen ist eben mehr als nur eine Nahrungsaufnahme. Sie sollte ein sinnliches Erlebnis sein, bei dem Leib und Seele beteiligt sind.
Verändern Sie also Ihre Essgewohnheiten. Achten Sie auf Qualität bei der Auswahl Ihrer Lebensmittel, verbannen Sie Fertiggerichte, besorgen Sie sich ein Kochbuch, um einmal ein ganz neues Gericht zu probieren. Decken Sie den Tisch schön, und verwöhnen Sie sich mit einem liebevollen Ambiente rund ums Essen. Laden Sie sich öfter Gäste ein, oder kochen Sie gemeinsam. Vermeiden Sie hektisches und zu spätes Essen.

Die Alles-lecker-Mudra

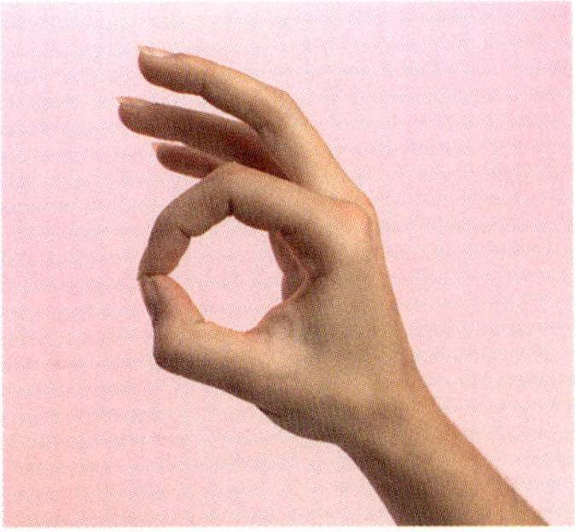

Legen Sie die Daumenspitze und die Spitze des Zeigefingers der linken Hand zusammen, und formen Sie einen Kreis. Die restlichen Finger sind lose gebogen. Führen Sie die Hand zum Mund, sodass der Ring aus Daumen und Zeigefinger direkt vor Ihrem Mund liegt. Öffnen Sie den Mund, und atmen Sie kräftig aus, sodass Ihr Atem durch die Zähne gleiten kann.
Beim Einatmen atmen Sie über die Nase, beim Ausatmen durch den Mund. Halten Sie die Mudra mindestens drei Minuten lang, und stellen Sie sich Ihr Lieblingsgericht vor, das von einem interessanten Koch oder einer entsprechenden Köchin extra für Sie zubereitet wurde.

Die Sinnliches-Mahl-Mudra

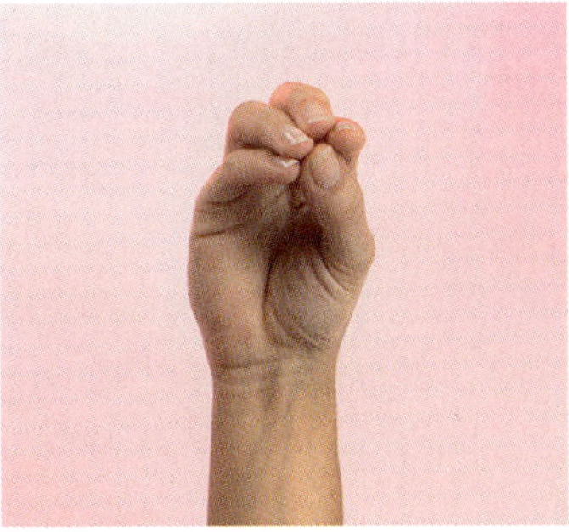

Alle Fingerspitzen treffen sich und berühren einander. Dieselbe Formation an beiden Händen gleichzeitig. Legen Sie die Handrücken auf Ihre Oberschenkel, sodass die Fingerspitzen zu Ihnen heraufzeigen. Stellen Sie sich vor, wie pure Sinnlichkeit beim Essen bei Ihnen einzieht und Sie sich dem Genuss eines guten Mahls hingeben können.

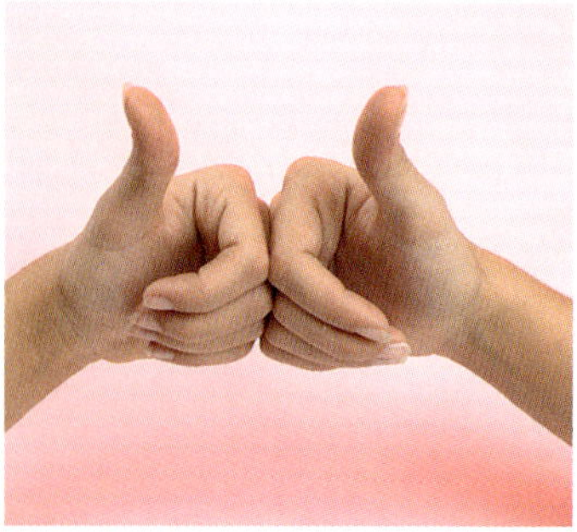

Die Ordnungsmudra

Legen Sie die Fingerknöchel beider Hände zusammen, und legen Sie die unteren Glieder der Finger zusammen. Die Fingerspitzen klappen Sie zu den Handflächen, die Daumen werden weggestreckt. Halten Sie die Mudra mindestens fünf Minuten. Diese Mudra soll Ihnen helfen, Stress aufzulösen, Ihr Ordnungsbewusstsein wieder herzustellen und Wachstumsprozesse wieder möglich machen.

Die Freude-am-Essen-Mudra

Drehen Sie die linke Hand so, dass Sie die Handfläche betrachten können. Legen Sie dann die rechte Hand mit der Handfläche über die linke Hand. Von der rechten Hand sehen Sie jetzt den Handrücken. Verschieben Sie die übereinander liegenden Handflächen so, dass die Handkante der rechten Hand die Mulde der Handfläche in der linken Hand berührt. Reiben Sie die Handflächen nun aneinander, und halten Sie dann die Position ruhig, mindestens fünf Minuten lang.

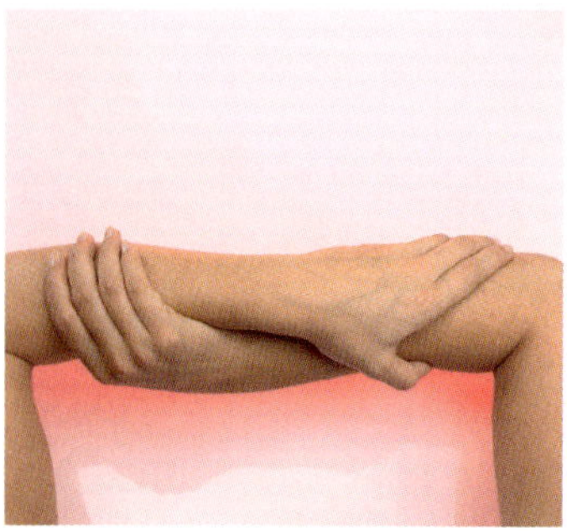

Die Gute-Verdauung-Mudra

Bei dieser Mudra legen Sie die Hände auf die Unterarme des jeweils anderen Arms. Die Hände umschließen die Unterarme. Halten Sie die Position mindestens fünf Minuten.

Mit Hilfe dieser einfachen Mudra optimieren Sie Ihre Verdauung und lösen Verkrampfungen im Magen-Darm-Bereich.

Die Ausgleichsmudra

Legen Sie eine Hand flach auf den Solarplexus und die andere Hand auf den Kehlbereich. Die Handflächen liegen nur leicht auf. Lassen Sie die Hände mindestens drei Minuten lang liegen.

Arthrose

Von einer Arthrose spricht man, wenn degenerative Gelenkerkrankungen auftreten, die über den normalen Alterungsprozess hinausgehen und mit Schmerzen verbunden sind. Die Knorpel der Gelenke werden dünner, an den Rändern der Gelenke kommt es zu Knochenwucherungen. Dies führt zu Entzündungen der Gelenkschleimhaut und Muskelverspannungen, weil der Körper nur noch ungern bewegt wird. Beginnende Bewegungen schmerzen zunächst, und der Schmerz ebbt dann langsam wieder ab. Deshalb ist jede Art von sanfter Bewegung immer auch ein therapeutisches Mittel zur Schmerzlinderung.

Ein sanft in den Gelenken geführter Knochen sorgt für genügend Gelenkschmiere, damit die Bewegung wieder schmerzfrei ablaufen kann. Kommt es dennoch zu weiteren Abnutzungserscheinungen, können die entzündlichen Prozesse zunehmen. Sorgen Sie deshalb für sanften Ausgleich, bevor es weh tut.

Die Arthrose ist eine Abnutzungserscheinung der Gelenke (betroffen sind vor allem Knie und Wirbelsäule), die sich bereits ab dem zwanzigsten Lebensjahr mit ersten Anzeichen bemerkbar macht. Schon erste Warnsignale sollten Sie ernst nehmen und gegensteuern. Mudras können Ihnen dabei helfen.

URSACHEN DER ARTHROSE

- Falsche Ernährung
- Übergewicht
- Zu wenig Bewegung
- Störungen der Hormonproduktion
- Störungen im Stoffwechsel

Mudras und andere Strategien gegen Arthrose

Wenn Sie einmal eine Arthrose entwickelt haben, werden Sie sie nie wieder ganz loswerden. Aber Sie können vieles tun, um mit Arthrose zu leben und Schmerzen zu lindern. Akupunktur, Homöopathie und physikalische Therapien helfen bei der Schmerzlinderung.

Abbau von Übergewicht und Ernährungsumstellung

Jedes Kilo zu viel belastet die Gelenke. Versuchen Sie deshalb, durch eine Ernährungsumstellung Ihr Gewicht in den Griff zu bekommen. Steigen Sie auf vitalstoffreiche Ernährung mit viel Obst und reichlich Gemüse um. Bevorzugen Sie Rohkost und vor allem frische Lebensmittel. Trinken Sie dazu reichlich Wasser oder Kräutertee.

Sanfte Bewegung

Schonhaltungen fördern nur die Abnutzungserscheinungen. Sanfte Bewegungen dagegen halten beweglich und schenken wieder Flexibilität. Beginnen Sie ganz zart mit einer speziellen Gymnastik und Yogaübungen. Vermeiden Sie hingegen einseitige Belastungen wie das stundenlange Bergabwandern, bei dem die Kniegelenke strapaziert werden. In einem Bewegungskurs sind Sie am besten aufgehoben.

Die Beweglichkeitsmudra

Alle Fingerspitzen der einen Hand legen sich auf die Fingerspitzen der anderen Hand. Daumen zu Daumen, Zeigefinger zu Zeigefinger usw. Nun spreizen Sie die Daumen weg und wippen mit ihnen, so weit Sie können, nach außen, um sie dann wieder zusammenzuführen. Versuchen Sie, das Tempo zu steigern. Zunächst führen Sie die Bewegung ganz langsam aus, dann immer schneller. Die anderen Fingerspitzen bleiben zusammen. Nach etwa einer Minute wechseln Sie. Dann kommen die Zeigefinger an die Reihe, während die anderen Fingerspitzen zusammenbleiben.

Gönnen Sie jedem Finger etwa eine Minute Bewegung. Sie werden auf diese Weise auch innerlich wieder beweglicher und können sich so möglicherweise besser auf eine Änderung Ihres Lebensstils einlassen.

Die Mudra des verdrehten Sterns

Legen Sie den kleinen Finger der rechten Hand auf den Ringfinger der linken Hand. Dann den Ringfinger der rechten Hand auf den Mittelfinger der linken Hand. Jeder Finger rückt ein Stück weiter, bis der Daumen der rechten Hand den kleinen Finger der linken Hand berührt. Halten Sie die Position fünf Minuten. Dann wechseln Sie. Legen Sie den kleinen Finger der linken Hand auf den Ringfinger der rechten Hand usw. Diese Mudra fördert die Beweglichkeit und lindert akute Schmerzen.

Die Überkreuzmudra

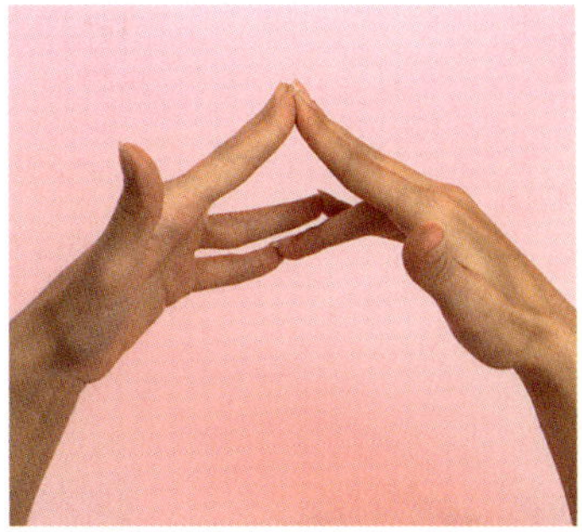

Legen Sie den kleinen Finger der linken Hand auf den Ringfinger der rechten Hand und den kleinen Finger der rechten Hand auf den Ringfinger der linken Hand (Sie müssen vielleicht ein bisschen üben, bis es klappt). Die anderen Finger berühren sich und liegen eng beieinander. Die Daumen werden gestreckt. Auch mit dieser Mudra wird die Beweglichkeit gefördert und der Schmerz gelindert.

Die Energetische-Hand-Mudra

Reiben Sie die Hände ganz stark mindestens eine halbe Minute aneinander. Die Hände müssen sehr warm werden. Sie spüren ein Kribbeln in den Handflächen. Halten Sie nun die Handflächen im Abstand von zwei Zentimetern aneinander und spüren Sie in das sich aufbauende Energiefeld hinein. Wenn Sie die Hände leicht verschieben, werden Sie so etwas wie eine Art »Abstoßung« feststellen, als ob Ihre Hände magnetisch wären. Dieses durch Reibung entstandene Energiefeld bringen Sie nun auf die schmerzenden Körperstellen. Die Körperstellen sollten dabei frei und ohne Kleidung zugänglich sein. Halten Sie die Mudra, solange Sie möchten.

Atemwegsprobleme und Asthma

Asthma bronchiale ist eine chronische Entzündung und Überempfindlichkeit der Luftröhrenäste (Bronchien). Die Schleimhaut der Atemwege reagiert krankhaft auf die verschiedensten Reize. Die Folgen sind immer wiederkehrende Anfälle von Atemnot, Husten und Kurzatmigkeit.

Über den Atem nimmt der Mensch Lebensenergie auf. Wer unter Erkrankungen der Atemwege leidet, fühlt sich oftmals im Leben ungenügend versorgt und hat Schwierigkeiten, sich mit den Aspekten des Lebens auseinander zu setzen. Allergien, aber auch seelische Konflikte, gestörte Kommunikation und fehlende Verarbeitung emotionaler Zustände lösen bei diesen Menschen Asthmaanfälle aus.

Bei einer Tierhaarallergie reicht allein schon die Vorstellung eines Tieres, um den Anfall auszulösen. Emotionen wie Ekel und Abscheu, die aber nicht geäußert oder von anderen abfällig abgetan werden, tragen ebenfalls dazu bei, dass sich Atemwegsprobleme äußern.

Wer sich durch einen übermächtigen Partner, durch einen ungeliebten Beruf oder eine unerträgliche Lebenssituation drangsaliert fühlt, dem bleibt in vielen Lebenslagen regelrecht »die Luft weg«. Er fühlt sich nicht mehr frei, sondern vom Leben gegängelt. Der Wunsch nach Befreiung, nach ehrlicher Zuwendung und Liebe wird übermächtig.

URSACHEN VON ASTHMA UND ATEMWEGSERKRANKUNGEN

- Allergien
- Erkältungen
- Infektionen
- Emotionale Kälte gegenüber sich selbst und von anderen
- Enge im Leben
- Unterdrückte Gefühle
- Unfähigkeit zur Äußerung von Missständen und zur Kommunikation

Mudras und andere Strategien gegen Asthma und Atemwegserkrankungen

Auch bei Atemwegerkrankungen führt kein Weg daran vorbei, sich die Frage zu stellen, woher die Beschwerden kommen, sich selbst und seine Gefühle genauer wahrzunehmen und dann neue Strategien zu entwickeln.

Bewusstheit über die momentane Lebenssituation

Was oder wer beengt Sie? Was oder wer raubt Ihnen die Luft zum Atmen? Wer lässt Sie nicht so sein, wie Sie sind? Akzeptieren Sie sich selbst so, wie Sie sind? Lieben Sie sich selbst genügend, um etwas zu verändern? Oder lässt die Angst vor Veränderungen Sie ausharren und leiden?
Überlegen Sie, welche Rolle Sie dabei spielen und wie Sie sich selbst befreien können.

Asthma betrifft Menschen aller Altersklassen. Mit zehn Prozent sind jedoch Kinder unter zehn Jahren – vorwiegend Jungen – besonders stark unter den Erkrankten vertreten. Es ist die häufigste chronische Erkrankung im Kindesalter. Das Bild ändert sich jedoch nach der Pubertät: Bei erwachsenen Asthmatikern sind die Frauen in der Überzahl.

Wahrnehmen von Gefühlen

Wenn Sie wütend sind, dann seien Sie wütend. Wenn Sie enttäuscht sind, dann seien Sie enttäuscht. Wenn Sie traurig sind, dann seien Sie traurig. Wenn Sie fröhlich sind, dann seien Sie fröhlich.
Jedes Gefühl hat seine Berechtigung und sucht nach Akzeptanz und sinnvoller Verarbeitung (→ Aggressionen).

Kommunikation

Sprechen Sie endlich aus, was Ihnen nicht passt. Packen Sie den Stier bei den Hörnern, und äußern Sie sich, auch wenn Sie das anfangs sicher Überwindung kostet.
Menschen mit Asthma und Atemwegsproblemen sind meistens sehr lieb und brav und machen alles mit sich selbst aus, damit niemand anderer belästigt wird.
Wer seinen Willen nach außen bringt und sich Gehör und Aufmerksamkeit verschafft, kann auch wieder atmen.

Positive Imaginationen helfen

Sehen Sie sich Fotos von lieblichen Landschaften an. Kaufen Sie sich einen Bildband über lange, einsame Strände und die Weite des Meeres. Stellen Sie sich vor, wie Sie am Meer stehen und die jodhaltige Luft einatmen. Ihre Lungen werden durchgespült und von allen Verschleimungen befreit. Jedes positive Bild, jede Imagination, die Ihnen gut tut, hilft Ihnen, Asthmaanfällen und Atemwegsproblemen vorzubeugen und Anfälle zu beenden.

Aufenthalte in frischer Luft und Inhalationen

Frische Luft ist immer gut, es sei denn, es herrschen starke Minusgrade oder ein sehr feucht-kaltes Nebelwetter. Wenn es Ihnen möglich ist, machen Sie Urlaub am Meer, und atmen Sie die jodhaltige Meerluft. Auch mit Inhalationen aus Kamille, Meersalz und Minze sorgen Sie für Erleichterung.

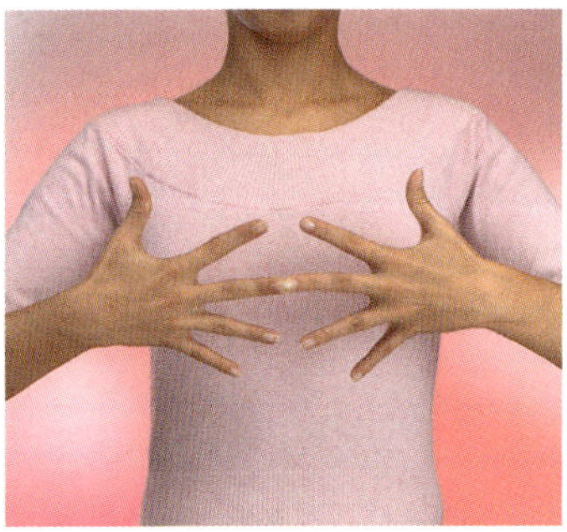

Die Spreizmudra

Legen Sie vor dem Oberkörper die Fingerspitzen der Mittelfinger zusammen, und spreizen Sie die anderen Finger. Beim Einatmen spreizen Sie die Finger, so stark Sie können, beim Ausatmen lösen Sie die Spannung in den Fingern. Halten Sie die Mudra mindestens fünf Minuten lang. Ihre Atemkapazität erhöht sich, Verschleimungen werden gelöst.

Die Lungenmudra

Legen Sie die kleinen und die Ringfinger beider Hände auf den Ballen unter dem Daumen. Die Mittelfingerspitzen berühren die Daumenspitzen. Die Zeigefinger sind gestreckt.
Drehen Sie die Hände nun so, dass die Zeigefinger nach oben zeigen und die Finger zu Ihnen her zeigen. Halten Sie die Mudra mindestens fünf Minuten. Machen Sie sich bewusst, was Ihnen die Luft zum Atmen raubt.

Die Dach-der-Welt-Mudra

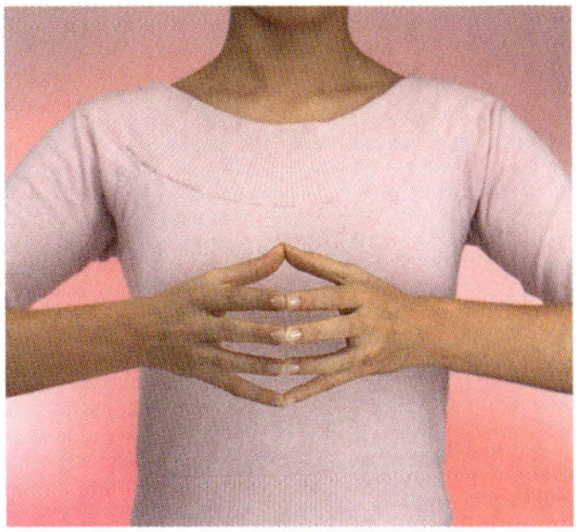

Legen Sie alle Fingerspitzen zusammen. Daumen berührt Daumen, Zeigefinger berührt Zeigefinger usw. Halten Sie die Mudra mindestens drei Minuten lang. Lösen sich von einengenden Gedanken und Denkmustern, und lösen Sie aus einer Position der inneren Klarheit und Stärke heraus die Distanz zu sich selbst und zu anderen Menschen.

Die Atempowermudra

Diese Mudra ist eine meiner Lieblingsmudras. Sie hilft mir, wenn ich vor lauter Anspannung flach atme, vertieft den Atem, lässt durchatmen und aufatmen. Die Mudra wirkt vor allem auch bei Flugangst und gegen Schwierigkeiten beim Durchatmen. Falten Sie alle Finger wie zum Gebet. Lösen Sie dann die Daumen, und schieben Sie sie nach innen zu den Handflächen hin. Die Daumen liegen dicht nebeneinander. Halten Sie die Position mindestens drei Minuten lang.
Die Mudra wirkt aber auch ganz schnell. Schon der erste Atemzug fällt tiefer und leichter aus. Sie eignet sich deshalb auch in Stresssituationen für die Soforthilfe.

Die Pfauenmudra

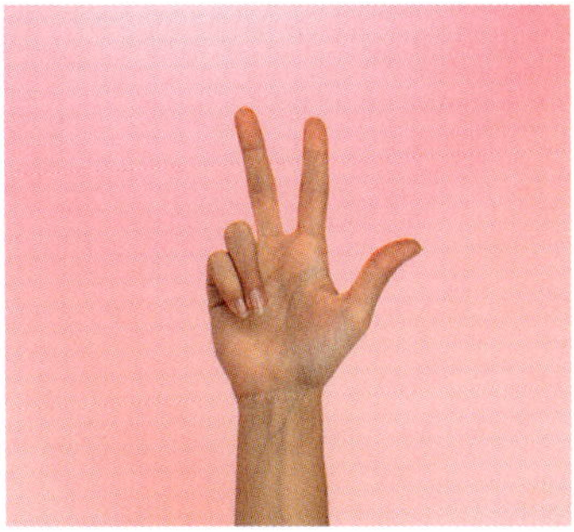

Spreizen Sie Daumen, Zeige- und Mittelfinger beider Hände. Klappen Sie die Ringfinger ein wenig ein, die kleinen Finger noch ein wenig weiter. Strecken Sie dann beide Arme zu den Seiten mit den Ellenbogen nach unten.
Die gespreizten Finger zeigen zu den Seiten, die Ringfinger zeigen aufwärts, die kleinen Finger zu Ihnen hin. Halten Sie die Mudra mindestens eine Minute.
Auch diese Mudra hilft bei Tierhaarallergien und vertieft die Atmung.

Augenprobleme

Bei der Bildschirmarbeit, beim Spielen am Computer und beim Fernsehen fixieren unsere Augen so angestrengt, was sie sehen, dass wir weniger blinzeln. Dadurch trocknet der Tränenfilm aus, der das Auge schützt. Das Auge produziert vermehrt Tränenflüssigkeit, um das auszugleichen: Es tränt und verklebt. Tropfen können – regelmäßig angewendet – helfen, den Tränenfilm zu stabilisieren. Besser ist jedoch, wenn Sie Ihre Zeit vor Fernseher und Computer verringern können.

Juckende oder tränende Augen können einerseits eine allergische Reaktion sein, andererseits aber auch von zu langer Arbeit am Computer herrühren. Manchmal sind auch Infektionen die Ursache von Bindehautentzündungen und anderen eitrigen Erkrankungen des Auges. Meistens verstärkt Zugluft das Problem. Natürlich unterliegt das Sehvermögen nicht nur der genetischen Ausstattung des Menschen, sondern auch dem Alterungsprozess.

Und wer bestimmte Dinge einfach »nicht mehr sehen kann« und am liebsten die Augen vor den eigenen Problemen und den Problemen der Welt verschließt, dem werden die Augen immer wieder Schwierigkeiten bereiten, bis die Problematik wieder in den Blick genommen wurde.

URSACHEN FÜR AUGENPROBLEME

- Infektionen
- Allergien
- Langes Arbeiten am Computer und anderen Geräten
- Seelische Themen, die nicht wahrgenommen und nicht gesehen werden sollen

Mudras und andere Strategien bei Augenproblemen

Schützen Sie Ihre Augen, wo immer Sie können. Alle einseitigen Belastungen führen zwangsläufig zu Problemen mit den Augen und mit dem Sehen.

Reizreduzierung

Schließen Sie immer wieder einmal die Augen, um ihnen Ruhe und Entspannung zu gönnen. So schalten Sie alle visuellen Reize aus, und die Augen können sich von Zeit zu Zeit erholen. Wer viel am Computer arbeitet und beruflich zum Beispiel präzise seine Augen einsetzen muss, sollte in seiner Freizeit nicht auch noch übermäßig fernsehen. Beruhigende Bilder, Naturaufnahmen, frisches Grün erholen das Auge.

Legen Sie öfter die Hände über die Augen. Reiben Sie zuvor die Handflächen aneinander. Dann legen Sie die erwärmten Hände über die Augen und lassen dabei die Augen geöffnet.

Neben Bildschirmarbeit und Fernsehen macht unseren Augen die Luft in überheizten, klimatisierten oder rauchigen Räumen ebenso zu schaffen wie schlechte oder ungeeignete Beleuchtung beim Arbeiten oder Lesen. Wenn Sie einen Beruf haben, der Ihre Augen stark beansprucht, achten Sie auf Ausgleich, und gehen Sie oft an die frische Luft. Das tut nicht nur Ihren Augen gut!

Veränderung des Fokus

Wer immer denselben Fokus beim Betrachten benötigt, sollte öfter kleine Pausen einlegen und den Fokus verändern. Schauen Sie in die Ferne, aus dem Fenster oder auf eine Pflanze im Zimmer. Fokussieren Sie abwechselnd in die Nähe und in die Ferne.

Betrachtung des Lebens

Vor was oder wem verschließen Sie die Augen? Was wollen Sie nicht wahrhaben, nicht sehen, nicht betrachten? Sobald Sie den Mut aufbringen, sich um alle Belange Ihres Lebens zu kümmern und auch die ungeliebten Dinge einer Betrachtung zu unterziehen, wird sich auch Ihr Blick wieder schärfen. Werden Sie zu einem scharfen Beobachter Ihrer eigenen Welt und Ihrer Umwelt.

Augengymnastik

Augengymnastik hilft, die Augen jung und gesund zu halten, Krähenfüßen vorzubeugen und den Überblick zu bewahren. Sie trainiert die Augenmuskeln und die Fähigkeit, die Sehschärfe einzustellen.

Die folgenden Übungen führen Sie aus, ohne dass Sie den Kopf drehen:

- Schieben Sie die Augen von rechts nach links und wieder zurück, immer hin und her.
- Rollen Sie mit den Augen.

- Blicken Sie hoch und herunter.
- Blicken Sie rechts nach oben und dann links nach unten und anders herum.
- Versuchen Sie, eine Acht mit den Augen zu beschreiben.
- Blicken Sie in ein Kerzenlicht, ohne zu zwinkern. Versuchen Sie, so lange wie möglich die Fixierung auf den hellen Lichtschein zu halten.
- Führen Sie einen Zeigefinger auf Ihre Nasenspitze zu, und beobachten Sie dabei den Finger. Führen Sie den Finger wieder weiter weg. Ihre Augen folgen stets dem Finger.
- Bewusstes Schielen: Versuchen Sie, so schnell wie möglich Ihre Nasenspitze zu betrachten.

Die Brillenmudra

Legen Sie alle Fingerspitzen zusammen, sodass sich die Nägel berühren und Sie eine »Brille« geformt haben. Diese Brille legen Sie jetzt über die Augen. Blicken Sie ganz bewusst hindurch, und halten Sie die Mudra mindestens eine Minute lang, während Sie auf einen Punkt schauen.

Nach der Minute versuchen Sie, einige Übungen aus der Augengymnastik anzuwenden, während die Sie »die Brille« noch aufhaben.

Die Dächleinmudra

Legen Sie die Zeigefingerspitzen, die Mittelfingerspitzen und die Ringfingerspitzen zusammen. Strecken Sie die kleinen Finger nach oben und die Daumen zu Ihnen hin. Legen Sie diese Mudra nun über die Augen wie ein Sonnendach, und halten Sie die Position mindestens eine Minute lang. Die Daumen und die Zeigefinger berühren dabei das Gesicht. Diese Mudra verhilft Ihnen zu einer bewussteren Wahrnehmung und zu einer besseren Fokussierung.

Die Augenheilmudra

Schließen Sie die Augen, und legen Sie die Zeigfingerspitzen auf die Augäpfel. Alle anderen Finger spreizen Sie. Halten Sie die Position mindestens eine Minute lang, und führen Sie die Übung mindestens drei Mal täglich aus.
Sie unterstützt vor allem die Heilung entzündlicher Erkrankungen an den Augen.

Bauchschmerzen, Magen-Darm-Probleme und Übelkeit

Hinter Bauchschmerzen verbergen sich sehr viele Ursachen. Ob akute Magen-Darm-Probleme, Infektionen, ein Reizdarmsyndrom, Blähungen, Völlegefühl, Übelkeit, Erbrechen, Verstopfung, Durchfall, Geschwüre oder psychosomatische Beschwerden, weil der tägliche Stress Magen und Darm belastet - all diese Belastungen zeigen sich mit Schmerzen oder einem Gefühl des Unwohlseins. Nicht selten stecken bei Frauen auch hormonelle Zyklusstörungen hinter Bauchschmerzen, ob während der Menstruation oder während des Eisprungs (→ Menstruationsbeschwerden).
Übelkeit ist ein bekanntes Symptom während der Frühschwangerschaft. Die hormonelle Umstellung sorgt dafür, dass Gerüche verstärkt wahrgenommen werden und der Magen auf Lebensmittel empfindlich reagiert. Übelkeit kann aber auch eine Begleiterscheinung bei Kopfschmerzen und Migräne sein. Überprüfen Sie, ob Sie eine Brille benötigen!
Ein Sehfehler verursacht Kopfschmerzen und eventuell auch Übelkeit, weil der Gleichgewichtssinn gestört sein kann. Ebenso kommt für das Symptom Übelkeit ein verspannter Nacken, ein beginnender Hörsturz, ein beginnender Herzinfarkt oder auch ein Tumor in Frage.

Unser Darm hat eine wichtige Funktion für unser Immunsystem. Er ist etwa sieben Meter lang, und seine Schleimhaut hat eine Gesamtfläche von 200 bis 300 Quadratmetern. Auf dieser Fläche sorgen Milliarden von Mikroben dafür, dass unser Immunsystem Krankheitserreger unschädlich machen kann.

Bei jeglicher Art von Beschwerden sollten die Ursachen geklärt sein, bevor eine Behandlung beginnen kann. Schließen Sie Erkrankungen der Organe sowie das Risiko für einen Herzinfarkt aus.

URSACHEN FÜR BAUCHSCHMERZEN, MAGEN-DARM-PROBLEME UND ÜBELKEIT

- Allergien und Lebensmittelunverträglichkeiten
- Infektionen
- Zu üppiges Essen, zu fett und zu viel
- Zu wenig Flüssigkeitsaufnahme
- Essen zur falschen Uhrzeit
- Zu wenig Bewegung
- Hormonelle Schwankungen
- Schmerzen, die mit dem weiblichen Zyklus zusammenhängen
- Ein durch Stress permanent gereizter Magen oder Darm
- Psychosomatische Beschwerden
- Lebensängste
- Kopfschmerzen und Migräne
- Tumor
- Muskuläre Verspannungen
- Hörsturz und Herzinfarkt
- Schwangerschaft

Zu viele Ballaststoffe in der Nahrung verursachen bei Ihnen Bauchschmerzen? Nehmen Sie erst einmal feines Vollkornmehl, raspeln Sie rohes Gemüse möglichst fein, und pürieren Sie Hülsenfrüchte. Außerdem müssen Sie bei ballaststoffreicher Kost viel trinken.

Mudras und andere Strategien gegen Bauchschmerzen und Magen-Darm-Beschwerden

Bevor Sie versuchen, Ihre Bauchschmerzen selbst in den Griff zu bekommen, lassen Sie bitte zunächst abklären, ob nicht Magengeschwüre, eine entzündliche Darmerkrankung, eine Blinddarmreizung, Leber- und Gallenprobleme, Allergien oder ein drohender Infarkt hinter den Beschwerden stehen. Gehen Sie bitte sofort zum Arzt, wenn die Beschwerden immer wieder kommen, wenn Sie Blut im Stuhlgang haben oder andere Veränderungen auftreten.

Ernährungsumstellung

Sehr viele Magen-Darm-Probleme und Bauchschmerzen sind mit einer Ernährungsumstellung in den Griff zu bekommen. Vermeiden Sie es, nach achtzehn Uhr abends noch üppig zu essen, denn Ihr Magen verdaut dann nicht mehr richtig. Eine späte Mahlzeit kann Ihnen wie ein Mühlstein im Magen liegen. Vermeiden Sie große Portionen, ebenso allzu fett zubereitetes Essen. Leichte Kost wird besser verdaut und sorgt dafür, dass Sie nicht zunehmen.

Wer viel Rohkost zu sich nimmt, kann unter Umständen unter Blähungen leiden, vor allem, wenn er danach Süßigkeiten isst. Viel Rohkost begünstigt aber auch den Stuhlgang. Sie müssen also öfter als sonst die Toilette aufsuchen. Wenn Sie allerdings zu wenig trinken, werden die Ballaststoffe nicht herausbefördert, der Stuhl bleibt im Darm und verursacht Blähungen.

Eine sanfte, schonende Ernährung hilft auch bei Reizdarmbeschwerden. Denken Sie bitte über Ihre Essensgewohnheiten nach. Sie können sehr viel zum Guten verändern, wenn Sie sich Zeit zum Essen nehmen, nur kleine Portionen zu sich nehmen, genügend trinken, auf die Qualität der Speisen achten und Üppigkeit vermeiden - und sich genügend bewegen.

Experten meinen, dass es kein Zufall ist, dass die Zahl und der Schweregrad der so genannten Zivilisationskrankheiten stetig ansteigt, seit Fertiggerichte und Fastfood auf dem Vormarsch sind. Ballaststoffreiche Kost wie Vollkornbrot, Getreide und Hülsenfrüchte geraten immer mehr ins Hintertreffen.

Lebensveränderungen anstreben

Viele Bauchschmerzen sind auf psychische Belastungen zurückzuführen. Hier hilft nur eins: Sie müssen aktiv werden und die Situation verändern. Ihr Bauch wird Sie sonst so lange auf den Missstand aufmerksam machen, bis Sie entweder ernsthaft krank werden oder eine Veränderung anstreben. Nehmen Sie die Warnsignale Ihres Körpers ernst. Bauchschmerzen sind eines der klarsten Zeichen für Stress und schreien nach Veränderung. Unsere Frauenarztpraxis ist voll von Frauen, die mit Stressbauchschmerzen zu uns kommen und denen das Leben regelrecht »auf den Magen schlägt.« Sie können mit Entspannungsübungen und Meditationen immer Linderung schaffen. Meistens aber hören die Schmerzen erst dann auf, wenn die krankmachende Situation aus dem Weg geräumt wurde.

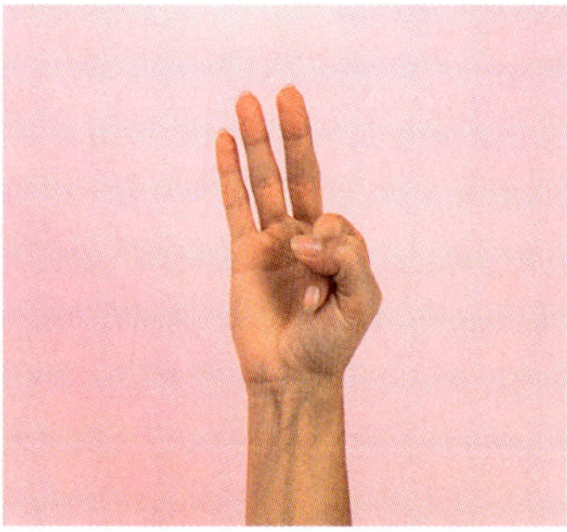

Die Anti-Blähungs-Mudra

Klappen Sie an beiden Händen die Zeigefinger zum Handballen. Dann legen Sie die Daumen über die heruntergeklappten Zeigefinger und strecken die anderen Finger. Halten Sie die Mudra, bis sich die Beschwerden lösen. Vorbeugend oder im chronischen Fall üben Sie drei Mal täglich mindestens 15 Minuten. Es wird Ihnen helfen.

Die Anti-Verstopfungs- und Anti-Blähungs-Mudra

Legen Sie die rechte Hand schräg über die linke Hand. Die Handfläche der rechten Hand liegt über dem Handrücken der linken Hand. Die Finger bleiben zusammen. Die Hände sehen aus wie ein Vogel, der die Flügel geöffnet hat. Nun legen Sie den »Vogel« auf den Bauch knapp unterhalb des Bauchnabels. Dort, wo Ihre Finger die Seiten des Bauches berühren, drücken Sie mit den Fingern in den Bauch hinein. Halten Sie die Position dreißig Sekunden, dann lösen Sie sie wieder für dreißig Sekunden. Führen Sie in diesem Rhythmus den Druck aus. In den Bauch drücken, lösen, wieder drücken usw.

Die Bauchentspannungsmudra

Legen Sie die Fingerspitzen der Ringfinger aneinander. Die kleinen Finger und die Daumen werden zusammengeführt. Diese

vier Finger berühren sich gegenseitig. Die Mittel- und Zeigefinger werden ausgestreckt. Nun atmen Sie ganz entspannt mindestens dreißig Sekunden in den Bauch hinein. Danach lösen sich die Finger. Die kleinen Fingerspitzen berühren sich, die Ringfingerspitzen und die Daumenspitzen werden zusammengeführt und mit den anderen beiden Daumen und Ringfingern zusammengeführt. Mittel- und Zeigefinger bleiben gestreckt. Diese Position wieder dreißig Sekunden halten und dabei in den Bauch hinein atmen.

Diese Mudra bringt schnelle Hilfe bei akuten Beschwerden und löst Verkrampfungen.

Die Magenmudra

Die Fingerspitzen der Daumen, der Zeigefinger und der Ringfinger werden zusammengeführt. Mittelfinger und kleine Finger werden ausgestreckt.

Die Mudra wird vor dem Bauch ausgeführt. Halten Sie die Mudra mindestens fünf Minuten, und atmen Sie währenddessen in den Bauch hinein. Diese Mudra wirkt stärkend und entspannend auf Magen und Bauchraum.

Die Lichtkraftmudra für Magen und Darm

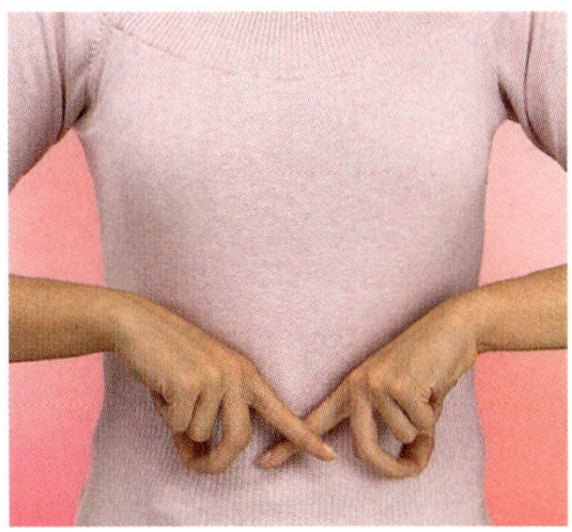

Legen Sie die Fingerspitzen der Mittelfinger und der Daumen zusammen. Die Zeigefinger werden überkreuzt. Ring- und kleine Finger werden zur Handfläche hin geklappt. Diese Mudra legen Sie nun auf den Bauch, sodass die gekreuzten Zeigefinger direkt auf dem Nabel liegen. Atmen Sie Licht und Liebe in den Bauch hinein, und stellen Sie sich vor, wie all Ihre Probleme, die Ihnen Bauchweh verursachen, gelöst werden. Halten Sie die Mudra mindestens fünf Minuten. Diese Mudra hilft besonders gut bei Stressbauchschmerzen.

Die Anti-Verstopfung-Mudra

Ballen Sie beide Hände zur Faust. Strecken Sie dann die Zeigefinger nach oben, und halten Sie die Position mindestens fünf Minuten. Bei chronischer Verstopfung üben Sie bitte dreimal täglich jeweils fünfzehn Minuten lang.

Die Übelkeitsmudra

Legen Sie bei der rechten Hand die Spitzen von kleinem Finger und Ringfinger an die Daumenspitze, und strecken Sie die Zeige- und Mittelfinger aus.
An der linken Hand legen Sie die Daumenspitze auf die Spitzen von Mittel- und Ringfinger und strecken die anderen Finger aus. Halten Sie die Mudra mindestens zehn Minuten. Diese Mudra hilft gegen Übelkeit und entgiftet den Körper.

Blasenbeschwerden

Blasenbeschwerden oder auch Harnwegsinfekte können Sie bei beginnenden Beschwerden in den Griff bekommen. Treten aber starke Schmerzen auf oder ist der Harn blutig, sollten Sie den Arzt aufsuchen, um ein Aufsteigen des Infekts zu den Nieren zu verhindern. Bei chronischen Beschwerden können die Nieren beeinträchtigt werden. Wer wiederholt zu schweren Harnwegsinfekten neigt, sollte den Partner mit untersuchen lassen, um den »Ping-Pong-Effekt«, die ständige Weitergabe der Keime von einem zu anderen, zu vermeiden. Bakterielle Blasenentzündungen beim Mann verlaufen meistens schmerzfrei.
Blasenbeschwerden können aber auch dann auftreten, wenn Druck und Stress im Alltag überhand nehmen. Die Blase steht für »ungeweinte Tränen«, die sich als Harninkontinenz äußern oder Verkrampfungen verursachen, sodass der Harnfluss unterbrochen ist und es zum Harnverhalten kommt.

Ein instabiler Beckenboden und damit einhergehende Senkungsbeschwerden sind vor allem bei Frauen ein weiterer Faktor für Blasenbeschwerden und Inkontinenz.

URSACHEN FÜR BLASENBESCHWERDEN

- Bakterielle Infektionen
- Unterkühlung
- Zu wenig Flüssigkeitszufuhr
- Ansteckung von einem zum anderen Partner durch Geschlechtsverkehr
- Psychische Belastungen und Stress
- Instabiler Beckenboden

Mudras und andere Strategien gegen Blasenbeschwerden

Eines der wichtigsten Mittel gegen Blasenbeschwerden ist ausreichend warme Kleidung. Vor allem junge Mädchen, die gerne bauchfrei oder mit Hüfthosen bekleidet sind, haben ein größeres Risiko, eine Blasenentzündung zu bekommen. Wer zu Harnwegsinfekten neigt, sollte sich bei kühleren Temperaturen nicht scheuen, warme Strumpfhosen, gefütterte Stiefel und warme Hausschuhe zu tragen. Warme Unterwäsche schützt ebenso. Baumwolle, Wolle und Mikrofaser halten schön warm.

»Trinken, trinken und nochmals trinken«, lautet die Devise! Wer bei den ersten Anzeichen gleich die Flüssigkeitszufuhr mit Wasser und Tee beträchtlich steigert, kann eine beginnende Blasenentzündung oft noch »ausspülen«. Drei bis vier Liter pro Tag müssen es dann aber schon sein!

Unterkühlungen vermeiden

Wer im nassen Badeanzug herumläuft, riskiert auch im Sommer eine Harnwegsinfektion. Nässe lässt in Verbindung mit Wind Kälte entstehen. Auch falsche Schuhe, die nasse Füße verursachen, sollten sofort gegen trockene eingetauscht werden. Lammfellsohlen schützen im Herbst, Winter und Frühjahr vor nassen und kalten Füßen, ebenso dicke Strumpfhosen.

Harnwegsinfekte können ein Signal Ihres Körpers sein, wenn Sie längere Zeit zu wenig auf sich selbst und Ihre ureigensten Bedürfnisse geachtet haben. Achten Sie auf solche Signale, und beginnen Sie, Ihren Kurs zu korrigieren, bevor Ihr Körper »härtere Geschütze« auffährt und massiv auf sich aufmerksam macht.

Die Trinkmenge kontrollieren

Gegen Harnwegsinfekte können Sie vorbeugen, indem Sie viel trinken. Warme Tees helfen Ihnen, sich von innen zu wärmen und Keime auszuspülen. Wer viel trinkt, leidet weitaus weniger an Infekten.

Vorbeugen mit der richtigen Ernährung

Stellen Sie Ihre Ernährung um! Vitamine und Mineralien schützen vor Infekten. Vor allem Vitamin C und Zink stärken die Immunabwehr. Mit frischem Obst und reichlich Gemüse beugen Sie wirksam vor.

Ein ganz besonderer Geheimtipp gegen Harnwegsinfekte sind Cranberrys. Als Saft, aber auch in getrockneter Form (liegen im Supermarkt direkt bei den Rosinen und Nüssen) beugen sie Blasenproblemen vor und verhindern das Ausbrechen eines Infektes.

Die Flüssigkeitsmudra

Legen Sie an beiden Händen die Spitzen von Daumen und kleinem Finger zusammen. Die anderen Finger bleiben gestreckt, ohne überstreckt zu werden. Daumen und kleiner Finger drücken sich. Diese Mudra hilft, die Nierenfunktion zu stärken, und reguliert den Flüssigkeitshaushalt des Körpers.

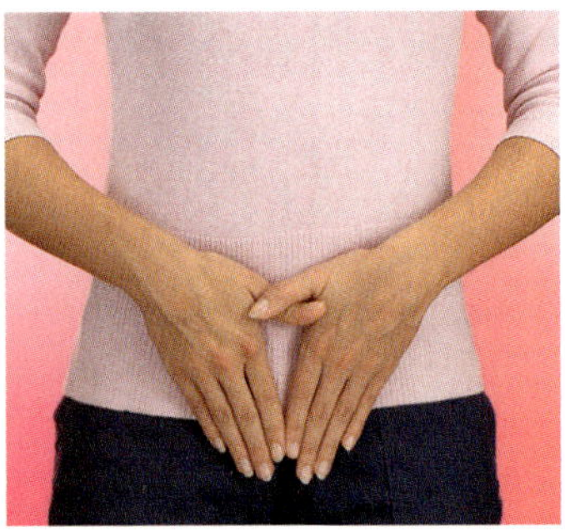

Die Blasenberuhigungsmudra

Legen Sie die Längsseiten der Zeigefinger aneinander, und überkreuzen Sie die Daumen. Der linke Daumen liegt oben. Alle anderen Finger sind aneinander gelegt. Legen Sie nun die Mudra auf den Bereich unter dem Nabel, oberhalb des Schambeins. Schicken Sie Licht und Liebe beim Atmen in den Körper hinein, und halten Sie die Position mindestens fünf Minuten. Sie können auf diese Weise die Blase beruhigen und Schmerzen lindern.

Die Anti-Schmerz-Mudra

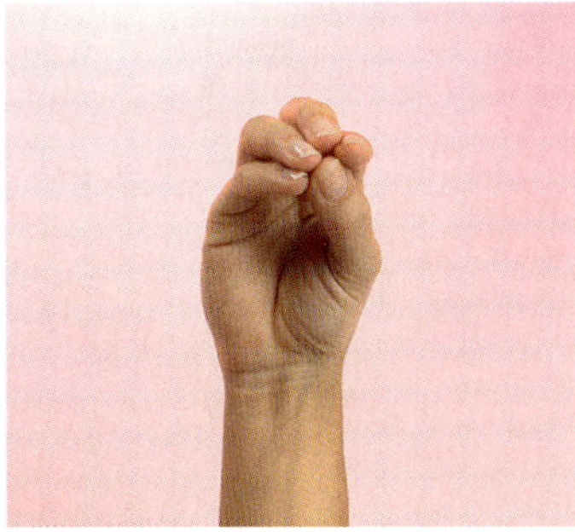

Legen Sie alle Fingerspitzen zusammen. Die Daumenspitze berührt die anderen Fingerspitzen. Bitte an beiden Händen ausführen und dann die Fingerspitzen zu der schmerzenden Stelle bringen. Stellen Sie sich vor, dass der Schmerz mit Hilfe von Licht und mit der Kraft der Hände aufgelöst wird. Das Licht strömt dann gedanklich aus Ihren Fingern. Halten Sie die Position mindestens fünf Minuten oder so lange, bis es Ihnen besser geht.

Die Energiemudra bei Harnproblemen

Bringen Sie an beiden Händen die Fingerspitzen von Daumen und Mittel- und Ringfinger zusammen. Strecken Sie die kleinen Finger und die Zeigefinger aus. Halten Sie die Position mindestens drei Minuten. Diese Mudra hilft beim Ausspülen von Keimen und stärkt Ihre Harnwege.

Blutdruckprobleme sollten Sie nicht auf die leichte Schulter nehmen. Während ein zu niedriger Blutdruck »nur« lästig ist, wenn man morgens schwer in Gang kommt und leicht müde wird, birgt ein erhöhter Blutdruck das Risiko ernsthafter Erkrankungen. Gehen Sie bitte zum Arzt, wenn Ihr Blutdruck dauerhaft oder in bestimmten Situationen regelmäßig erhöht ist.

Blutdruckbeschwerden

Wer zu niedrigem Blutdruck neigt, fühlt sich oftmals permanent müde und erschöpft und kommt kaum »in die Gänge«. Somit ist auch seine Tagesleistung eingeschränkt, er fühlt sich antriebsschwach, schwindelig und instabil. Meist wird die Neigung zum niedrigen Blutdruck vererbt, aber auch wer nicht genügend mit Nährstoffen versorgt ist, eine Diät macht oder sich einseitig ernährt, kann unter Umständen Kreislaufprobleme bekommen. Temperaturschwankungen und Änderungen des Luftdrucks belasten zusätzlich. Nach dem Aufstehen sind die Symptome meistens am schlimmsten.

Ein zu hoher Blutdruck ist die häufigste Ursache für Herz-Kreislauferkrankungen und auch die häufigste Todesursache. Obwohl die Höhe des Blutdrucks mit zunehmendem Alter steigt, leiden heutzutage immer mehr Menschen unter Blutdruckproblemen.

Vererbungsfaktoren spielen eine große Rolle und sorgen dafür, dass auch schon junge Menschen an Bluthochdruck leiden. Schlimmstenfalls führt der Bluthochdruck zur Arteriosklerose, also zur Verengung und Verkalkung der Gefäßwände. Das Herzinfarkt- und Schlaganfallrisiko steigt dadurch drastisch. Ein hoher Blutdruck gehört also auf jeden Fall in ärztliche Behandlung.

URSACHEN FÜR BLUTDRUCKPROBLEME

- Genetische Faktoren
- Lebensweise: zu wenig Bewegung, zu fettes und zu salziges Essen mit zu viel Fleisch, Übergewicht, Rauchen
- Erkrankungen der Nieren oder Nebennieren
- Stress

Mudras und andere Strategien gegen Blutdruckprobleme

Eine gesunde Lebensweise trägt viel dazu bei, den Blutdruck zu normalisieren: Ausgewogene Ernährung, normales Gewicht, möglichst wenig Stress, ausreichend Schlaf, wenig Alkohol und keine Zigaretten sind die wichtigsten Eckpunkte. Das gilt sowohl für zu niedrigen als auch für zu hohen Blutdruck!

Lassen Sie Ihren Blutdruck ärztlich überwachen und einstellen, wenn Sie unter Bluthochdruck leiden. Je eher Sie aktiv werden, desto besser! Nehmen Sie Probleme mit Ihrem Blutdruck auf keinen Fall auf die leichte Schulter. Alle Selbsthilfe-Maßnahmen können nur ergänzend zu einer ärztlichen Behandlung wirken.

Ernährungsänderung

Gegen Blutdruckprobleme können Sie selbst sehr viel tun, indem Sie Ihre Ernährungsgewohnheiten überprüfen und verändern. Viel Obst und Gemüse, wenig tierische Fette, wenig Zucker und denaturierte Nahrungsmittel sorgen dafür, dass sich auch der Blutdruck normalisiert. Verzichten Sie auch auf starke koffeinhaltige Getränke. Leichte Kost ist bekömmlich und sorgt dafür, dass sich auch Ihr Gewicht normalisiert. Versuchen Sie unbedingt, starkes Übergewicht abzubauen und aufs Rauchen zu verzichten.

Sport und Bewegung

Ein ständiges und stetiges Herz-Kreislauf-Training ist die beste Vorsorge, um den Blutdruck zu normalisieren. Auf diese Weise können Sie einen niedrigen Blutdruck anheben und sich selbst wieder flott machen, andererseits auch einen zu hohen Blutdruck senken. Wer beim Trainieren aus der Puste kommt, liegt genau richtig. Bergaufwandern, Joggen, Radfahren und alle Sportarten, bei denen Ihr Puls beschleunigt wird, sind die beste Hilfe gegen Blutdruckprobleme und helfen Ihnen auch beim Abnehmen. Beginnen Sie ganz langsam, ohne sich zu verausgaben.

Keine Lust auf Sport? Macht nichts. Hauptsache, Sie verschaffen sich regelmäßig Bewegung: Gehen Sie mindestens 30 Minuten spazieren, arbeiten Sie eine Stunde im Garten, oder schwingen Sie abends das Tanzbein – alles, was Sie in Bewegung bringt, ist von Vorteil. Versuchen Sie außerdem, so viel Bewegung wie möglich in Ihren Alltag einzubauen: Gehen oder radeln Sie zur Arbeit, zum Einkaufen, zur Post oder zum Plausch mit der Freundin. Meiden Sie Aufzüge, und tollen Sie mit Ihren Kindern herum.

Stressabbau

Wer permanent in Hetze lebt, sich selbst unter Druck setzt oder von wechselnden Terminen unter Druck gesetzt wird, tut seinem Herzen nichts Gutes und begünstigt Gefäßverengungen. Yogaübungen, aktive Entspannung, Spaziergänge in der Natur und die »Entschleunigung des Alltags« schenken Ihnen wieder Zeit für sich selbst. Versuchen Sie, Ihr Leben in Zukunft anders zu organisieren und überflüssige Termine über Bord gehen zu lassen. Sie können nicht »allen Herren dienen«.

Meditation

Nehmen Sie sich Zeit für die Stille und fürs Meditieren. Sie werden feststellen, wie Sie bald zur Ruhe kommen und Frieden und Gelassenheit empfinden. Die Verbindung von Bewegung und Meditation ist eine sinnvolle Möglichkeit, um Blutdruckprobleme wieder in den Griff zu bekommen. Nutzen Sie jede Gelegenheit für einen Spaziergang in der Natur. Beobachten Sie den Himmel, die Wolken, die Sterne, die Jahreszeiten, das Laub, die Tiere und alles, was Ihnen in der Natur begegnet. Öffnen Sie alle Sinne, während Sie gehen, und fühlen Sie sich ganz eins mit allem und jedem. Aus dieser Geborgenheit heraus wird sich Ihr Blutdruck stabilisieren und normalisieren.

Die Mudra gegen niedrigen Blutdruck

Legen Sie an beiden Händen die Daumenspitze an den Nagel des Mittelfingers, und strecken Sie die Zeigefinger aus. Die Ringfinger und die kleinen Finger schließen sich an den Mittelfinger an. Kippen Sie die Hände nun so, dass die gestreckten Zeigefinger nach vorne zeigen, von Ihnen weg. Halten Sie die Position mindestens drei Minuten.

Die Kraftmudra gegen niedrigen Blutdruck

Bringen Sie an beiden Händen die Daumenspitzen mit den Spitzen von Ringfinger und kleinem Finger zusammen. Strecken Sie die Zeige- und Mittelfinger aus, und halten Sie die Position mindestens drei Minuten. Diese Mudra hilft gegen Antriebslosigkeit und Müdigkeit und wirkt anregend.

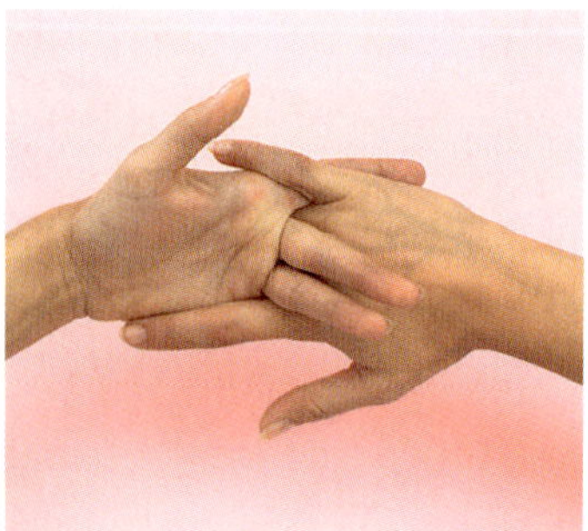

Die Mudra zur Kreislaufstimulierung

Legen Sie die Fingerrücken beider Hände aneinander. Die rechte Hand zeigt mit dem Daumen nach unten, die linke Hand nach oben. Nun spreizen Sie die Zeigefinger und die kleinen Finger weg. Die Mittel- und Ringfinger bleiben aneinander liegen. Schieben Sie nun die Hände aufeinander zu, bis die Hände ganz zusammengeschoben sind. Atmen Sie langsam ein und aus, während Sie die Mudra mindestens fünf Minuten halten.

Die Aktivierungsmudra bei niedrigem Blutdruck und Schwindel

Legen Sie beide Daumenspitzen zusammen, und strecken Sie alle anderen Finger nach oben aus. Dann klappen Sie die gestreckten Finger rhythmisch nach innen zur Faust und strecken sie wieder aus. Die Daumenspitzen bleiben zusammen. Finden Sie Ihren Rhythmus, und aktivieren Sie damit Ihren Kreislauf.

Die Mudra für den entspannten Blutdruck

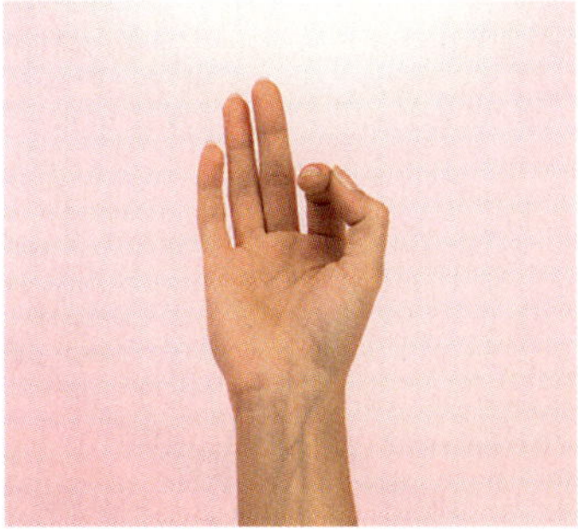

Legen Sie die Daumenspitzen an beiden Händen in die Falte des ersten Fingerglieds am Zeigefingers. Die anderen Finger werden sanft gestreckt, nicht überstreckt! Legen Sie die Handrücken auf die Oberschenkel, und atmen Sie ganz entspannt in den gesamten Körper hinein. Halten Sie die Mudra mindestens fünf Minuten. Sie wirkt besänftigend und blutdrucksenkend.

Die Gebetsmudra

Legen Sie beide Handflächen direkt aufeinander, und halten Sie die zusammengelegten Hände in Höhe Ihres Herzens. Atmen Sie ganz entspannt ein und aus. Halten Sie die Position mindestens fünf Minuten. Diese Mudra wirkt beruhigend und entspannend.

Die Lotusmudra

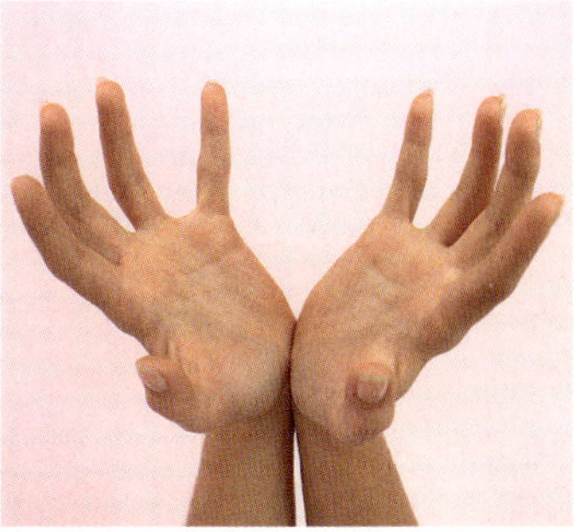

Legen Sie beide Handwurzeln zusammen, und strecken Sie alle Finger nach oben. Ihre Hände sehen aus wie eine geöffnete Blüte. Halten Sie die Mudra mindestens drei Minuten, und lassen Sie den Atem frei fließen. Mit Hilfe dieser Mudra bewirken Sie eine innere Öffnung, die auch Ihre Blutgefäße erreicht, und eine intensive Hinwendung zu Gott, bei dem Sie Ihre Belastungen abladen können.

Die Blumenmudra

Legen Sie beide Handrücken auf die Oberschenkel, sodass die Handflächen nach oben zeigen. Rücken Sie die Hände so zusammen, dass sich diagonal die beiden Seiten der kleinen Finger und der Ringfinger berühren. Atmen Sie ganz gelassen in den Körper hinein. Halten Sie die Mudra mindestens drei Minuten. Sie hilft Ihnen bei der Entspannung, Entkrampfung und Entschleunigung.

Depressionen und Traurigkeit

Traurige Momente kennt jeder Mensch. Zeiten, die von Krisen, Sorgen und Trauer gekennzeichnet sind, machen vor keinem Menschen halt. Aber sie gehen wieder vorbei.

Viele Menschen kennen ihn, den »Winterblues«, der sie regelmäßig in der dunklen Jahreszeit überfällt. Wenn Sie dafür anfällig sind, müssen Sie in dieser Zeit besonders auf sich achten. Gut dran ist, wer einen Urlaub in südlichen Gefilden machen kann, wo die Sonne scheint und die Tage länger sind. Alle anderen müssen sich damit begnügen, so oft wie möglich bei Tageslicht für mindestens eine halbe Stunde an die frische Luft zu gehen. Auch wenn der Himmel grau und das Wetter scheußlich ist, wird das Stimmungstief dadurch gebremst.

Zu einer echten Depression werden die Beschwerden, wenn kein Lebensmut mehr vorhanden ist. Dann sieht der Mensch schwarz, hat zu nichts mehr Lust, fühlt sich überflüssig, stellt sein Leben in Frage und neigt zu Selbstmordfantasien. Viele Depressionen gehen mit Unruhe, Schlaflosigkeit, übermäßiger Geschäftigkeit, Rastlosigkeit, Herzrasen, Schweißausbrüchen und starken Stimmungsschwankungen einher, sodass zunächst niemand eine Depression hinter den Beschwerden vermutet. Manchmal sind Störungen im Gehirnstoffwechsel und Hormonschwankungen verantwortlich für Depressionen, manchmal aber sind es einfach die Lebensumstände und die Hoffnungslosigkeit, zum Beispiel während Zeiten der Arbeitslosigkeit, die depressiv machen und eine genetische Anlage zur Depression erst richtig zur Geltung kommen lassen.

Bekannt ist auch die saisonale Depression, die durch einen Mangel an Licht ausgelöst wird und hierzulande vor allem im Herbst und Winter auftritt.

URSACHEN FÜR DEPRESSIONEN

- Genetische Faktoren
- Stoffwechselstörungen
- Hormonschwankungen
- Lichtmangel
- Stress und Krisen
- Hoffnungslosigkeit

Mudras und andere Strategien gegen Depressionen

Während bei einem einfachen Gefühl der Traurigkeit und bei leichten depressiven Verstimmungen Selbsthilfe angesagt sein

kann, gehört eine echte Depression immer in ärztliche Behandlung.
Wenn Sie also den Verdacht haben, dass Sie aus dem Stimmungstief ohne fremde Hilfe nicht mehr herauskommen, scheuen Sie sich auf keinen Fall, zum Arzt zu gehen.

Ernährungsüberprüfung

Auch bei Depressionen spielt die Ernährung eine wichtige Rolle. Eine vitalstoffreiche Ernährung sorgt für den reibungslosen Stoffwechsel im Gehirn.
Meinen Schwangeren empfehle ich zum Beispiel vorbeugend gegen den Babyblues Omega-3-Fettsäuren, die die Gehirnbildung und Intelligenz des Embryos positiv beeinflussen und der Mutter die Nerven stärken. Seefisch enthält diese wichtigen Fettsäuren, ansonsten können Sie auch über Nahrungsergänzungsmittel eingenommen werden.
Viel Obst und Gemüse gehört außerdem auf den Tisch. Vermeiden sollten Sie Vitamin-B-Räuber. Dazu gehören Kaffee, Zucker Weißmehlprodukte und Nikotin.

Nach neuesten Erkenntnissen finden sich die hilfreichen Omega-3-Fettsäuren nicht nur in fettem Seefisch (Lachs, Heilbutt, Makrele etc.), sondern auch in Pflanzenölen und harten Schafskäsen wie zum Beispiel dem italienischen Pecorino. Bauen Sie den schmackhaften Muntermacher in Ihre Rezepte ein!

Bewegung

Regelmäßige Bewegung, also flotte Spaziergänge, Jogging, Walking, Gymnastik, Tanzen, Ausdauersport oder Krafttraining unterstützen die hormonellen Vorgänge im Körper und schütten Endorphine, so genannte Glückshormone, aus, die stimmungsaufhellend wirken. Außerdem sorgt jede Art der Bewegung dafür, dass der Mensch auch seelisch wieder »in Schwung« kommt, beschäftigt ist und wieder Vertrauen in die eigenen Kräfte findet. Bewegung steigert das Selbstwertgefühl!
Wenn Sie zudem noch an der frischen Luft trainieren, sorgt die UV-Strahlung für genügend Lichtaufnahme in den Zellen, versorgt den Körper optimal mit Sauerstoff und erfreut und erfrischt Leib und Seele.

Licht und Sonne

Einige Menschen mit Winterdepression reagieren positiv auf die so genannte »Lichttherapie«: Dabei sitzt man zwei Wochen lang täglich vor Sonnenaufgang und nach Sonnenuntergang jeweils maximal eine Stunde vor einem Lichtgerät mit etwa 2 500 Lux (Lux ist die internationale Einheit für die Beleuchtungsstärke). Dadurch wird der Tag künstlich verlängert. Bei einem stärkeren Gerät mit 10 000 Lux sind 30 Minuten am Tag ausreichend.

Winterdepressionen können Sie vorbeugen, indem Sie tagsüber viel draußen sind und auch im Winter den Aufenthalt im Freien nicht scheuen. Spezielle Lampen, die dem Sonnenlicht angepasst sind, helfen Ihnen, Ihr Heim mit »Tageslicht« zu versorgen. Therapeutisch werden solche Lampen ganz gezielt eingesetzt, um schon bestehende Beschwerden zu lindern.
Wenn Sie an einem Arbeitsplatz ohne Tageslicht arbeiten und deshalb an schweren Winterdepressionen leiden, sollten Sie sich überlegen, ob nicht ein Wechsel des Arbeitsplatzes sinnvoller wäre als die alljährliche Plage im Winter.

Lebensgestaltung

Dass kein Mensch ohne Sorgen und Krisen durchs Leben kommt, wissen wir alle. Aber wenn es den Einzelnen dann doch trifft, wird man schnell aus der Bahn geworfen. Nicht jeder findet nach der Phase der Trauer wieder zurück ins Leben, und nicht jeder ist bereit, sich mit einer Krise konstruktiv auseinander zu setzen, sondern versinkt in Hoffnungslosigkeit und Depression. Nun gilt es, die Lebensängste zu erkennen und anzugehen, um wieder aus der Hoffnungslosigkeit auftauchen zu können. Lesen Sie dazu das Kapitel »Ängste«.

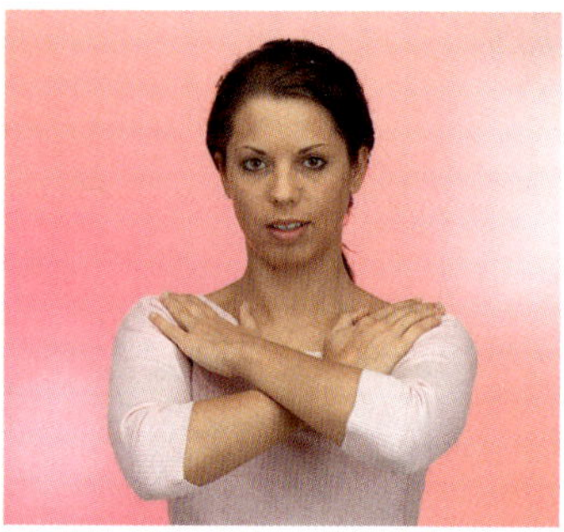

Die Ich-hab-mich-lieb-Mudra

Umarmen Sie sich selbst, und legen Sie die Handflächen auf die Schultern. Halten Sie die Position mindestens zwei Minuten lang, und atmen Sie währenddessen ganz schnell auf f-f-f- aus, so als ob Sie eine Kerze ausblasen wollten. Bei jedem F strömt Ihr Atem aus dem leicht geöffneten Mund, Ihr Bauch zieht sich blitzschnell ein. Wenn Sie die zwei Minuten nicht ganz aushalten, machen Sie kurze Atempausen dazwischen, in denen Sie normal atmen. Dann setzen Sie wieder ein.

Achtung: Diese Mudra schenkt ganz schnell sehr viel Energie und innere wie äußere Wärme.
Sie ist nicht geeignet für Frauen, die unter Hitzewallungen leiden, und Menschen mit Bluthochdruck! Also vorsichtig damit umgehen!

Die Sonnenmudra (im Stehen)

Stellen Sie sich aufrecht hin, und strecken Sie beide Arme zu den Seiten. Spreizen Sie alle Finger, die Handflächen zeigen nach vorne. Stellen Sie sich vor, Sie sind eine Sonne voller Energie. Atmen Sie ein, und heben Sie beim Einatmen die Arme leicht nach oben. Beim Ausatmen senken Sie sie. Die Arme bleiben aber immer gestreckt. Führen Sie die Mudra mindestens eine Minute lang aus.

Die Ich-bin-sicher-Mudra

Klappen Sie an beiden Händen die Daumen in die Handflächen. Dann legen Sie alle anderen Finger über die Daumen. Nun haben Sie eine Faust, bei der die Daumen umschlossen wurden. Halten Sie die Position mindestens fünf Minuten. Bei starken Depressionen drei Mal täglich üben.

Die Ich-pack-das-Mudra

Klappen Sie alle Finger bis auf die Daumen in die Handfläche. Die Daumen strecken Sie nach oben. Legen Sie die Fingerrücken zusammen, und halten Sie die Mudra vor dem Oberkörper. Atmen Sie langsam tief ein und aus. Stellen Sie sich vor, wie Sie zu den Daumen hin atmen.
Halten Sie die Mudra mindestens drei Minuten. Sie hilft Ihnen, Ihr Selbstvertrauen zu stärken und aus einem Zustand der Lethargie herauszufinden.

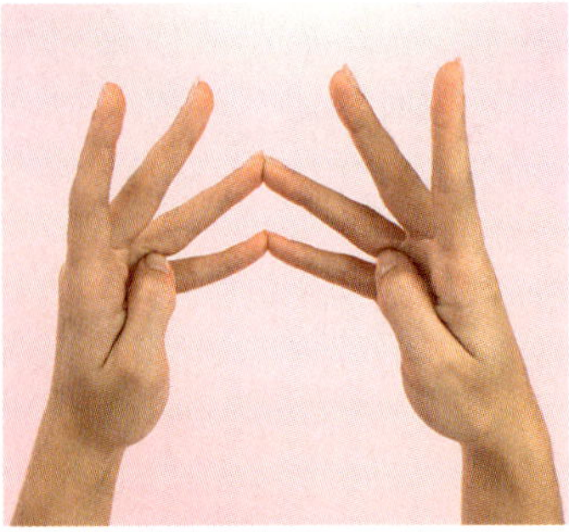

Die Raus-aus-dem-Stimmungstief-Mudra

Legen Sie die Daumenspitzen beider Hände auf die runde Kuppe unter den Ringfingern, den Apolloberg. Dann führen Sie beide Ringfingerspitzen und beide Spitzen der kleinen Finger zusammen. Die anderen Finger halten Sie leicht gebeugt.
Atmen Sie langsam ein und aus, und halten Sie die Position mindestens fünf Minuten.

Die Anti-Schwarzseher-Mudra

Wenn Sie dauerhaft unter so genannten depressiven Verstimmungen leiden, sollten Sie unbedingt ärztliche Hilfe in Anspruch nehmen. Depression ist eine ernsthafte Erkrankung, und niemand wird Sie für verrückt oder überspannt halten, wenn Sie sich davon befreien wollen. Die Meditation mit Mudras kann Sie dabei unterstützen oder Ihnen helfen, gar nicht erst in eine echte Depression hineinzurutschen.

Legen Sie beide Zeigefingerspitzen auf die Mitte der Stirn, über der Nasenwurzel. Alle anderen Finger strecken Sie aus. Visualisieren Sie helles, goldgelbes Licht, das durch die Stirn in den Körper fließt und Ihnen neue Lebensfreude schenkt. Halten Sie die Mudra mindestens eine Minute.

Die Raus-mit-dem-alten-Schrott-Mudra

Diese Mudra wird mit dem ganzen Körper ausgeführt, hilft beim Entschlacken und sorgt dafür, dass der Zellstoffwechsel besser funktioniert. Geistig-seelisch betrachtet hilft die Mudra, eine neue Perspektive im Leben zu akzeptieren und sich so aus trostlosen Situationen zu befreien. Alte Ansichten und Beklemmungen können Sie so hinter sich lassen.
Setzen Sie sich auf den Boden, und strecken Sie die Beine aus. Atmen Sie ein, heben Sie das rechte Bein an, und legen Sie es beim Ausatmen gestreckt über das andere Bein. Atmen Sie wieder ein, und stellen Sie beim Ausatmen die rechte Hand hinter sich auf den Boden. Die linke Hand legen Sie beim nächsten Einatmen auf Ihr oben liegendes Knie (das rechte Knie) und drehen sich beim Ausatmen mit dem Oberkörper nach hinten, sodass Sie über die rechte Schulter nach hinten blicken können.
Halten Sie die Position mindestens eine Minute. Dann wechseln Sie die Seiten.

Erkältungen, Stirn-, Kieferhöhlenentzündungen und Immunschwäche

Herbst und Winter gehören zu den Monaten, in denen Krankheiten wie Schnupfen, Halsschmerzen, Heiserkeit, Husten und grippale Infekte mit Fieber überhand nehmen.
Ein durch Stress und körperliche wie geistig-seelische Belastungen geschwächtes Immunsystem lässt Bakterien und Viren im Körper Einzug halten. Nässe und Kälte unterstützen den Erkältungsprozess.
Durch Tröpfcheninfektion kommt es dann zu Ansteckungen innerhalb der Familie. Aber auch in der Öffentlichkeit kann man sich eine Erkältung einfangen, wenn das Immunsystem gerade geschwächt ist.

Erkältungskrankheiten treten im Winter häufiger auf als im Sommer. Das liegt nicht daran, dass die Kälte die Krankheit auslöst. Sie ist aber der Grund dafür, dass sich in dieser Jahreszeit die Menschen gemeinsam in geschlossenen Räumen aufhalten, in denen die Viren oder Bakterien leichter durch Tröpfchen übertragen werden können.

URSACHEN FÜR ERKÄLTUNGEN, STIRN- UND KIEFERHÖHLENENTZÜNDUNGEN UND IMMUNSCHWÄCHE

- Infektionen
- Ansteckung
- Mangelnde Abwehr
- Stress, Erschöpfung, Schwäche

Mudras und andere Strategien gegen Erkältungen, Stirn- und Kieferhöhlenentzündungen

In der Erkältungszeit sollte Ihnen jedes Mittel recht sein, um Ihr Immunsystem zu stärken. Schützen Sie sich, und machen Sie sich geistig, seelisch und körperlich so fit, wie es Ihnen nur möglich ist. Wechselduschen, Kneippsche Anwendungen, Kräutertees – all das sollten Sie unbedingt nutzen.

Gesunde Ernährung

Es reicht nicht, nur von Zeit zu Zeit auf eine gesunde Ernährung mit Vitalstoffen zu achten. Sie sollten Ihren Körper rund ums Jahr mit frischem Gemüse, Obst, frisch gepressten Säften und möglichst naturbelassenen Lebensmitteln versorgen. Obst zum Frühstück, Gemüse zum Mittagessen, ein Obstsalat als Nachtisch und ein leichter Salat zum Abendessen gehören täglich auf den Speiseplan. Dazu reichlich Flüssigkeit in Form von frisch gepressten Säften, Kräutertees und Wasser. So ist Ihr Körper bestens versorgt. Ihr Immunsystem wird gestärkt. Sie sind weniger anfällig für Infektionskrankheiten.

Menschen, die beruflich viel mit anderen Menschen zu tun haben, haben ein höheres Erkältungsrisiko als zum Beispiel der Sachbearbeiter, der allein im Büro sitzt. Meistens erwischt es Erwachsene trotz aller Vorbeugemaßnahmen drei- bis viermal im Jahr. Bei Kindern können Erkältung und Schnupfen häufiger auftreten, weil ihr Immunsystem die Abwehr gegen Infektionen erst noch »lernen« muss.

Regelmäßige Bewegung

Sanftes Körpertraining hält nicht nur Herz und Kreislauf gesund und schont die Figur, sondern sorgt auch dafür, dass Ihr Körper genügend »Ausdauer« besitzt, um Angriffe auf das Immunsystem besser überstehen zu können. Regelmäßige Spaziergänge, Walking, leichtes Jogging und Genussradeln gehören zum Aufbau der Immunabwehr. Allerdings schlägt jede Art von Leistungssport ins Gegenteil um: Der Körper wird zusätzlich belastet. Dies gilt für alle körperlichen Anstrengungen, die Ihnen subjektiv empfunden nicht gut tun.

Stressabbau

Stress schwächt den Körper! Meditationen, Zeit für sich selbst, Yogaübungen, Mußestunden, Wohlfühlabende, Kuschelstunden mit dem Partner oder Auszeiten stärken Leib und Seele auch in stressigen Zeiten. Nicht immer werden Sie Stressfaktoren gänzlich beseitigen können. Aber Sie können Ihre Einstellung verändern, gelassen bleiben und immer wieder Ruhepunkte im Alltag finden, in denen Sie Kraft tanken und sich erholen. Dann bleiben Sie auch während stressiger Zeiten gesund.

Die Daumen-Mudra

Verschränken Sie alle Finger wie zum Gebet. Strecken Sie einen Daumen nach oben. Der andere Daumen umschließt den nach oben gestreckten Daumen. Halten Sie die Mudra mindestens drei Minuten. Diese Mudra wirkt anregend auf die Infektabwehr und löst zähen Schleim in den Atemwegen.

Die Immunmudra

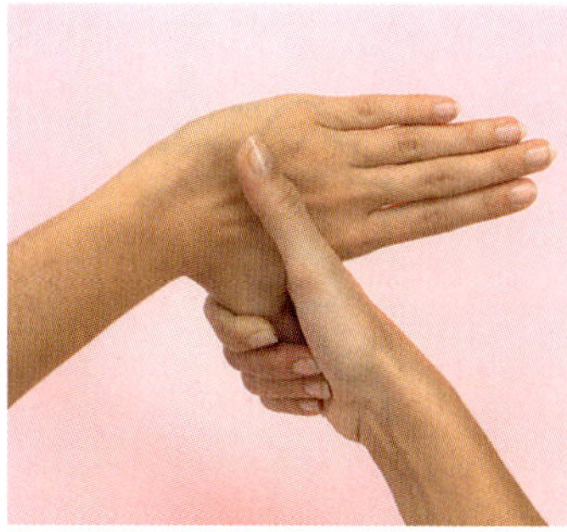

Umfassen Sie mit der rechten Hand den Daumen der linken Hand. Der Daumen der rechten Hand legt sich dabei auf den Handrücken der linken Hand. Halten Sie die Mudra mindestens fünf Minuten lang. Atmen Sie ganz gleichmäßig, und stellen Sie sich vor, wie schützendes Licht Sie umhüllt.

Die Immun-Power-Mudra

Rollen Sie die Zeigefinger ein, und legen Sie sie in die Daumengrube. Legen Sie die Mittelfingerspitzen an die Daumenspitzen, sodass der Daumen den Nagel des Mittelfingers berührt. Die anderen Finger werden ausgestreckt. Halten Sie die Mudra immer mit beiden Händen mindestens zehn Minuten lang. Sie hilft Ihnen bei der Stärkung der Immunabwehr und gegen Allergien.

Die Energiemudra

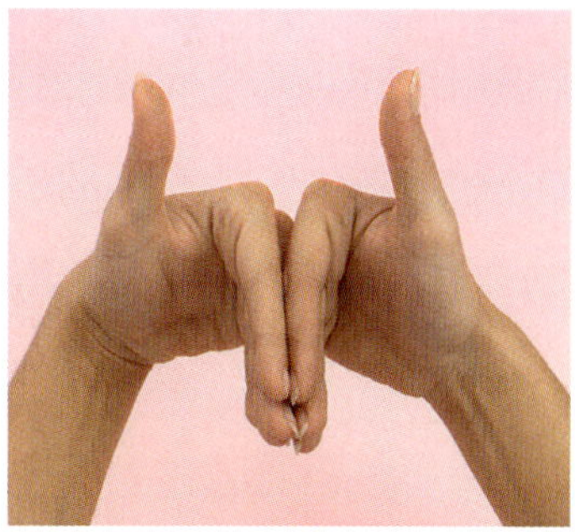

Legen Sie beide Fingerrücken zusammen. Die Fingerspitzen zeigen auf Sie zu. Die Daumen werden nach oben gestreckt. Halten Sie die Mudra mindestens fünf Minuten, und atmen Sie tief in den Bauch hinein. Stellen Sie sich heilendes Licht vor, das in Sie hineinfließt, Sie schützt und stärkt.

Die Sekretlösungsmudra

Falten Sie die Hände wie zum Gebet. Strecken Sie die Zeigefinger aus, und legen Sie die Spitzen der Zeigefinger zusammen. Atmen Sie ganz entspannt in den Körper hinein, und halten Sie die Mudra mindestens zehn Minuten. Danach rekeln und strecken

Sie sich. Bei Erkältungen und Beschwerden im Bereich Ihrer Stirn- und Kieferhöhlen kann diese Mudra sehr bald Erleichterung bringen.

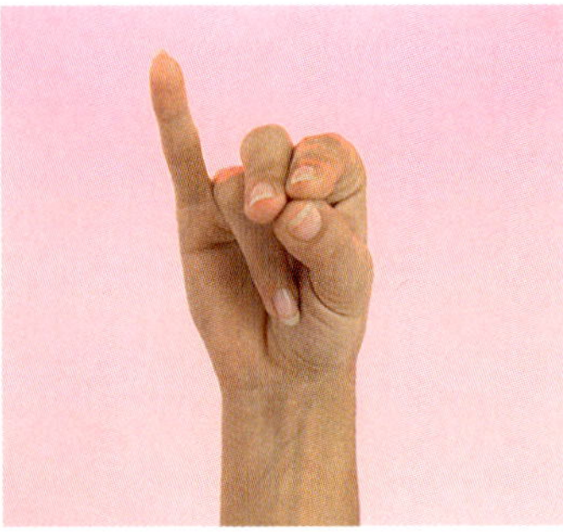

Die Mudra gegen Schmerzen bei Erkältungen

Legen Sie an beiden Händen die Ringfinger zum Daumenballen. Die Spitzen der Daumen berühren die Spitzen von Zeige- und Mittelfinger. Die kleinen Finger werden weggestreckt. Halten Sie die Mudra mindestens zehn Minuten. Sie hilft bei Erkältungskopfschmerzen. Unterstützen Sie die Wirkung der Übung, indem Sie viel Tee oder Wasser trinken.

Die Mudra bei Stirn- und Kieferhöhlenproblemen

Legen Sie die gestreckten Zeige- und Mittelfinger auf die Augenbrauen. Die Daumen legen Sie auf die Kieferhöhlen, die Nägel der kleinen Finger und der Ringfinger ebenso. Halten Sie die Mudra mindestens fünf Minuten. Sie hilft, den Sekretstau zu lösen und die Schmerzen zu lindern.

Erschöpfung, Müdigkeit, Schlafstörungen, Nervosität (Stressfolgen)

Erschöpfungszustände werden durch zu viel Stress, emotionale Belastungen und körperliche Beschwerden ausgelöst. Man fühlt sich nicht mehr leistungsfähig, ist ausgelaugt und am Ende seiner Kräfte. Zur permanenten Müdigkeit kommen meistens Einschlaf- oder Durchschlafschwierigkeiten, sodass am nächsten Tag noch weniger Energie zur Bewältigung der täglichen Aufgaben zur Verfügung steht. Unruhe, Gereiztheit und Nervosität lassen den Erschöpften nicht zur Ruhe kommen. Manchmal wird die körperliche Erschöpfung noch mit dem Gefühl des »Burn-outs« ergänzt. Man fühlt sich völlig ausgebrannt.

Chronische Krankheiten oder Behinderungen sind ebenso große Energieräuber. Jede bestehende Krankheit nimmt Leib und Seele Kraft.

URSACHEN FÜR STRESSBEDINGTE BESCHWERDEN

- Überlastung im Beruf
- Mobbing
- Überlastung durch Haushalt und Familie
- Hormonelle Störungen
- Private und berufliche Perspektivlosigkeit
- Körperliche Krankheiten, die kräftezehrend sind

Mudras und andere Strategien gegen stressbedingte Beschwerden

Vieles wird einfacher, wenn Sie Ihren Alltag entschleunigen. Versuchen Sie, die täglichen Aufgaben zu reduzieren und sich auf die wesentlichen Dinge im Leben zu beschränken.
Stress entsteht gerade dort, wo ein ständiges »Zuviel« den Menschen überfordert: Das kann im Berufsleben geschehen, aber auch in der Familie oder im Freundeskreis.

Stopfen Sie Ihren Terminkalender nicht zu voll – Sie brauchen auch Zeit zur Besinnung und für sich selbst. Das gilt besonders, wenn Sie eine große Familie haben. Vereinbaren Sie mehrmals pro Woche einen festen Zeitraum, in dem Sie sich ungestört von anderen nur um Ihre eigenen Bedürfnisse kümmern können.

Nein sagen

Müssen Sie unbedingt zum Bastelabend aus der Kindergartengruppe? Können Sie nie »nein« sagen und werden deshalb von allen Seiten zusätzlich mit Aufgaben betraut? Werfen Sie alles über Bord, was nicht dringend notwendig ist! Führen Sie alle übrigen Tätigkeiten langsam und mit Muße aus.
Sagen Sie »NEIN«, wenn man Sie um Gefälligkeiten bittet, die Sie im Augenblick nicht leisten können oder wollen. Seien Sie dabei ehrlich zu sich selbst, auch wenn das manchmal schwerfällt.

Prioritäten setzen

In letzter Zeit ist gerade auch in unseren Medien zu beobachten, dass uns ständig Entspannung verordnet wird. Es kann aber kaum sinnvoll sein, sich ständig in einem Zustand der Entspannung zu befinden. Wer den Wechsel von Anspannung und Entspannung aus seinem Leben verbannt, wird schlaff und spürt sich selbst nicht mehr. Achten Sie darauf, zu einem guten Ausgleich beider Elemente zu kommen.

Versuchen Sie, Ihren Alltag zu organisieren. Routine ermöglicht Ihnen, sich Freiräume zu schaffen. Setzen Sie sich Prioritäten. Was muss zuerst erledigt werden? Was kommt danach? Welche Handgriffe rationalisieren Ihren Alltag? Eine gute Organisation hilft Ihnen, sich nicht zu verzetteln. Nehmen Sie auch ruhig Hilfe in Anspruch. Sie müssen nicht alles alleine bewältigen.

Gesunde Ernährung und Bewegung

Ihr Körper benötigt für stressige Zeiten ausreichend Energie. Achten Sie auf eine gesunde Ernährung und ausreichend Bewegung im Alltag. Selbst fünf Minuten sind schon genug, um jeden Tag wieder zu neuen Kräften zu kommen.

Sanfte oder radikale Veränderungen vornehmen

Bevor der Stress Sie völlig auffrisst, sollten Sie die Bremse ziehen. Was muss verändert werden? Sind sanfte Veränderungen möglich, oder müssen Sie radikal Ihr Leben umgestalten, um nicht auf Dauer krank zu werden?

Die Ich-ruhe-in-mir-Mudra

Legen Sie beide Handflächen aufeinander wie zum Gebet, und führen Sie die Hände zum Oberkörper. Die Finger zeigen nach oben. Legen Sie die Handkanten der zusammengelegten Hände auf Ihr Herzchakra, und halten Sie die Mudra mindestens zehn Minuten lang. Atmen Sie lang und gleichmäßig in den ganzen Oberkörper hinein. Sie erleben Beruhigung, Vertiefung und neues Gleichgewicht.

Die Ich-stehe-zu-mir-Mudra

Klappen Sie die Daumen in die Handfläche, und klappen Sie anschließend Zeige- und Mittelfinger über die Daumen, sodass die

Daumen umschlossen werden. Die Ringfinger und kleinen Finger strecken Sie aus. Nun drehen Sie die Hände so, dass die umschlossenen Daumen zu Ihnen zeigen. Bringen Sie die Hände zusammen, sodass sich die Außenseiten der Ringfinger und kleinen Finger berühren können. Halten Sie die Mudra mindestens fünf Minuten, und konzentrieren Sie Ihren Blick auf Ihre Hände. Ihre Gedanken beruhigen sich, Sie erleben Ausgeglichenheit und Entspannung und bekommen auf die Dauer so auch Schlafstörungen wieder in den Griff.

Die Loslassmudra

Legen Sie die Spitzen der Zeigefinger zusammen, verschränken Sie die Mittelfinger, Ringfinger und kleinen Finger wie zum Gebet, und überkreuzen Sie die Daumen. Lassen Sie einen Hohlraum zwischen den Handflächen. Legen Sie nun die Hände auf den Bauch über den Solarplexus, und atmen Sie in den Bauch hinein langsam ein und kräftig wieder aus. Halten Sie die Mudra mindestens fünf Minuten lang. Anschließend bitte an der frischen Luft oder am offenen Fenster einige Male ein- und ausatmen und sich kräftig rekeln und strecken. Es kann sein, dass Sie beim Halten der Mudra ins Schwitzen kommen. Anschließend bitte auch Tee oder Wasser trinken. Wenn Sie die Mudra über mehrere Tage hinweg ausführen, kommt ein körperlicher Ausscheidungs- und Entgiftungsprozess in Gang, denn inneres und äußeres Loslassen gehören zusammen.

Die Meditationsmudra

Legen Sie beide Hände wie Schalen in Ihren Schoß. Die linke Hand liegt dabei auf der rechten Hand. Die Handflächen zeigen nach oben. Die Daumenspitzen berühren sich. Schließen Sie die Augen, atmen Sie in den ganzen Körper hinein, und halten Sie die Mudra mindestens zehn Minuten.

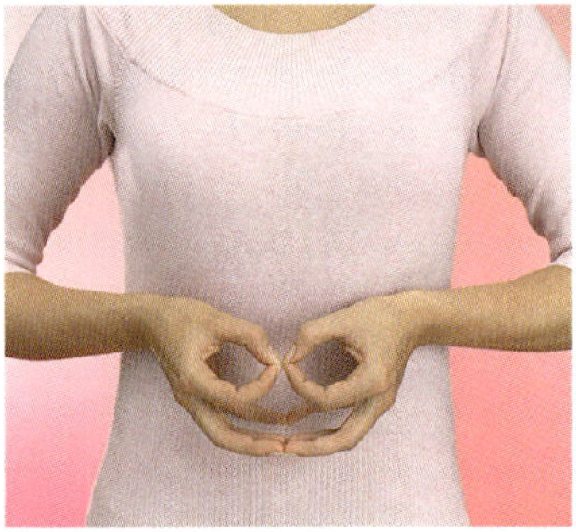

Die Mudra zur tiefen Entspannung

Legen Sie beide Spitzen der Daumen und der Zeigefinger zusammen, und bringen Sie beide Hände zusammen, sodass sich die zusammengelegten Fingerspitzen berühren. Anschließend legen Sie die Fingerspitzen der Mittelfinger, Ringfinger und kleinen Finger zusammen. Legen Sie die Hände dann auf den Bauch über den Solarplexus, und atmen Sie ganz gleichmäßig und rhythmisch ein und aus. Die Augen sind geschlossen. Halten Sie die Mudra höchstens fünf Minuten! Danach sollten Sie unbedingt etwas trinken, frische Luft atmen und sich rekeln und strecken.

Die Herz-in-Ruhe-Mudra

Legen Sie beide Fingerrücken aneinander, und legen Sie die Hände mit der Handkante auf das Herzchakra. Die Daumen liegen ganz entspannt so, wie sie ohne Anstrengung und Anspannung am besten gehalten werden können. Atmen Sie rhythmisch ein und aus, schließen Sie die Augen, und halten Sie die Mudra mindestens fünf Minuten. Wenn Sie unter Schlafstörungen leiden, dann legen Sie sich im Bett auf den Rücken, während Sie die Mudra halten. Da diese Mudra sehr müde macht, sollten Sie anschließend nichts mehr vorhaben, sondern entweder gleich ins Bett gehen oder sie schon im Bett ausführen.

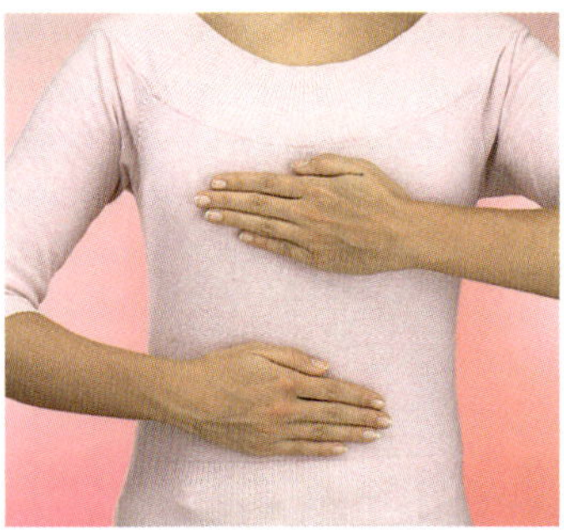

Die Ich-kann-gut-schlafen-Mudra

Legen Sie die rechte Hand auf den Solarplexus, die linke Hand auf das Herzchakra. Die Hände liegen ganz entspannt und quer über den Energiezentren. Schließen Sie die Augen, und schicken Sie ganz bewusst Ihren Atem zu den Händen. Liegen Sie dabei ruhig und ausgestreckt auf dem Rücken. Auch bei dieser Mudra gilt, dass Sie die Entspannung mit ins Bett nehmen und anschließend nichts mehr vorhaben sollten.

Die Schalenmudra

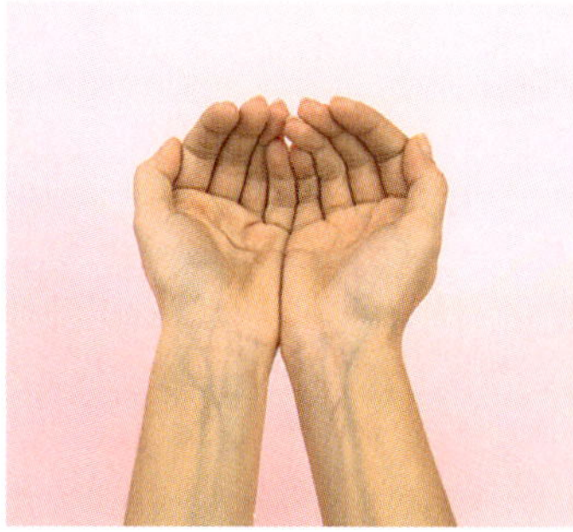

Legen Sie beide Handkanten zusammen, und formen Sie eine Schale aus den Händen. Sie können die Schale in Ihren Schoß legen oder auch vor Ihren Oberkörper halten. Stellen Sie sich vor, wie Energie in Sie hineinfließt und sich in der Schale sammelt. Die Schale ist immer gefüllt mit heilender Kraft und der Energie der Liebe. Sie ist Ihr Vorrat für Zeiten der Erschöpfung. Halten Sie die Mudra mindestens fünf Minuten lang, und atmen Sie dabei in den gesamten Körper hinein.

Die Energetisierungsmudra

Legen Sie die Fingerspitzen der Zeigefinger, der Mittelfinger, der Ringfinger und der kleinen Finger zusammen. Ziehen Sie die Finger etwas auseinander, sodass die Mudra wie ein Hausdach aussieht. Die Daumenspitzen legen Sie auf die Seiten der Zeigefinger im unteren Zeigefingerglied. Halten Sie die Mudra aufrecht sitzend vor dem Oberkörper, und atmen Sie gleichmäßig ein und aus.

Wenn Stress und psychische Belastungen Ihnen »unter die Haut gehen«, wird das irgendwann auch außen sichtbar. Nehmen Sie Hautprobleme als Signale Ihres Körpers wahr, dass etwas aus dem Gleichgewicht zu geraten droht, und steuern Sie gegen, bevor ernsthafte Probleme entstehen.

Hautprobleme

Probleme mit der Haut treten im Laufe des Lebens irgendwann bei jedem Menschen auf. Ob als allergische Reaktion, als Ausschlag, als Pubertätsakne oder im Laufe eines Entgiftungs- und Reinigungsprozesses – die Haut ist nicht nur Ausscheidungsorgan, sondern auch der Spiegel der Seele. Psychische Faktoren spielen deshalb eine große Rolle, wenn es juckt, kratzt, dick und eitrig wird und sich lästige Pickel auch jenseits der Teenagerzeit zeigen. Wer sehr dünnhäutig ist, wird psychische Probleme eher über die Haut austragen als jener, der sich ein dickes Fell zugelegt hat. Nervosität, Stress, Unruhe und Überlastung zeigen sich ebenso auf der Haut wie eine ungesunde Lebensweise. Und jeder,

der seine Haut ungeschützt und exzessiv dem Sonnenlicht aussetzt, wird ebenso mit Hautproblemen in Form von Sonnenbrand und vorzeitiger Hautalterung rechnen müssen. Bekannt ist auch, dass ein Zuviel des Guten der Haut nicht gut tut, sondern sie schädigt. Dazu gehört zum Beispiel eine übermäßige Reinigung mit Seife und die Verwendung wechselnder Pflegeprodukte.

URSACHEN FÜR HAUTPROBLEME

- Erbliche Faktoren
- Allergische Reaktionen
- Hormonelle Störungen
- Entgiftungs- und Reinigungsprozesse
- Psychische Probleme
- Ungesunde Lebensweise
- Zu viel Pflege, zu viel Reinigung

Mudras und andere Strategien gegen Hautprobleme

Eine ungesunde Lebensweise – Rauchen, Stress, wenig Schlaf und Fastfood – ist der größte Feind eines strahlenden und gesunden Teints. Eine vitaminreiche Ernährung und ausreichend Bewegung an frischer Luft dagegen sind in kürzester Zeit im Stande, Ihnen ein frisches Aussehen zu geben.

Hautprobleme müssen immer von innen und von außen gleichzeitig angegangen werden; nur so können Sie eine dauerhafte Verbesserung erreichen.

Der Haut Regeneration bieten

Viele Hautprobleme sind hausgemacht. Wer seiner Haut ständig eine andere Creme zumutet und allzu gern mit neuen Pflegeprodukten experimentiert, wird Pickel und Reizungen ernten. Dasselbe gilt für die Verwendung alter Pflegeprodukte, die eigentlich schon lange abgelaufen sind, und für das ständige Waschen, Reinigen, Schminken und Abschminken. Je mehr Aktionen Ihre Haut verkraften muss, desto empfindlicher wird sie mit der Zeit reagieren. Auch Saunagänge, Dampfbäder, Sonnenbäder und der eigene Schweiß, zum Beispiel nach einer sportlichen Betätigung, belasten die Haut. Im Extremfall treten juckende Ekzeme auf. Minderwertige Kleidung, Waschmittelrückstände oder allergieauslösende Naturfasern tun dann ihr Übriges, um die Haut zu strapazieren. Bieten Sie Ihrer Haut Erholung. Lassen Sie sie eine Weile ganz in Ruhe.

Die Lebensweise überprüfen und verändern

Der größte Feind der Haut ist der Mensch selbst mit seiner Lebensweise. Rauchen, Alkohol, wenig Schlaf, wenig Bewegung, kaum frische Luft, innere Unruhe, Stress und Nahrungsmittel ohne Vitalstoffe hinterlassen bald sichtbare Spuren auf der Haut. Es treten Reizungen, Wasseransammlungen, Falten, Augenringe, Pickel und ein fahles, graues und müdes Aussehen auf.
Steigen Sie also um auf gesunde Ernährung. Bewegen Sie sich ausreichend an der frischen Luft, geben Sie das Rauchen auf, und sorgen Sie für ausreichend Schlaf. Bauen Sie Stress und Hektik ab, und gönnen Sie sich und Ihrer Haut liebevolle Zuwendung, ohne sie zu überreizen.

Sie liegen gern in der prallen Sonne? Ihre Haut leider nicht! Auch wenn Sie Sonnenbäder sehr genießen, sollten Sie sie einschränken. Mehr als zwanzig Minuten in der direkten Sonne bekommt – auch mit Sonnenschutzmitteln – keiner mitteleuropäischen Haut. Unsere Haut vergisst nicht, und häufig bezahlen wir den Leichtsinn in unserer Jugend mit übermäßiger Faltenbildung im Alter.

Die Ernährung umstellen

Jede Ernährungsumstellung macht sich auch auf Ihrer Haut bemerkbar. Sie werden Giftstoffe ausscheiden und mit Hautveränderungen wie zum Beispiel Pickeln und Ausdünstungen rechnen müssen. Ist die Umstellung vollzogen, kann sich auch die Haut wieder aufbauen. Vitalstoffe sorgen für ein strahlendes Aussehen und beugen Falten vor. Mit viel Obst und Gemüse bleibt Ihre Haut lange jung!

Die innere Balance finden

Die Haut spiegelt immer die Gesamtsituation des Menschen. Die Lebensweise zu ändern und die Ernährung umzustellen wird nicht genügen, wenn Sie innerlich verkrampft, verbittert, traurig oder wütend sind. Hautprobleme zeigen immer auch unterdrückte Gefühle, die auf diese Art an die Oberfläche drängen. Was kratzt Sie auf im Leben? Was brennt Ihnen auf den Nägeln? Was juckt Sie? Nehmen Sie Ihre Lebenssituation unter die Lupe, und versuchen Sie, wieder Ihre innere Balance zu finden. Schönheit und Ausstrahlung erreichen Sie dann, wenn Sie bereit sind, sich selbst zu lieben und sich und Ihrer Umwelt mit einem gelassenen und freudigen Lächeln zu begegnen. Lächeln Sie nach innen! Strahlen Sie für sich selbst! Finden Sie Ihr Selbstvertrauen und Ihre Strahlkraft wieder.

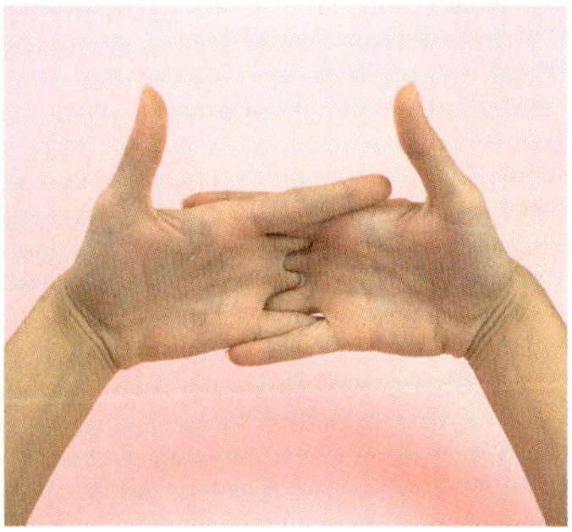

Die Schönheitsmudra

Falten Sie die Hände wie zum Gebet. Ziehen Sie aber dann die Hände auseinander, ohne dass sich die Finger voneinander lösen. Die Handflächen sind Ihnen zugewandt. Die Daumen werden nach oben gestreckt. Halten Sie die Mudra mindestens dreißig Sekunden. Atmen Sie dabei rhythmisch ein und aus, setzen Sie ein Lächeln auf, und lächeln Sie nach innen in den Körper hinein, ganz sanft. Dann ziehen Sie die Finger noch weiter auseinander, ohne sie ganz zu lösen. Die Finger sehen jetzt aus wie ein lockeres Gewebe. Halten Sie die Position wieder dreißig Sekunden, und atmen Sie rhythmisch. Weiter lächeln! Dann ziehen Sie mit einer kräftigen Ausatmung die Hände vollends auseinander, vertiefen Ihr Lächeln und schicken es in die Welt hinaus. Führen Sie die Mudra dreimal täglich aus – und immer dann, wenn Sie sich klein und hässlich, pickelig und grau im Gesicht fühlen.

Die Haut-und-Haar-Mudra

Legen Sie die Daumenspitzen und die Ringfingerspitzen zusammen. Die anderen Finger werden gestreckt. Halten Sie die Position mindestens fünf Minuten, und atmen Sie gleichmäßig ein und aus.

Wenn Sie unter akuten Hautirritationen leiden, dann üben Sie bitte dreimal täglich und halten die Mudra jeweils zehn Minuten lang.

Die Meine-Haut-ist-rein-Mudra

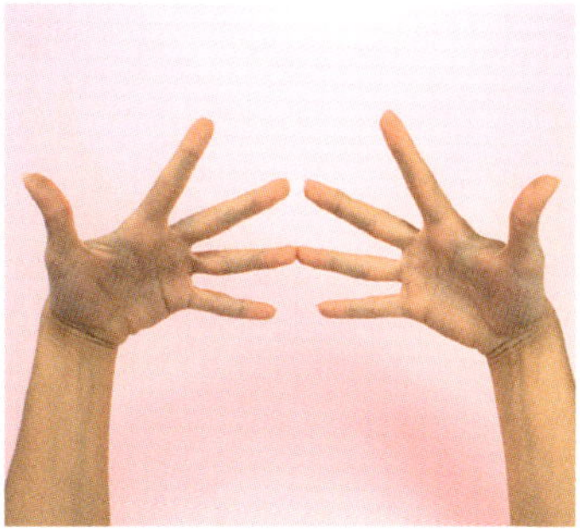

Legen Sie die Ringfingerspitzen zusammen, und drehen Sie die Hände so, dass die Handflächen zu Ihnen zeigen. Blicken Sie zu den Händen hin, als ob Sie in einen Spiegel sehen würden. Stellen Sie sich dabei vor, wie Ihre Haut rein, faltenfrei und gesund ist. Halten Sie die Position mindestens eine Minute. Dann legen Sie zusätzlich die Fingerspitzen der kleinen Finger zusammen und halten die Position wieder eine Minute. Anschließend werden die Spitzen der Mittelfinger zusätzlich zusammengeführt. Die Hand schließt sich immer mehr. Wieder eine Minute halten. Dann Zeigefinger zusätzlich zusammenlegen, eine Minute halten und schließlich die Daumenspitzen zusammenlegen. Alle Finger sind nun zusammengelegt und dabei ausgestreckt. Konzentrieren Sie sich auf Licht und Liebe, die durch jede Pore Ihrer Haut fließen, und halten Sie die Position noch eine Minute. Diese Mudra wirkt auch sehr gut beruhigend bei akutem Juckreiz.

Die Kugel-der-Klärung-Mudra

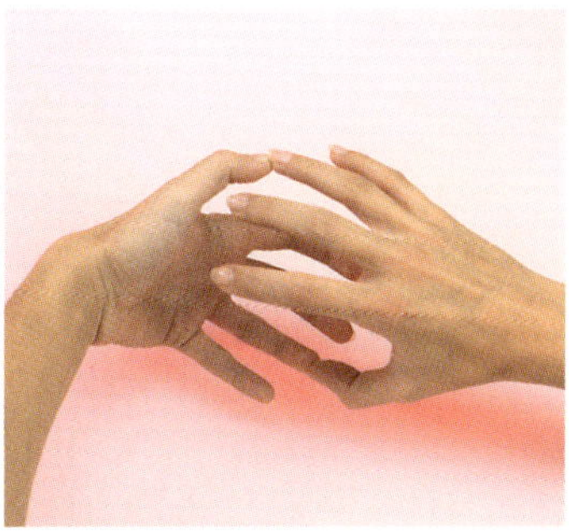

Drehen Sie die Finger so aufeinander zu, dass von der rechten Hand die Ringfingerspitze auf den Daumen der linken Hand trifft und der Daumen der rechten Hand auf die Ringfingerspitze der linken Hand. Sobald die Fingerspitzen sich berührt haben, bilden Sie aus der Hand eine Kugel. Halten Sie diese Kugel vor Ihr Herzchakra. Lächeln Sie, und atmen Sie mit leicht geöffnetem, lächelndem Mund ganz bewusst ein und aus. Stellen Sie sich vor, wie aus der Kugel Kraft, Energie und Hautheilung in Sie hineinfließen. Halten Sie die Mudra mindestens drei Minuten.

Herzbeschwerden

Auch bei Herzbeschwerden gilt: Gehen Sie sofort zum Arzt! Hinter bloßem Unwohlsein kann sich eine lebensbedrohende Krankheit verbergen. Gerade im mittleren Lebensalter neigen Menschen dazu, zu wenig auf die Warnsignale des Körpers zu achten. Gehören Sie bitte nicht dazu!

Herz-Kreislauferkrankungen sind in der westlichen Welt die Todesursache Nummer eins. Eine ungesunde Lebensweise, ein an Leib und Seele krankes Herz und angeborene Herzfehler spielen hier eine große Rolle. Herzrhythmusstörungen, Herzrasen, Verengung der Herzkranzgefäße und schließlich Herzinfarkt sind auch Ausdruck eines Herzens, das mehr Liebe, Aufmerksamkeit und Fürsorge benötigt. Ein krankes Herz ist deshalb nicht nur der Spiegel einer lieblosen Gesellschaft, sondern auch ein Zeichen, dass Selbstliebe und Nächstenliebe ins Wanken geraten sind und das Leben dem Menschen das Herz schwer macht.
Jede Herzerkrankungen gehört in die Hände eines erfahrenen Spezialisten. Sehen Sie die Mudras als unterstützende Maßnahme, um wieder genügend Liebe ins Leben zu bringen und das Herz mit Selbstliebe zu versorgen.

URSACHEN FÜR HERZBESCHWERDEN

- Angeborene Herzfehler
- Hormonelle Schwankungen
- Ungesunde Lebensweise
- Psychischer Stress, Liebeskummer, ein »gebrochenes Herz«
- Mangelnde Selbstliebe

Mudras und andere Strategien gegen Herzbeschwerden

Gesunde Ernährung, Abbau von Übergewicht, ausreichend Bewegung und genügend Schlaf lassen ein durch ungesunde Lebensweise erkranktes Herz und verengte Gefäße wieder gesunden. Eine besondere Bedeutung kommt einer Ernährung mit viel Rohkost zu. Dies wirkt der voranschreitenden Gefäßverengung und der Verkalkung der Gefäße entgegen. Folsäure und Magnesium schützen das Herz, Aspirin wirkt blutverdünnend und erhöht die Fließgeschwindigkeit des Blutes. Wenn Sie zusätzlich noch Stress abbauen und ein ruhiges, zufriedenes und harmonisches Leben führen, können Sie einem drohenden Herzinfarkt vorbeugen. Bitte auch mit dem Rauchen aufhören und den Koffeinkonsum überprüfen und reduzieren! Eine gesunde Lebensweise sorgt zudem dafür, dass ein hormonelles Gleichgewicht geschaffen werden kann. So verhindern Sie auch Herzrhythmusstörungen, die durch Schwankungen im weiblichen Zyklus mit verantwortlich sind.

Stressabbau und Krisenbewältigung

An erster Stelle neben einer konsequenten Ernährungsumstellung gehört der ebenso konsequente Stressabbau. Hetze, Hektik, Termindruck, unregelmäßige Essens- und Schlafenszeiten, Freizeitstress und wenig Erholungsphasen belasten das Herz. Manchmal helfen nur radikale Veränderungen, um das Herz wieder gesund werden zu lassen.

Freunde sind wichtige Gesprächspartner und Helfer in schwierigen Lebenssituationen. Achten Sie darauf, Ihren Freundeskreis zu pflegen, auch wenn Sie durch Familie und/oder Beruf stark eingespannt sind. Jeder von uns kommt einmal in Situationen, in denen er enge Freunde braucht.

Fragen Sie sich auch immer, was Ihnen auf dem Herzen liegt und Ihnen Herzeleid verursacht. Leiden Sie an Liebeskummer? Liegt Ihnen ein Stein auf dem Herzen? Fühlen Sie sich, als ob Ihr Herz bluten würde? Was immer Ihr Herz in die Krise gebracht hat, sobald Sie an Herzbeschwerden leiden, ist dies eine Aufforderung, sich um sich selbst zu kümmern und heilende Kräfte wirken zu lassen. Seien Sie bereit, sich konstruktiv mit Ihren Sorgen, Krisen und Ihrem Stress auseinander zu setzen und aktiv etwas zu verändern.

Meditation

Eine ganz konkrete Möglichkeit, zur inneren und äußeren Ruhe zu finden und Gelassenheit im Leben einkehren zu lassen, ist die Meditation. Nehmen Sie sich die Zeit zum Meditieren. Beginnen

Sie ganz langsam, und setzen Sie sich niemals selbst unter Druck. Selbst fünf Meditationsminuten am Tag können Ihnen, wenn Sie sie regelmäßig ausführen, Ruhe bringen.

Aktivierung der Selbstliebe

Wer sich selbst liebt und mit Fürsorge und Aufmerksamkeit versorgt, wird nicht mehr abhängig sein von der äußeren Liebe, sondern ganz in sich selbst ruhen können. Aus der Liebe zu sich selbst heraus können Sie schließlich auch Liebe verschenken und so Ihr Herz am Fluss des Lebens teilhaben lassen. Sie können sich dem Leben in Liebe hingeben und die Wunder der Schöpfung empfangen. Auf diese Weise kann Ihr Herz offen und weit werden – eine Quelle der Lebensfreude.

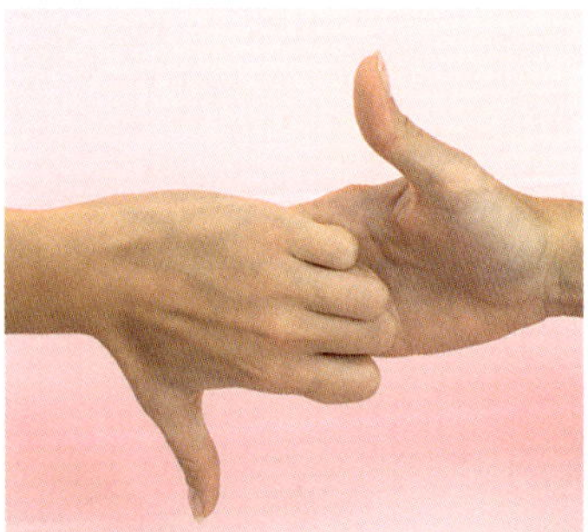

Die Mudra für ein starkes Herz

Drehen Sie die linke Hand so, dass die Handfläche nach außen, also von Ihnen weg zeigt. Krümmen Sie die Finger, und legen Sie die ebenso gekrümmten Finger der anderen Hand hinein. Die Finger sind nun »verhakt«. Atmen Sie nun ein. Beim Ausatmen ziehen Sie die Finger auseinander, ohne sie zu öffnen. Beim Einatmen lösen Sie den Zug. Atmen Sie fünf Mal auf diese Weise. Dann wechseln Sie die Handstellung und wiederholen das Atemmuster. Danach legen Sie beide Handflächen auf das Herz. Atmen Sie Licht und Liebe in Ihr Herz hinein. Und zum Schluss legen Sie beide Handflächen auf das Herzchakra in der Mitte der Brust und atmen wieder tief Licht und Liebe in dieses Energiezentrum.

Die Lebensrettermudra

Meine Lieblingsmudra für »meine« Schwangeren tut auch dem Herzen gut. Klappen Sie die Zeigefinger zu den Daumenballen. Legen Sie die Spitzen der Daumen und der Mittel- und Ringfinger zusammen, und strecken Sie die kleinen Finger aus. Bitte immer mit beiden Händen ausführen! Atmen Sie gleichmäßig weiter, und halten Sie die Mudra mindestens fünf Minuten. Wirkt sofort bei akuten Herzbeschwerden und Herzrhythmusstörungen.

Die Mudra für die Selbstliebe

Strecken Sie an der linken Hand den Zeigefinger nach oben. Umschließen Sie den Zeigefinger mit der rechten Hand, und legen Sie den Daumen der rechten Hand auf den Nagel des ausgestreckten Zeigefingers.
Legen Sie die Mudra auf Ihr Herzchakra, und atmen Sie mit der einströmenden Luft gleichmäßig Licht und Liebe ins Herzchakra hinein.

Die Mudra gegen Liebeskummer

Legen Sie die linke Hand mit der Handfläche quer über Ihr Herzchakra. Die Fingerspitzen zeigen auf die rechte Seite. Legen Sie dann die rechte Hand direkt darüber, die Fingerspitzen zeigen nach links. Die Daumenspitzen berühren sich. Intonieren Sie nun ein offenes »Ah«. Dabei ist Ihr Mund leicht geöffnet. Das »Ah« öffnet den Brustkorb, schenkt Weite, Verständnis und Energie für das gebrochene Herz. Intonieren Sie fünf Minuten lang.

Die In-Liebe-geborgen-Mudra

Setzen Sie sich aufrecht hin, und winkeln Sie die Arme zu den Seiten an. Klappen Sie die Hände so, dass die Handflächen nach oben zeigen. Stellen Sie sich vor, wie Gottes Liebe Sie umhüllt, Ihnen Halt und Geborgenheit schenkt und Ihr Herz heilt. Die Welt ist ein Platz der Liebe. Und Sie sind jederzeit Teil dieser Liebe. Ihr Herz ist sicher, frei und wird geliebt. Halten Sie die Mudra mindestens fünf Minuten lang. Schließen Sie dabei die Augen, und atmen Sie tief ein und aus. Und bei jedem Atemzug strömt Liebe in Ihren Körper und in Ihr Herz hinein.

Kopfschmerzen

Schnelle Hilfe bei Kopfschmerz: Riechen Sie an einem Fläschchen mit reinem Minzöl, und verreiben Sie sich ein paar Tropfen auf der Schläfe. Gerade bei Spannungskopfschmerz ist das Öl eine Alternative zu Tabletten und kann die Wirkung von Mudras unterstützen.

Jeder, der schon einmal Kopfschmerzen hatte, weiß, wie quälend diese stechenden, dumpfen, pochenden oder hämmernden Schmerzen sein können. Ob als reiner Kopfschmerz oder als Migräne mit Übelkeit, Erbrechen, Lichtempfindlichkeit und Sehstörungen verbunden – jeder Schmerz am Kopf kann den Menschen völlig lahm legen.
Kopfschmerzen sind immer auch ein Zeichen, dass etwas im Leben nicht mehr stimmt und aus dem Gleichgewicht geraten ist. Seien es die Hormone, eine Fehlstellung im Becken, Rücken- und Nackenverspannungen, Ärger, Druck und Stress oder eine Fehlsichtigkeit: Kopfschmerzen sind der Wegweiser zu der wirklichen Ursache.

URSACHEN FÜR KOPFSCHMERZEN

- Körperliche, geistige und seelische Überlastung
- Verspannungen der Muskulatur
- Fehlsichtigkeit
- Hormonelle Schwankungen
- Stoffwechselstörungen
- Psychischer Stress
- Erkrankungen am Kopf und Gehirn
- Ungesunde Lebensweise

Mudras und andere Strategien gegen Kopfschmerzen

Wenn Sie häufig unter Kopfschmerzen leiden, nehmen Sie das unbedingt als Warnzeichen und als Aufforderung, mehr auf sich zu achten. Prüfen Sie aufmerksam die Situationen, in denen Sie besonders häufig vom Schmerz attackiert werden.

Stressabbau

Wenn der Kopf raucht, braucht der Mensch eine Pause. In Phasen der Hektik, der Zerrissenheit und beruflichen Anspannung wird die Balance zwischen Aktivität und Passivität immer wichtiger. Wer ständig im Einsatz ist und sich keine Erholungsphasen gönnt, leidet viel eher unter Kopfschmerzen als Menschen, die das Leben genießen können. Mit Meditationen und Yoga können Sie Entspannung finden.

Spaziergänge in frischer Luft klären den Geist und beruhigen den Verstand. Der Kopf kann entspannen. Gehen Sie in gleichmäßigem Rythmus, atmen Sie tief, und betrachten Sie Ihre Umgebung.

Reichlich Wasser mit Vitamin C zu trinken hilft bei Kopfschmerzen nach zu ausgiebigem Feiern. Vorausgesetzt, Ihr Alkoholkonsum hat sich in Grenzen gehalten. Gehen Sie an die frische Luft, auch das vertreibt die Katerstimmung schnell.

Bewegung

Ein sanftes Bewegungstraining hilft, Migräne und Kopfschmerzen zu vertreiben, Muskelverspannungen zu beheben und die Hormone sanft wieder ins Gleichgewicht zu bringen.

Bewegung an der frischen Luft in der Stille der Natur beruhigt die Nerven und lässt Kopfschmerzen verschwinden, die durch zu viel Lärm und den Aufenthalt in verräucherten Stuben oder einfach durch zu viel Sitzen ausgelöst wurden. Schon ein kurzer Spaziergang kann dabei Wunder wirken.

Überprüfung von Fehlsichtigkeit, Muskelverspannungen und Verschiebungen der Knochen

Kopfschmerzen sind oft nur die Spitze des Eisbergs. In Wirklichkeit stecken hinter den Schmerzen andere Ursachen. Benötigen Sie eine Brille? Haben Sie ungleich lange Beine, Probleme mit der Wirbelsäule oder dem Becken?

Ein großer Busen führt bei Frauen zu Nacken- und Rückenverspannungen und manchmal zu Kopfschmerzen. Ein guter Büstenhalter hilft in diesem Fall. Ebenso treten Kopfschmerzen auf, wenn das sportliche Training zu intensiv war.

Änderung der Lebensweise

Rauch, Alkohol, einseitige Ernährung, langes Sitzen und ein übermäßiger Koffeingenuss führen oftmals zu einem regelrechten Brummschädel. Ist der Magen überfordert, kann der Kopf ebenso mit Schmerzen reagieren. Eine ausgeglichene Lebensweise erspart Ihnen diese lästigen »Lifestylekopfschmerzen«.

Die Klarer-Kopf-Mudra

Legen Sie beide Daumenspitzen und beide Mittelfingerspitzen zusammen. Alle anderen Finger klappen Sie nach unten und legen die Fingerrücken zusammen. Halten Sie die Mudra vor Ihren Kopf.

Atmen Sie dreimal kräftig aus, um alles Belastende loszulassen, und halten Sie die Mudra mindestens fünf Minuten.

Die Kopfentlastungsmudra

Strecken Sie die Zeige- und Mittelfinger aus, und legen Sie die Fingerspitzen der ausgestreckten Finger an die Augenbrauen. Die Mittelfinger liegen über der Nasenwurzel und berühren sich leicht. Die Zeigefinger liegen am äußeren Ende der Augenbrauen. Halten Sie die Mudra mit geschlossenen Augen mindestens fünf Minuten. Atmen Sie gleichmäßig ein und aus.

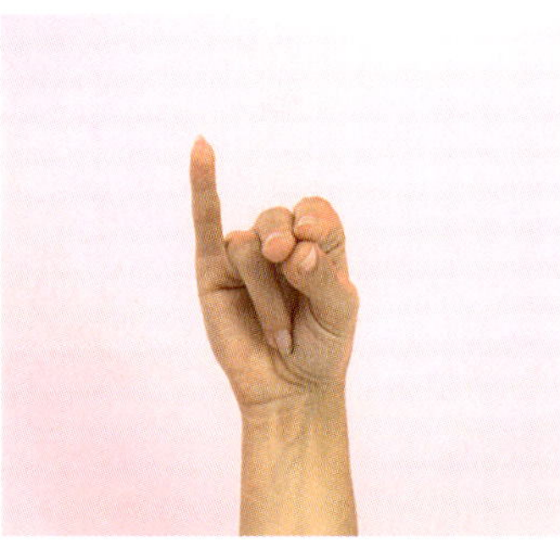

Die Anti-Kopfschmerz-Mudra

Legen Sie die Ringfinger auf die Handballen unter den Daumen. Die Daumenspitzen berühren die Spitzen von Zeige- und Mittelfinger. Die kleinen Finger werden gestreckt. Atmen Sie gleichmäßig ein und aus. Schließen Sie die Augen, und stellen Sie sich vor, wie Ihr Kopf befreit wird von allen Schmerzen und ganz leer wird von allen Gedanken, um sich erholen zu können. Halten Sie die Mudra mindestens fünf Minuten.

Die Mudra gegen rauchende Köpfe

Legen Sie die Fingerspitzen von Daumen, kleinem Finger und Ringfinger zusammen. Die Mittel- und Zeigefinger werden ausgestreckt. Halten Sie die Mudra mindestens fünf Minuten. Atmen Sie gleichmäßig ein und aus, und lassen Sie die Schultern ganz locker hängen. Die Hände sollten auf Ihren Oberschenkeln liegen. Schließen Sie die Augen, und stellen Sie sich vor, wie Sie den Rauch aus Ihrem Kopf herunterziehen und mit der Ausatmung loswerden. Sehen Sie ihn vor Ihrem inneren Auge entschwinden, sich langsam in Luft auflösen.

Die Mudra gegen zu viele Gedanken und Grübeleien

Legen Sie beide Hände an die Schläfen, und fahren Sie mit den Fingerspitzen nach oben über die Seiten des Kopfes. Die Finger fahren so weit, dass sich die Fingerspitzen seitlich berühren. Lassen Sie die Hände nun auf dem Kopf liegen, atmen Sie ein und aus, wobei Sie die Ausatmung betonen und die Position mindestens zwei Minuten lang halten. Sie können die Übung im Sitzen oder im Stehen ausführen, und sie eignet sich auch gut zur Ausführung am Schreibtisch oder im Büro.

Die Frischer-Wind-im-Kopf-Mudra

Legen Sie die Fingerspitzen auf die Stirn; die kleinen Finger berühren sich an der Nasenwurzel. Die Ringfinger berühren sich in der Mitte der Stirn (Stirnchakra). Die Mittelfinger liegen rechts und links am Haaransatz, die Zeigefinger im Bereich der Schläfen. Die Daumen werden weggestreckt.

Halten Sie die Position mindestens fünf Minuten, und atmen Sie gleichmäßig. Stellen Sie sich vor, wie frischer Wind in Ihren Kopf weht, Sie durchpustet und von allen lästigen Beschwerden befreit.

Menstruationsbeschwerden und Zyklusstörungen

Die Tage vor den Tagen sind für manche Frauen eine Qual: Sie sind gereizt und fühlen sich angespannt. Häufig schmerzen die Brüste, und die Haut spannt. Nehmen Sie sich in dieser Zeit abends nicht zu viel vor, vor allem, wenn Sie tagsüber sehr eingespannt sind. Bewegen Sie sich, wenn Sie unruhig sind, legen Sie sich mit einem Buch aufs Sofa, wenn Sie erschöpft sind. Ihr Körper wird so leichter mit der Hormonumstellung fertig.

Der weibliche Zyklus reagiert sehr empfindlich auf Stress, Überforderung, seelische und körperliche Beschwerden. Hormonschwankungen, Zyklusstörungen, ein schmerzhafter Eisprung, Migräne, unangenehme Spannungsgefühle in den Brüsten und Menstruationsbeschwerden sind die Folge. Vor allem Frauen in der Lebensmitte, die voll im Leben stehen, neben Haushalt und Kindern auch noch berufstätig sind oder noch kranke Angehörige pflegen müssen, sind von diesen typisch weiblichen Beschwerden vermehrt betroffen. Dass nicht jeder Zyklus genau gleich abläuft, ist völlig normal. Vor allem in der Pubertät und vor den Wechseljahren treten größere Schwankungen auf, die zum Teil sehr lästig sein können und sich zudem noch mit Stimmungsschwankungen, Gereiztheit, Depressionen, Heißhungerattacken und Erschöpfung zeigen können. Kommen dann die Wechseljahrebeschwerden hinzu, fühlen sich viele Frauen gar nicht mehr wohl.

URSACHEN FÜR TYPISCH WEIBLICHE BESCHWERDEN

- Hormonschwankungen, Hormonmangel
- Stress und psychische Belastungen

Mudras und andere Strategien gegen typisch weibliche Beschwerden

Ein ruhiges, harmonisches Leben ist die beste Garantie für einen normal verlaufenden Zyklus. Oft mangelt es Frauen jedoch an Zeit für sich selbst. Vor allem Frauen mit kleinen Kindern neigen dazu, sich zu verausgaben, es allen recht zu machen, perfekte Hausfrau, Mutter und Geliebte zu sein und auch noch beruflich

Karriere machen zu wollen. All das ist aber nur dann möglich, wenn Körper, Geist und Seele permanent zu Hochleistungen angetrieben werden. Wer keine Zeit mehr für sich selbst hat, keine Erholungsphasen mehr im Leben einbauen kann und permanent nur für andere da ist, wird mit Beschwerden dazu aufgefordert werden, etwas zu verändern. Überprüfen Sie, ob Sie wirklich dem Bild der perfekten Frau entsprechen wollen oder ob Sie Ihr Leben nicht anders organisieren. Weniger ist oft mehr! Nehmen Sie außerdem Hilfe in Anspruch, und gönnen Sie sich Auszeiten zum Wohlfühlen und Krafttanken. Werfen Sie getrost sinnlose Aktivitäten und ehrenamtliches Engagement über Bord, wenn sie Ihnen zusätzlich Stress bereiten.

Morgens zwei Kilo mehr auf der Waage? Keine Angst, das ist völlig normal! Die meisten Frauen reagieren mit Wassereinlagerungen auf die Hormonumstellung zu Beginn ihrer Periode. Also keine Hungerkur beginnen, bei normaler Ernährung verschwinden die Kilos von allein wieder. Die Mudra auf → Seite 98 (Mitte) hilft zusätzlich.

Anti-Stress-Maßnahmen

Körperliche Wärme in Form von einem warmen Bad, einer Wärmflasche oder Heizdecke hilft gegen viele schmerzhafte Verkrampfungen während Eisprung und Menstruation. Aber auch jede Form von seelischer Zuwendung, Liebe und Herzenswärme hilft Ihnen, weitaus weniger Schmerzen zu haben. Ein liebevoller und verständnisvoller Partner trägt also sehr viel zu Ihrem eigenen Wohlbefinden bei.

Ernährungsumstellung

Zu viel Kaffee, zu viel Zucker, zu viele Weißmehlprodukte bringen den Zyklus aus dem Gleichgewicht. Besser ist es, Sie steigen um auf eine vitalstoffreiche Ernährung mit viel frischem Obst und Gemüse, Vollkornprodukten und wohlschmeckenden Kräutertees.

Sanfte Bewegung

Sanfte Bewegung löst Verspannungen, baut Schmerzen ab und sorgt für körperliches und seelisches Gleichgewicht. Vor allem Yoga, Gymnastik und Übungen aus dem orientalischen Tanz sind

bekannt für ihre schmerzlindernde Wirkung und für Harmonie von Leib und Seele.
Aber auch Schwimmen, sanftes Radfahren, Walken und Spaziergänge an der frischen Luft bringen die Hormone sanft wieder in die Balance.

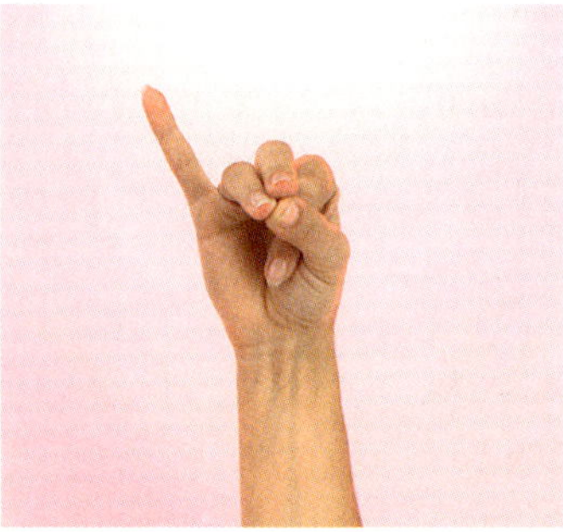

Die Energiemudra für die Frau

Hier wieder meine Lieblingsmudra aus meinen Kursen: Klappen Sie die Zeigefinger nach unten zu den Daumenballen. Die Daumenspitzen berühren die Spitzen von Mittelfinger und Ringfinger. Die kleinen Finger werden gestreckt. Halten Sie die Position mindestens fünf Minuten. Atmen Sie leicht, locker und gleichmäßig in den Bauch hinein.

Die Mudra gegen Wassereinlagerungen

Vor der Menstruation leiden viele Frauen an Wassereinlagerungen und wiegen oftmals bis zu zwei Kilogramm mehr. Legen Sie an beiden Händen die Daumenspitze unter den Ballen des kleinen Fingers. Die restlichen Finger sind ausgestreckt. Halten Sie die Mudra mindestens fünf Minuten. Atmen Sie dabei gleichmäßig ein und aus.

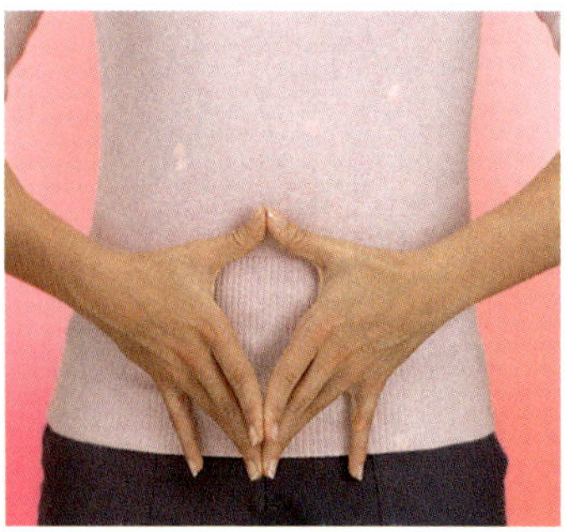

Die Entkrampfungsmudra

Legen Sie beide Handflächen unterhalb des Nabels auf den Bauch. Legen Sie nun die Daumenspitzen zusammen. Dann legen Sie die Spitzen der Zeigefinger zusammen und strecken die Zeigefinger nach oben. Die Mittelfingerspitzen berühren sich seitlich. Die Ringfinger liegen an den Mittelfingern. Die kleinen Finger werden zur Seite gespreizt. Halten Sie die Mudra mindestens fünf Minuten, bei akuten Beschwerden drei Mal täglich. Atmen Sie rhythmisch und langsam in den Bauch.

Die Kraftmudra gegen Gereiztheit und Stimmungsschwankungen

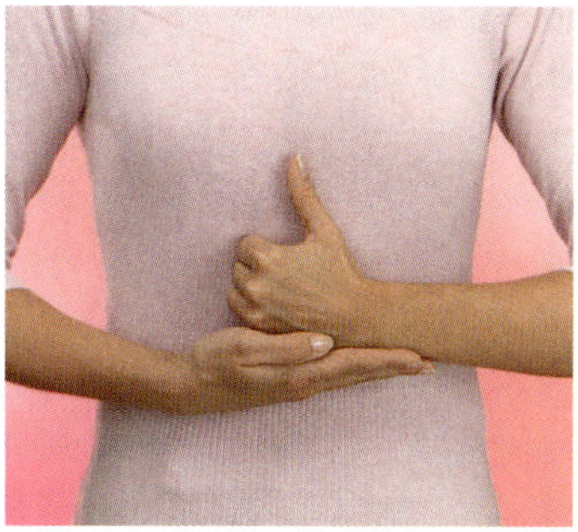

Halten Sie die linke Hand mit offener Handfläche nach oben vor dem Bauch. Legen Sie nun die rechte Faust auf die offene Handfläche der linken Hand, und strecken Sie den Daumen der rechten Hand nach oben. Atmen Sie gleichmäßig, und halten Sie die Mudra mindestens drei Minuten lang.

Die Mudra zur Unterleibsberuhigung

Diese Mudra wird mit dem ganzen Körper ausgeführt und gehört zu den dynamischen Mudras. Stellen Sie sich aufrecht hin. Legen Sie die linke Handfläche auf das Kreuzbein und die rechte Handfläche auf den Bauch. Kippen Sie nun ganz sanft das Becken vor und zurück, rechts und links, so als ob Sie den Unterleib wie eine Kugel zwischen den Händen balancieren würden. Atmen Sie bei jeder Bewegung abwechselnd ein und aus, und führen Sie die Mudra mindestens drei Minuten lang aus.

Ohrenprobleme

Ohrenschmerzen treten dann auf, wenn sich zum Beispiel eine Erkältung auf die Ohren legt. Vor allem Kinder leiden unter den so genannten Mittelohrentzündungen. Auch Zugluft oder der kalte Winterwind können Ohrenschmerzen auslösen. Ohrgeräusche und ein Hörsturz sind hingegen »kleine Infarkte« im Ohr, die aber auch durch Stress, Probleme mit der Wirbelsäule oder Verspannungen der Nackenmuskulatur ausgelöst werden können. Lässt das Gehör langsam nach, sind meist erbliche Faktoren, aber auch geschädigte Hörnerven verantwortlich. Wer sich zu viel Lärm und sehr lauten Konzerten aussetzt, beeinträchtigt sein Gehör ebenso. Die Schwerhörigkeit unter Jugendlichen ist deshalb kein seltenes Phänomen mehr.

Treiben Sie Wassersport und leiden häufiger unter Ohrenschmerzen? Lassen Sie untersuchen, ob Sie unter einer Verengung des inneren Gehörgangs leiden. Weil Wasser, das ins Ohr gelangt, dann nicht mehr ganz abfließt, kommt es zu Entzündungen und Beschwerden.

URSACHEN FÜR OHRENPROBLEME

- Erkältungen
- Stress
- Muskuläre Verspannungen
- Lebensweise
- Genetische Faktoren
- Altersschwerhörigkeit

Ohrgeräusche (Tinnitus) können in jedem Lebensalter vorkommen. Nach Angaben der Deutschen Tinnitus-Liga sind in Deutschland etwa acht Prozent aller Erwachsenen von einem dauerhaften Auftreten betroffen. Durch die stetig zunehmende Lärmbelastung (z.B. in Diskotheken) gibt es immer mehr Jugendliche unter den Erkrankten. Im Moment leiden über fünf Prozent der Jugendlichen und jungen Erwachsenen bis zum 29. Lebensjahr unter Tinnitus.

Mudras und andere Strategien gegen Ohrenprobleme

Wo finden Sie kein Gehör? Gibt es ein Thema, das Sie nicht mehr hören können? Macht der Lärm Sie krank? Oder wollen Sie einfach nichts mehr hören, weil Sie keine Veränderungen wollen? Stress schlägt auch auf die Ohren. Der Körper macht dann regelrecht »dicht« und lässt nichts mehr an Sie heran. Ein Hörsturz droht, oder Hörgeräusche übertönen das, was Sie eigentlich nicht hören wollen, und bringen Sie wieder bewusst zum Thema zurück. Gegen Hörgeräusche und Hörsturz helfen nicht nur Tabletten, die die Durchblutung fördern, sondern vor allem Ruhe, Stille, Hinwendung zum eigenen Ich und das Lauschen und Hören auf die eigenen Bedürfnisse. Ihr Körper teilt Ihnen über die Ohren mit, dass es Zeit ist, etwas zu verändern und sich mehr auf sich selbst zu besinnen. Yoga, Entspannungsübungen, Autogenes Training und Meditationen sind Möglichkeiten, um Stress abzubauen und die Ohren gesund werden zu lassen. Überprüfen Sie auch, inwieweit Sie jetzt aufgerufen sind, sich Gehör zu verschaffen. Äußern Sie aktiv Ihre Bedürfnisse! Damit Sie nicht immer nur gehorchen müssen, sondern gehört und erhört werden.

Vermeidung von Lärm

Genießen Sie Momente der Stille ohne Musik oder Dauerberieselung aus Fernsehen und Radio. Am besten verbringen Sie öfter Zeit in der freien Natur und lauschen ganz bewusst den Geräuschen und Klängen der Natur. Wie klingt ein Wasserfall? Wie hört sich der Regen auf dem Asphalt an? Wie pfeift der Wind ums

Haus? Wie zwitschern die Vögel im Frühling? Aktives Zuhören verbessert Ihr Hören! Die Vermeidung von allzu lauten Lärmquellen erholt Leib und Seele und lässt Sie nicht nur aufatmen, sondern schont Ihre Ohren.

Aufbau des Immunsystems

Um Erkältungen und Mittelohrentzündungen vorzubeugen, sollten Sie langsam aber sicher Ihr Immunsystem aufbauen. Dazu gehört eine gesunde Ernährung mit viel Obst und Gemüse, ausreichend Schlaf, regelmäßige Bewegung und ein fröhliches Gemüt. Wenn Sie Ihre Ohren dann noch vor Wind und Kälte schützen, bleiben sie gesund und versorgen Sie mit so manchen Hörgenüssen.

Die Ohrentspannungsmudra

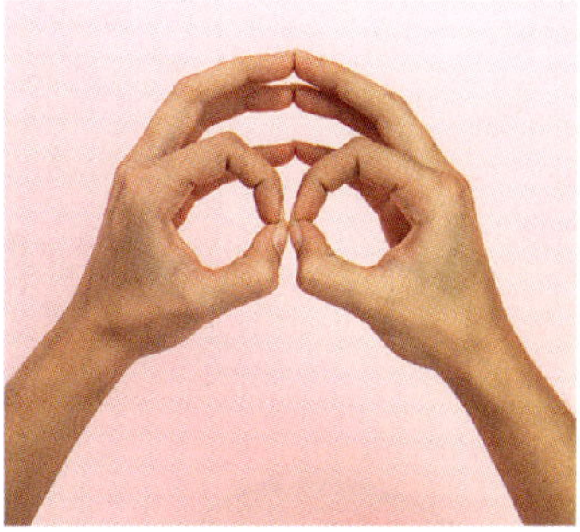

Legen Sie die Zeigefingerspitzen auf die Daumenspitzen, und bringen Sie die zusammengelegten Finger über Daumen und Zeigefinger zusammen. Nun berühren sich die beiden Mittelfingerspitzen, die Ringfingerspitzen und die kleinen Fingerspitzen. Halten Sie die Mudra mindestens fünf Minuten, und atmen Sie gleichmäßig und tief in den Bauch hinein.

Die Mudra gegen Geräusche und bei einem Hörsturz

Falten Sie alle Finger wie zum Gebet. Strecken Sie dann die Zeigefinger aus, und legen Sie die Zeigefingerspitzen zusammen. Halten Sie die Mudra mindestens fünf Minuten, und atmen Sie gleichmäßig.

Die Mudra für ein gutes Gehör

Klappen Sie den Mittelfinger nach unten, bis er den Handballen berührt. Dann legen Sie den Daumen über den geklappten Mittelfinger und strecken alle anderen Finger. Bitte mit beiden Händen ausführen. Halten Sie die Mudra mindestens fünf Minuten, atmen Sie tief ein und aus, und lauschen Sie Ihren Atemzügen.

Die Mudra für das totale Abschalten

Stecken Sie die Zeigefinger in die Ohren. Legen Sie die Mittelfingerspitzen an die Schläfen. Klappen Sie die Ringfinger und die kleinen Finger in Richtung Handballen (muss nicht unbedingt berührt werden). Die Daumen strecken Sie so gut es geht aus. Schließen Sie nun die Augen, und halten Sie die Mudra mindestens drei Minuten oder so lange, wie es Ihnen gut tut. Ihre Ohren können sich nun völlig von jeglicher Wahrnehmung erholen. Atmen Sie gleichmäßig.

Die Ohrenerholungsmudra

Legen Sie die Handflächen wie Muscheln über die Ohren, und lauschen Sie aktiv der veränderten Wahrnehmung. Sagen Sie laut »ohhh«, und lauschen Sie Ihrer Stimme beim Ausatmen. Dann wieder Einatmen und beim nächsten Ausatmen wieder laut »ohhh« sagen. Führen Sie die Mudra mindestens eine Minute lang aus.

Rückenschmerzen

Rückenschmerzen gehören zu den häufigsten Volksleiden. Selbst Kinder leiden schon unter Rückenschmerzen, wenn sie ihren schweren Schulranzen schleppen müssen, zu viel vor dem Fernseher sitzen und zu wenig ausgleichende Bewegung haben. Die überwiegend sitzende Lebensweise ist die Hauptursache zahlreicher Rückenbeschwerden. Verkrampfte Muskeln, die mit Verspannungen reagieren, aber ansonsten völlig untrainiert sind, begünstigen die Beschwerden nur noch. Das schwere Tragen von Lasten, einseitiges Hochheben, Transportieren, Ziehen und Schieben von schweren Gegenständen können Bandscheibenprobleme verursachen oder einen Hexenschuss auslösen. Ungleich lange Beine, eine beginnende Osteoporose sowie jede Art von Fehlstellungen des Beckens und der Wirbelsäule können ebenso Rückenschmerzen verursachen. Nicht zu vergessen sind die zahlreichen Beschwerden, die ein Zeichen dafür sind, dass sich der Mensch mit seinem Leben nicht mehr wohl fühlt. Über- sowie Unterforderung, Stress, Hektik oder das Gefühl, eine schwere Bürde im Leben tragen zu müssen, begünstigen ebenso Rückenschmerzen. Druck, Angst, Demütigung und ungleiche Machtverhältnisse im Beruf oder Privatleben machen sich ebenso als Schmerz im Rücken bemerkbar. Und schließlich quälen Ischiasbeschwerden bei Nässe und Kälte.

Volkskrankheit Rückenschmerzen: Sechzig Prozent aller Deutschen über 35 Jahre klagen bereits über Beeinträchtigungen. Die meisten Erkrankungen könnten durch ein ausgewogenes und regelmäßiges Training der Rumpfmuskulatur vermieden werden.

URSACHEN FÜR RÜCKENBESCHWERDEN

- Ungesunde Lebensweise
- Erbliche Faktoren
- Schiefstellungen der Knochen aufgrund von erblichen Faktoren oder Unfällen
- Stress und psychische Belastungen

Mudras und andere Strategien gegen Rückenbeschwerden

Gegen Rückenbeschwerden kann jeder sehr viel selbst tun. Angefangen von einer speziellen Rückenschule, gymnastischen Übungen und allgemein mehr Bewegung zählt vor allem der richtige Umgang beim Heben und Tragen von Lasten zur therapeutischen Maßnahme. Die richtige Kleidung, das Weglassen von Stöckelschuhen, eine gute Matratze zum Schlafen, gute Kissen und Decken und die richtige Haltung beim Einkaufen, beim Stehen und Sitzen ermöglichen nicht nur Schmerzlinderung,

Es muss nicht immer Wärme sein! Gerade wenn Sie an Rückenschmerzen durch entzündliche oder verschleißbedingte Wirbelsäulenerkrankungen leiden, hilft die Kältetherapie und wirkt schmerzstillend. Die Dauer der Behandlung liegt zwischen drei Minuten (Kurzzeitkältebehandlung) und mehreren Stunden mit Unterbrechung (Langzeitkältebehandlung). Sprechen Sie aber bitte vor einer Eigenbehandlung mit Ihrem Arzt.

sondern auch Heilung. Achten Sie in Zukunft auf einen rückenfreundlichen Alltag und vor allem auf ausreichend Bewegung und Entspannung. Halten Sie Ihren Rücken warm, um im Winter gegen Ischiasreizungen gefeit zu sein, und vermeiden Sie ruckartige Bewegungen, vor allem bei Nässe und Kälte.

Stressabbau

Wenn sich der Rücken meldet, dann steckt meistens auch eine Menge Stress dahinter. Was lastet auf Ihren Schultern? Was bricht Ihnen das Rückgrat? Was hängt Ihnen im Nacken? Welche Lebenslast müssen Sie tragen? Wenn Sie versuchen, Ihre Lasten abzubauen, wird sich auch Ihr Rücken langsam erholen können. Ob sanfte oder radikale Veränderungen – nichts ist schlimmer als Starrheit und Unflexibilität. Seien Sie bereit für Veränderungen zum Wohle Ihres Rückens.

Physiotherapeutische Anwendungen und Massagen

Obwohl viele Anwendungen aus der Physiotherapie und klassischen Massage ausschließlich symptomatisch wirken, können sie Schmerzen lindern und Unterstützung bei heilenden Prozessen bieten. Auch der Wohlfühlfaktor ist dabei nicht zu unterschätzen, wenn Sie beispielsweise eine angenehme Fangopackung bekommen und sich zwanzig Minuten lang entspannen können und die Wärme genießen.

Die Mudra für mehr Rückenkraft

Klappen Sie an beiden Händen Mittel-, Ring- und kleinen Finger zum Handballen. Strecken Sie die Daumen und die Zeigefinger aus. Winkeln Sie die Arme an den Seiten Ihres Oberkörpers an, lassen Sie die Schultern sinken, und richten Sie die Wirbelsäule auf. Schließen Sie die Augen, und atmen Sie gleichmäßig zum Rücken hin. Halten Sie die Mudra mindestens drei Minuten.

Die Mudra für ein gesundes Rückgrat

Legen Sie die Spitzen von Daumen, Zeige- und Ringfinger zusammen (an beiden Händen), und strecken Sie die Mittelfinger und die kleinen Finger aus. Halten Sie die Mudra seitlich, rechts und links des Oberkörpers. Richten Sie sich auf, und atmen Sie ganz bewusst in den gesamten Oberkörper hinein. Halten Sie die Mudra mindestens drei Minuten.

Die Ich-habe-einen-starken-Rücken-Mudra

Legen Sie beide Daumenspitzen und beide Spitzen der kleinen Finger zusammen. Strecken Sie die anderen Finger aus, und halten Sie die Mudra vor dem Oberkörper so, dass die ausgestreckten Finger nach vorne von Ihnen weg zeigen. Halten Sie die Mudra mindestens drei Minuten.

Die Mudra für das Kreuzbein

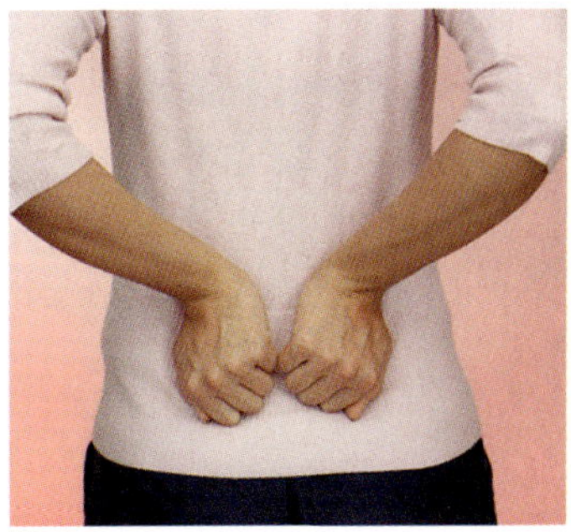

Ballen Sie die Hände zu Fäusten, sodass die Daumen draußen bleiben und über den Zeigefingern liegen. Legen Sie die Fäuste auf das Kreuzbein (knöcherne Platte zwischen Lendenwirbelsäule und Gesäßmuskulatur). Die Finger liegen auf dem Kreuzbein, die Fingerknöchel zeigen nach außen. Nehmen Sie die Schultern zurück, und strecken Sie den Kopf nach oben. Machen Sie den Rücken lang. Halten Sie die Mudra mindestens drei Minuten.

Die Mudra für einen entspannten Rücken

Legen Sie sich auf den Rücken, und stellen Sie die Beine an. Kippen Sie die Beine zur rechten Seite, und drehen Sie gleichzeitig den Kopf auf die linke Seite. Die Arme strecken Sie am Boden aus und legen die Handflächen auf den Boden. Atmen Sie in Bauch und Rücken hinein, und wechseln Sie nach fünf Minuten die Seite. Jeweils fünf Minuten ausführen.

Mudras für Körper, Geist und Seele

Die folgenden Mudras widmen sich den besonderen Themen des Lebens. Ob während der Schwangerschaft, ob zur Unterstützung der Kreativität, für die Schönheit oder um die Konzentration zu schärfen, alle Hand- und Fingerhaltungen sorgen für sanfte Veränderungen im Leben. Bedenken Sie dabei immer, dass Sie niemals jemand anderen verändern können, aber immer sich selbst. Jede Mudra gibt Impulse für einen notwendigen Richtungswechsel.

Mudras für die Schönheit

Schönheit ist nichts anderes als der Ausdruck der gesamten Schöpfung. In der Harmonie der Lebendigkeit, im Anblick der Natur, im Lächeln eines jeden Menschen, im Wachsen und Reifen der Seele, im Älterwerden, im Sammeln von Lebenserfahrungen und in der Schlichtheit im Wandel der Jahreszeiten liegt die gesamte Schönheit dieser Welt. Und die Liebe ist die Verbundenheit, die das Herz für die Schönheit der Welt und das eigene Schönsein öffnet.

Schönheit erleben

Schönheit will erkannt und von Herzen geliebt werden. Die Mudras für die Schönheit öffnen Herz und Seele für die Liebe, die ins eigene Selbst hinein strahlt und dort die innere und äußere Schönheit zur Entfaltung bringt.

Die Schönheit-der-Schöpfung-Mudra

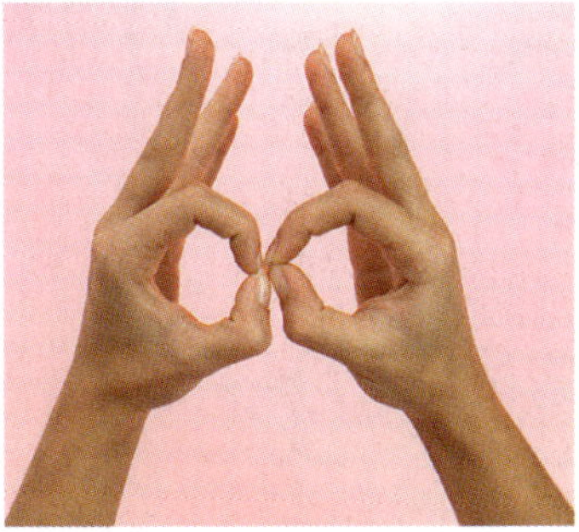

Legen Sie die Daumenspitzen an die Spitzen der Zeigefinger, und strecken Sie die anderen Finger aus. Drehen Sie die Hände so, dass die Handfläche nach oben zeigt und die gestreckten Finger von Ihnen weg zeigen. Halten Sie die Mudra mindestens zehn Minuten. Meditieren Sie dabei über die Schönheit und Harmonie der Welt. Und lächeln Sie! So öffnen Sie sich für das Bewusstsein der Schönheit der ganzen Welt.

Die Mudra, um die eigene Schönheit zu respektieren

Öffnen Sie die Hände, und strecken Sie alle Finger aus. Die Handflächen zeigen zu Ihnen. Legen Sie nun die Seiten der Ringfinger aneinander, und überkreuzen Sie die kleinen Finger. Halten Sie die Hände vor Ihr Gesicht, und betrachten Sie mit liebendem Herzen die Finger. Halten Sie die Mudra mindestens drei

Minuten, und lächeln Sie! Sie werden lernen, über sich selbst zu staunen, sich selbst gern zu betrachten, sich zu lieben und zu respektieren.

Die In-mir-schlummert-die-Schönheit-der-Stille-Mudra

Formen Sie aus beiden Händen eine Knospe. Dazu legen Sie beide Handwurzeln zusammen, beugen die Finger, halten die Finger zusammen und legen die Fingerspitzen (außer den Daumen) zusammen. Die Daumen werden auf das untere Fingerglied der Zeigefinger gelegt. Halten Sie die Mudra mindestens fünf Minuten, und meditieren Sie über die Schönheit der Stille, die Sie in sich selbst finden können.

Nach Beendigung der Mudra werden Sie diese Schönheit von ganz allein nach außen tragen.

Die Strahlende-Schönheit-Mudra

Legen Sie die Handwurzeln zusammen, und spreizen Sie die Finger nach oben. Diese geöffnete Blüte legen Sie vor Ihr Herz und halten sie mindestens fünf Minuten.

Lächeln Sie, und meditieren Sie über die strahlende Schönheit in Ihrem Inneren, die sich über Ihr Herz von innen nach außen verbreitet.

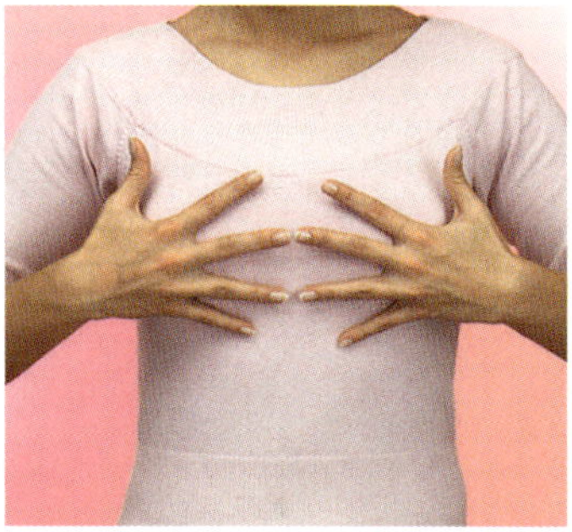

Die Herzensschönheitsmudra

Legen Sie beide Handflächen mit gespreizten Fingern über Ihr Herzchakra. Die Mittelfingerspitzen berühren sich sachte. Atmen Sie in Ihr Herz hinein. Lächeln Sie, und meditieren Sie über Ihr geöffnetes Herz voller Schönheit und Liebe. Verankern Sie tief in sich die Erkenntnis, das Schönheit nichts anderes ist als eine Qualität des Herzens.

Mudras während der Schwangerschaft

Grundsätzlich können alle Mudras auch während der Schwangerschaft angewandt werden. Es gibt keinerlei Gefahren, die davon für Mutter und Kind ausgehen könnten. Während der Schwangerschaft wächst die Verbindung zwischen Mutter und Kind, sodass ein starkes Band entstehen kann, wenn die werdende Mutter sich meditativ und mit viel Liebe im Herzen auf das Baby in ihrem Bauch einlassen kann. Mudras dienen also während der Schwangerschaft nicht nur der eigenen Gesundheit und dem inneren Gleichgewicht, sondern stärken die Mutter-Kind-Bindung auf eine sehr schöne und entspannende Art und Weise.

Mudras können Ihnen helfen, mit sich selbst und mit Ihrem ungeborenen Kind einen warmen, fließenden Kontakt zu haben. Nutzen Sie diese einmalige und kurze Zeit in Ihrem Leben, ganz besondere Innigkeit und Liebe zu geben und zu empfangen.

Gesundheit und Wohlbefinden für Mutter und Kind

Das Halten einer Mudra stellt Innigkeit, Vertrauen und Herzensöffnung dar, um Licht und Liebe fließen zu lassen und sich mit Leib und Seele auf das Kind zu freuen, das in unser Leben hineinkommt. Und genau diese Lebensfreude ist es, die dem Kind auf unbewusste Weise über die tiefe Versunkenheit zu verstehen gibt, dass es herzlich willkommen auf der Welt ist und mit Sehnsucht und Liebe erwartet und erwünscht ist.
Machen Sie es sich ganz bequem, während Sie die Mudra halten, und denken Sie mit Liebe an Ihr ungeborenes Kind.

Die Gebetshaltung

Legen Sie beide Handflächen zusammen, und halten Sie die Hände in Brusthöhe vor das Herzchakra. Atmen Sie in Ihr Herz hinein. und stellen Sie sich vor, wie tiefe Liebe von Ihrem Herzen zu Ihrem Baby fließt und Sie voller Freude miteinander verbindet. Dieses Band zwischen Ihnen ist ein ewiges Band, denn solange Sie leben, werden Sie Mutter sein. Halten Sie die Mudra mindestens fünf Minuten.

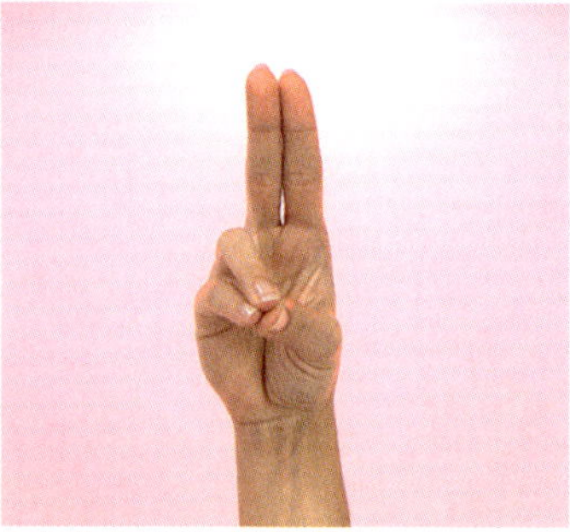

Die Energiemudra gegen Schwäche

Halten Sie an der rechten Hand die Daumenspitze an die Spitzen von Ringfinger und kleinem Finger. Die Zeige- und Mittelfinger strecken Sie aus. Atmen Sie gleichmäßig ein und aus, und halten Sie die Mudra mindestens fünf Minuten. Sie aktivieren auf diese Weise Ihre Lebenskraft, spüren allgemeine Belebung und vertreiben Müdigkeit und Nervosität.

Die Mudra für die Seele

Legen Sie an der linken Hand die Spitzen von Daumen und Mittel- und Ringfinger zusammen. Den Zeigefinger und den kleinen Finger strecken Sie aus. Halten Sie die Mudra mindestens fünf Minuten, und atmen Sie gleichmäßig zu Ihrem Baby hin. Sie erreichen so Ihre Ausgeglichenheit wieder und lösen sich von negativen Gedanken. Die innere Ordnung, die dabei wieder hergestellt wird, zeigt sich auch auf körperlicher Ebene in der Ausschwemmung von Schlacken.

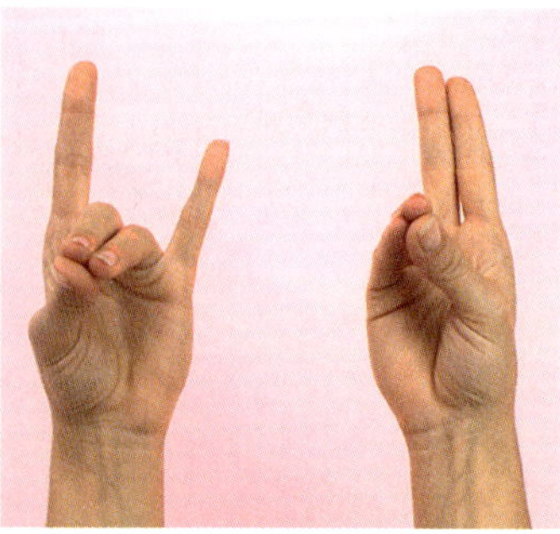

Die Tiefenentspannungsmudra

Diese Mudra ist die Kombination aus den beiden vorherigen Mudras, also der Energiemudra gegen Schwäche und der Mudra für die Seele. Halten Sie die Mudra mindestens fünf Minuten, und lassen Sie in Gedanken Licht und Liebe in sich selbst und zu Ihrem Baby fließen. Atmen Sie gleichmäßig. Diese Mudra bringt tiefe Entspannung, stärkt die Verbundenheit zwischen Mutter und Kind und bringt Ihre Gemütslage wieder zum Ausgleich.

Die Kuppelmudra

Legen Sie alle Fingerspitzen der rechten Hand auf die Fingerspitzen der linken Hand, und formen Sie eine Kuppel mit Ihren Händen. Halten Sie die Mudra in Brusthöhe Ihres Herzens, und atmen Sie entspannt zu Ihrem Baby hin. Lassen Sie Ängste und Sorgen los, erleben Sie Gelassenheit und Freude.

Die Mudra gegen Schmerzen

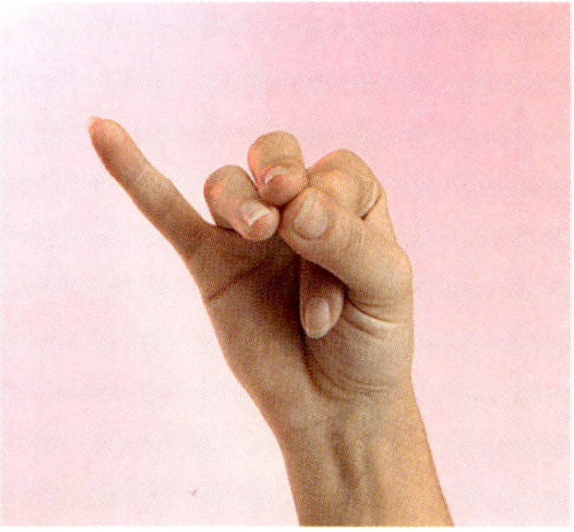

Die beliebteste Mudra meiner Kurse wirkt auch während der Entbindung gegen Wehenschmerzen und Erschöpfung. Klappen Sie an beiden Händen die Zeigefinger nach unten zu den Daumenballen. Die Spitzen der Daumen berühren die Spitzen von Mittel- und Ringfinger. Die kleinen Finger werden ausgestreckt. Halten Sie die Mudra so lange wie nötig in der akuten Schmerzphase. Zum Energietanken während der Schwangerschaft halten Sie die Mudra mindestens fünf Minuten. Atmen Sie ganz rhythmisch zu Ihrem Kind hin ein und aus.

Die Mudra zum Loslassen

Verschränken Sie die Finger wie zum Gebet. Strecken Sie dann die Zeigefinger nach oben, sodass sie sich berühren. Halten Sie die Mudra höchstens drei Minuten lang, um nicht zu viel Energie abzuführen, und atmen Sie dabei gleichmäßig. Sie können so Ängste, negative Energien und negative Gedanken loslassen, die Mudra hilft aber auch beim Loslassen des Kindes während der Entbindung. Vertrauen Sie sich dem Lebensfluss an.

Die Ich-bin-geborgen-und-entspannt-Mudra

Bilden Sie mit beiden Händen mit Daumen und Zeigefingern einen Kreis. Bringen Sie die Kreise in Verbindung. Die restlichen Fingerspitzen legen Sie aneinander. Legen Sie die Hände auf den Bauch, und atmen Sie zum Baby hin. Halten Sie die Mudra mindestens fünf Minuten. Fühlen Sie sich eins mit allem Lebendigen, vertrauen Sie sich dem Leben an, und blicken Sie entspannt Schritt für Schritt nach vorn.

Mudras für Inspiration und Kreativität

Kreativität und Inspiration benötigen Aktivität und Entspannung zur richtigen Zeit und im richtigen Rhythmus. Nur so können Gedankenblitze auftauchen und dann auch wahrgenommen werden. Zuerst ist die Idee, dann wird zur Tat geschritten und die Idee umgesetzt. Um kreativ tätig zu sein, benötigt der Mensch die nötige Inspiration. Diese kann aus dem eigenen Selbst kommen, aus Träumen und fliegenden Gedanken, sie kann aber auch durch die Umwelt, die Natur, andere Menschen und andere Ideen geboren werden. Alles, was der Mensch über seine Sinne wahrnimmt, dient letztlich auch dem eigenen Fortschritt und der Möglichkeit, sich mit Hilfe seiner Talente schöpferisch auszudrücken.

Mit Mudras neue Ideen wachsen lassen

Wer hat sich nicht schon vor einem Blatt Papier gequält und auf den entscheidenden Geistesblitz für einen wichtigen Brief oder einen Entwurf gewartet. Mudras können Ihnen helfen, mit einfachen Mittel die inspirierenden Gedanken fließen zu lassen.

Mit Hilfe der folgenden Mudras können Sie sich anspornen lassen, um neue Ideen und Gedanken einzufangen und sich auf die Spur der Kreativität zu begeben. Die Mudras helfen beim Loslassen, um den Fluss der schöpferischen Kraft nicht mit zu viel Nachdenken und Grübeln zu unterbrechen. Sie helfen aber auch, eine Idee ans Licht zu bringen und tatsächlich mit Tatkraft wahr zu machen und so der Welt Gestalt zu geben.

Sollten Ihnen während des Haltens der Mudra schon die »Erleuchtung«, also eine geniale Idee kommen, so schreiben Sie sie gleich auf! Halten Sie deshalb immer ein Papier und einen Stift bereit.

Noch ein besonderer Tipp: Halten Sie diese Mudras, während Sie in der Badewanne liegen. Das warme Wasser öffnet Geist und Verstand und versetzt Sie in einen entspannten Bewusstseinszustand. Dann können die Ideen noch viel besser und schneller vom Kopf in die Hand fließen.

Die Mir-geht-ein-Licht-auf-Mudra

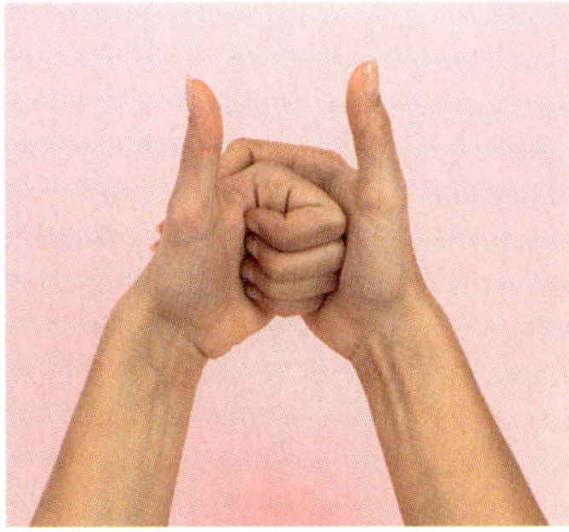

Klappen Sie an der linken Hand alle Finger bis auf den Daumen zur Handmitte. Der Daumen bleibt gestreckt. Umfassen Sie nun mit der rechten Hand die gesamte linke Hand, und strecken Sie den linken Daumen ebenfalls nach oben. Atmen Sie tief in den Bauch hinein, und halten Sie die Mudra mindestens zehn Minuten. Sie erkennen Ihre eigene Schöpferkraft, lassen sich zu Geistesblitzen anregen, lassen Ihr eigenes Licht leuchten und fließen.

Himmlische Inspiration

Legen Sie die Spitzen der Daumen, der Zeigefinger, der Ringfinger und der kleinen Finger zusammen. Die Mittelfinger strecken Sie nach oben. Schließen Sie die Augen, und atmen Sie tief in den Bauch hinein. Halten Sie die Mudra mindestens zehn Minuten. Nehmen Sie den Fluss Ihrer eigenen Kreativität wahr und an, geben Sie sich der Inspiration hin.

Die Mudra, um Räder in Bewegung zu setzen

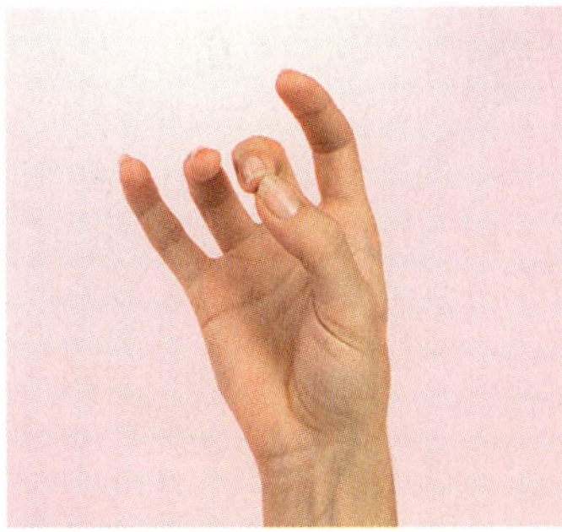

Bilden Sie an beiden Händen mit den Daumenspitzen und den Spitzen der Mittelfinger einen Kreis. Die anderen Finger sind leicht gebeugt. Atmen Sie tief in den Bauch hinein, und halten Sie die Mudra mindestens fünf Minuten. Sie lassen sich inspirieren, werden offen und lernen, dem Rad des Lebens zu vertrauen, während Sie selbst etwas in Gang bringen.

Die Mudra, um das Rad des Lebens anzutreiben

Diese Mudra ist ähnlich wie die vorherige, allerdings drücken Sie jetzt fest die Spitzen von Daumen und Mittelfingern zusammen und strecken die anderen Finger aus. Nun kommt Tatkraft hinzu. Halten Sie die Mudra mindestens eine Minute. Es geht darum, aktiv zu werden, einfach anzufangen.

Die Ideenflussmudra

Bringen Sie an beiden Händen alle Fingerspitzen zusammen. Die linke Hand legen Sie mit den Fingerspitzen auf die Mitte der Stirn auf das Stirnchakra, die rechte Hand legen Sie in die Mitte auf den Kopf im Bereich des Scheitelchakras. Schließen Sie die Augen, und atmen Sie ganz gleichmäßig. Lassen Sie alle inneren Bilder an sich vorbeiziehen. Sollte sich ein interessantes Bild zeigen, halten Sie es fest. Halten Sie die Mudra mindestens fünf Minuten. Regen Sie den Fluss Ihrer Ideen an.

Die Mudra, um eine Idee in die Tat umzusetzen

Legen Sie die Finger der linken Hand schräg auf die Finger der rechten Hand. Die Handflächen zeigen zu Ihnen hin. Die Daumen werden zu den Seiten gespreizt. Halten Sie die Mudra in Blickhöhe, und betrachten Sie Ihre Hände. Halten Sie die Mudra mindestens drei Minuten. Dann drehen Sie die Hände um, sodass die Mudra nach unten gekippt wird und die Handrücken zu Ihnen zeigen. Auf diese Weise bringen Sie die Idee von innen nach außen. Halten Sie die Position mindestens drei Minuten. Sie entwickeln Tatkraft, strukturieren Ihre Ideen und versetzen sich in die Lage, mutig mit Ihrer Idee nach außen zu gehen.

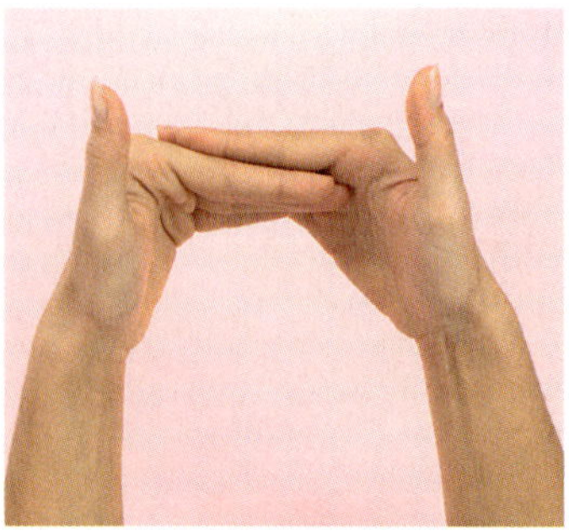

Die Ich-glaub-an-mich-Mudra

Klappen Sie die Finger im 90-Grad-Winkel zur Seite. Bringen Sie die Hände mit den geklappten Fingern zusammen, und schieben Sie sie aufeinander zu, sodass die Finger der linken Hand innen liegen und die der rechten Hand außen. Die Daumen strecken Sie nach oben. Schließen Sie die Augen, und spüren Sie in Ihr Inneres. Vertrauen Sie darauf, dass Ihre Idee gut und richtig ist. Glauben Sie fest daran, dass Sie die Kraft haben, Ihr Vorhaben in die Tat umzusetzen.

Mudras für harmonische Beziehungen

Was macht eine harmonische Beziehung aus? Neben dem Fundament der Herzensliebe sind es gegenseitiger Respekt, Toleranz und eine gehörige Portion Gelassenheit, die einer Beziehung Stabilität geben. Wer sich selbst liebt und respektiert, kann diese Liebe auch weiterschenken und den Partner so lieben und akzeptieren, wie er ist. Mudras helfen, die Eigenliebe zu stärken und Liebe als tragendes Element im Leben zu erkennen.

Mit den Händen können oft Dinge ausgedrückt werden, die der Mund nur schwer ausspricht. Deshalb sind Übungen mit dem Partner ein einfaches und wirkungsvolles Mittel, um mit den Händen auszudrücken, was wir empfinden.

Beziehungen erkennen

Mit Hilfe der hier beschriebenen Mudras kommen Sie zur Ruhe, auch wenn das Leben neben Ihnen brodelt und die Wogen hoch schlagen. Durch die Mudras bekommen Sie die Gelegenheit, ganz bewusst über Ihre Beziehungen nachzudenken und den besonderen Wert einer jeden Beziehung zu erkennen, sodass nach und nach Harmonie in Ihrem Leben einkehren kann, sich die tragfähigen Beziehungen stärken und die unerträglichen Verflechtungen auflösen können.

Die Mudra der Selbstliebe

Legen Sie beide Handflächen aufeinander. Lösen Sie dann die Daumen, die ein wenig voneinander wegrücken. Die anderen Finger bleiben zusammen. Die kleinen Finger berühren sich gänzlich, die Handkanten sind zusammengelegt. Die Daumen legen Sie auf die Zeigefinger. Halten Sie die Hände aufrecht vor Ihr Herz, und spüren Sie in Ihr Herz hinein. Sie selbst sind das Herzstück Ihres eigenen Lebens. Lassen Sie Liebe in sich selbst hineinfließen, und halten Sie die Mudra mindestens fünf Minuten. Fühlen Sie sich in Ihrem Körper zu Hause, und erkennen Sie Ihre eigene Stärke.

Die Gemeinsam-sind-wir-stark-Mudra

Legen Sie beide Handrücken aneinander, und halten Sie die Hände so, dass die Fingerspitzen nach vorne zeigen, von Ihnen weg. Spüren Sie, wie Sie mit dieser Fingerhaltung eine Lanze für Ihre gemeinsame Liebe brechen. Halten Sie die Mudra mindestens drei Minuten.

Die Wir-lieben-uns-Mudra

Diese Mudra ist ein Ausdruck tiefer Verbundenheit und heiteren Vertrauens. Legen Sie die Handflächen zusammen, als ob Sie in die Hände klatschen würden, und umschließen Sie mit den Fingern die jeweils andere Hand. Halten Sie die Hände vor Ihr Herz, und atmen Sie Licht und Liebe in die Herzgegend. Halten Sie die Mudra mindestens fünf Minuten.

Die Mudra der Hingabe

Legen Sie beide Hände mit den Handkanten aneinander. Die Handflächen zeigen nach oben. Strecken Sie die Arme aus und die Daumen zu den Seiten. Spüren Sie in die geöffneten Handflächen hinein. Empfangen Sie alles, was das Leben Ihnen schenkt, mit Liebe und Dankbarkeit. Halten Sie die Mudra mindestens fünf Minuten. Werden Sie empfänglich für den Fluss der Liebe.

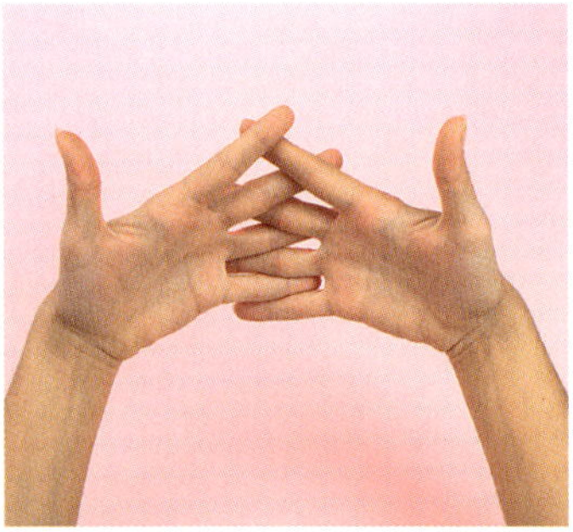

Die Wir-gehören-zusammen-Mudra

Drehen Sie beide Hände so, dass Sie die Handflächen sehen. Flechten Sie die Fingerspitzen nun ineinander, und betrachten Sie Ihre Hände. Spüren Sie die Verbundenheit in Ihren Beziehungen, das Netzwerk aus Freundschaft, Liebe und Gemeinschaft. Halten Sie die Mudra mindestens fünf Minuten.

Lernen Sie, Verbindung nicht nur zu erkennen, sondern auch aktiv zu gestalten.

Die Unsere-Liebe-zum-Wohle-aller-Mudra

Legen Sie beide Handwurzeln zusammen, und spreizen Sie die Hände nach außen. Alle Finger liegen aneinander. Ihre Hände sehen aus wie ein großer Trichter. Nehmen Sie die Ellenbogen an den Körper heran, um die Mudra leicht halten zu können. Halten Sie die Mudra mindestens drei Minuten, und stellen Sie sich vor, wie Ihre gemeinsame Liebe nach außen strahlt und alle Menschen mit Liebe versorgt. So können Sie das, was Sie gemeinsam haben, zum Wohle aller Menschen einsetzen.

Die Wahre-Seelenliebe-Mudra

Legen Sie beide Hände schräg über Ihr Herzchakra. Die rechte Hand liegt über dem Herzchakra, die linke Hand darüber. Atmen Sie drei Mal ein und aus. Stellen Sie sich vor, wie tiefe Seelenliebe Sie und Ihren Partner verbindet. Beim nächsten Einatmen nehmen Sie ein Teil dieser Seelenliebe von Ihrem Partner in sich hinein, beim Ausatmen klappen Sie die linke, oben liegende Hand nach außen, bis die Handfläche nach oben zeigt, und stellen sich vor, wie Seelenliebe von Ihnen zu Ihrem Partner fließt. Beim nächsten Einatmen die Hand wieder zurück über die andere Hand legen und Liebe aufnehmen. Führen Sie diesen Wechsel mindestens zehn Mal aus.

Die Handücken-an-Handrücken-Mudra

Legen Sie beide Handrücken aneinander. Beide Hände berühren sich ganz von der Handwurzel bis zu den Fingerspitzen. Die Daumen können Sie locker nach außen abstehen lassen oder richtig abspreizen, wenn es Ihnen lieber ist. Führen Sie nun beide Hände an den Körper heran, und legen Sie die Mudra direkt über Ihr Herzchakra. Richten Sie den Oberkörper auf, so dass Ihr Rücken gerade ist. Lächeln Sie, atmen Sie zum Herzchakra hin, und halten Sie die Mudra mindestens drei Minuten lang.

Mudras für Konzentration und Kommunikation

In Zeiten wachsender Reizüberflutung und ständiger Erreichbarkeit ist Konzentration auf einen Gegenstand, einen Menschen oder ein Thema sehr schwierig geworden. Mudras helfen Ihnen, lockere Gedankenfäden zu verknüpfen und sich wieder neu zu fokussieren.

Wer aus dem inneren Gleichgewicht gekommen ist, hat es schwer, sich auf eine Sache zu konzentrieren. Vielfältige verlockende Möglichkeiten machen die Entscheidung und die Konzentration auf das Wesentliche fast unmöglich. Was folgt, ist die innere Zerrissenheit und das Unvermögen, das wirklich Wichtige im Leben zu erkennen und dem Herzen zu folgen. Mit der Kommunikation ist es ähnlich. Ohne Konzentration verläuft sie im Sande, wird zur belanglosen Plauderei, verliert ihren Sinn oder überfrachtet den Kommunikationspartner mit zu vielen Fakten und einem unermüdlichen Gesprächsfluss. Diesem Gesprächsfluss kann der andere dann nicht mehr folgen. Kommunikation ist ein verbaler oder nonverbaler Austausch, der aus Geben und Nehmen besteht und auf diese Weise Harmonie und Lebensfreude in die Herzen der Menschen bringt.

Blockaden auflösen

Mit den folgenden Mudras werden innere Kommunikations- und Konzentrationsblockade geknackt und der Blick auf das Wesentliche gerichtet. Mit Hilfe der Mudras haben Sie die Möglichkeit, Ängste und Hemmungen abzubauen, frei Ihre Meinung kundzutun, Ihrem Gesprächspartner aufmerksam zuzuhören und sich auf alles Wichtige im Leben zu konzentrieren.

Die zielgerichtete Mudra

Bringen Sie alle Fingerspitzen zusammen, und drücken Sie fest zu. Die Finger liegen beieinander, die Daumen werden weggespreizt. Die Hände werden so gelegt, dass die Fingerspitzen nach vorne und außen zeigen. Halten Sie die Mudra mindestens zehn Minuten, schließen Sie die Augen, und spüren Sie die Kraft, zielgerichtet zu denken und zu handeln. Sie werden volle Konzentration erleben, sich nicht mehr so leicht ablenken lassen und verzetteln und endlich wissen, was Sie wollen.

Die Ich-bin-ganz-im-Hier-und-Jetzt-Mudra

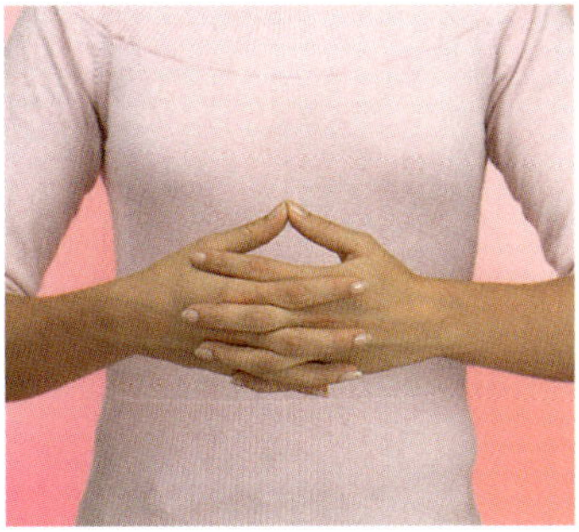

Falten Sie die Hände wie zum Gebet. Öffnen Sie sie dann wieder ein wenig, sodass Sie die Daumenspitzen zusammenlegen können. Die Daumenspitzen zeigen nach oben. Atmen Sie gleichmäßig, und halten Sie die Mudra mindestens fünf Minuten. Erleben Sie, wie Sie im Hier und Jetzt leben, in sich selbst ruhen und zur Konzentration finden .

Die Ich-weiß-was-ich-will-Mudra

Bringen Sie an beiden Händen die Spitzen der Daumen und der kleinen Finger zusammen. Die anderen Finger strecken Sie nach oben. Halten Sie die Mudra in Gesichtshöhe mindestens drei Minuten. Atmen Sie gleichmäßig.
Lassen Sie sich nichts mehr vormachen, erleben Sie Ihre innere Stärke, denn nur wenn Sie voll bei der Sache sind, werden Sie wissen, was Sie wollen.

Die Totale-Konzentration-Mudra

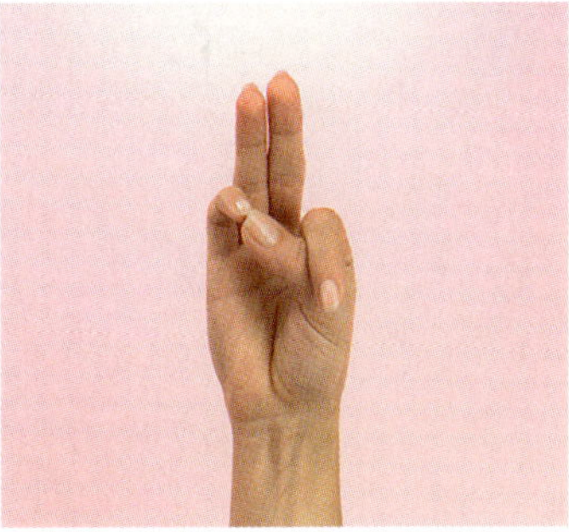

Klappen Sie an beiden Händen die Daumen in die Mitte der Handfläche. Legen Sie die Zeigefinger über die Daumen, und umschließen Sie die Daumen. Heben Sie nun die Daumenspitze an, sodass Sie die Daumenspitze zur Spitze des kleinen Fingers neigen können. Daumenspitzen und die Spitzen der kleinen Finger berühren sich. Die restlichen Finger ausstrecken. Halten Sie die Mudra mindestens drei Minuten lang.
Diese Mudra verhilft Ihnen zu voller Konzentration auch bei ungeliebten Aufgaben oder in einer Prüfungssituation, wenn geistige Blockaden aufgelöst werden sollen.

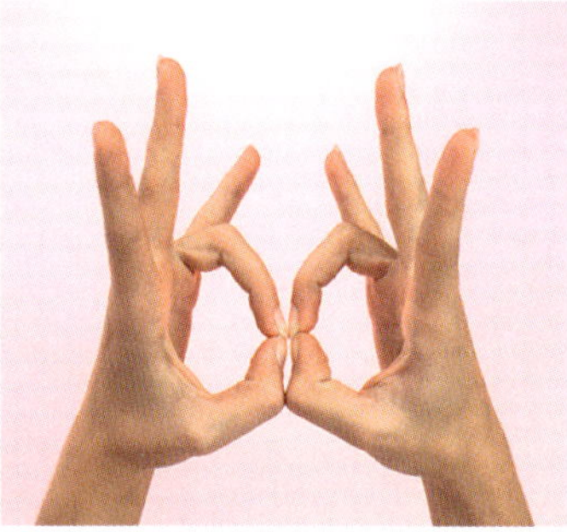

Die Kommunikation-von-Herz-zu-Herz-Mudra

Bringen Sie an beiden Händen die Spitzen von Daumen und Ringfinger zusammen, und legen Sie die beiden entstandenen Kreise zusammen. Die restlichen Finger strecken Sie aus und halten die Mudra vor Ihr Herzchakra. Atmen Sie gleichmäßig, und halten Sie die Mudra mindestens drei Minuten. Öffnen Sie sich für freundliche Herzensgespräche.

Die Mudra für harte Auseinandersetzungen

Klappen Sie an beiden Händen alle Finger bis auf die Daumen zur Handmitte. Die Daumenspitzen bringen Sie zusammen und legen die Kanten der eingeklappten Zeigefinger zusammen. Drehen Sie die Hände nun so, dass die Daumenspitzen nach oben zeigen. Strecken Sie die Ellenbogen weit nach außen, und nehmen Sie eine aufrechte Haltung ein. Halten Sie die Mudra mindestens eine Minute lang, und atmen Sie dabei tief in den ganzen Körper hinein. Sie können so ihr Selbstbewusstsein stärken, sodass Sie sicherer auftreten und argumentieren. Sie erlangen aber auch die Fähigkeit, Flexibilität zu entwickeln und die Meinung anderer anzuerkennen, ohne sich selbst aufzugeben.

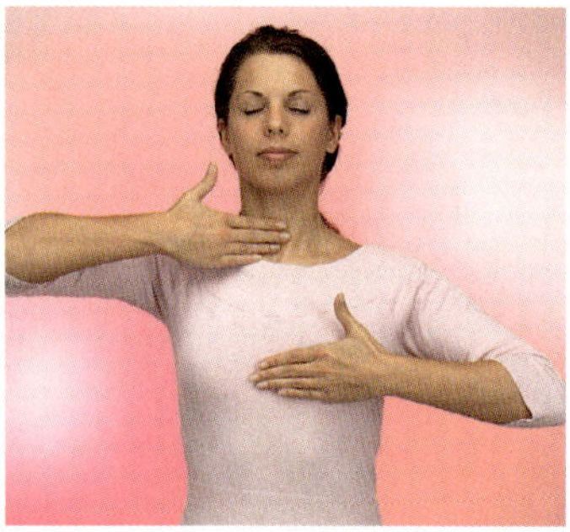

Die Rednermudra

Legen Sie die linke Hand aufs Herzchakra. Alle Finger sind zusammengelegt, der Daumen wird abgespreizt und zeigt nach oben. Legen Sie die rechte Hand auf das Kehlchakra; wieder zeigt der Daumen nach oben. Schließen Sie die Augen, und spüren Sie, wie der Energiekreis von Herz, Verstand und Kehle gekräftigt wird. Halten Sie die Mudra unmittelbar, bevor Sie eine Rede halten müssen, oder zur Prophylaxe bei Lampenfieber. Je nach vorhandener Zeit sollten Sie die Mudra mindestens eine Minute halten, besser sind fünf Minuten.

Die Mudra für eine harmonische Kommunikation

Legen Sie alle Fingerspitzen zusammen, und formen Sie eine Kuppel aus den zusammengelegten Fingern. Halten Sie die Mudra zunächst eine Minute vor den Bauch im Solarplexusbereich, dann eine Minute vor das Herzchakra, danach eine Minute vor das Kehlchakra.
Stellen Sie sich vor, wie Sie ein aufmerksamer Zuhörer und ein interessanter Sprecher oder Redner sind und wie all Ihre Gespräche erfolgreich und harmonisch verlaufen.

Mudras für Entspannung und Wohlgefühl

Stress und Hektik sind tägliche Begleiter in einer Welt voller Anspannung, Verkrampfung und Leistungsdruck. Zu viele Termine, Freizeitstress, berufliche und private Anforderungen und das Gefühl, es allen recht machen zu wollen, verstärken das Unwohlsein, machen müde und krank.
Wer sich wieder wohl fühlen will, muss etwas im Leben verändern. Manchmal hilft es schon, die innere Einstellung zum Leben und seinen Herausforderungen zu verändern. Dann geht vieles wieder leichter, und Unwichtiges kann sich auflösen. Harmonie kehrt wieder ein.

Gönnen Sie sich ab und zu einen Wohlfühlnachmittag. Machen Sie es sich zu Hause in der Badewanne gemütlich, oder besuchen Sie ein modernes Wellnesscenter. Kümmern Sie sich nur um sich, und entspannen Sie sich. Das kann wirken wie ein Kurzurlaub im Süden!

Anspannung und Entspannung erleben

Wer Entspannung braucht, muss das Gefühl der Anspannung ganz bewusst erleben, um dann loslassen zu können und den Unterschied zwischen An- und Entspannung körperlich, aber auch geistig und seelisch zu erkennen und wahrzunehmen. Die folgenden Mudras bringen Sie wieder zur Ruhe und helfen Ihnen, sich bewusst zu machen, ob und wo Stress abgebaut werden sollte. Dann können Sie voller Lebensfreude die spannenden und entspannenden Momente Ihres Lebens gleichermaßen genießen.

Die Mein-Herz-ist-in-Ruhe-Mudra

Legen Sie beide Daumenspitzen so zusammen, dass die Finger der rechten Hand nach rechts und die Finger der linken Hand nach links zeigen (Bild eines Vogels). Dann klappen Sie alle Finger nach innen zu den Handflächen; die Daumenspitzen berühren sich weiterhin. Legen Sie die Mudra auf Ihr Herzchakra. Die Daumen zeigen dabei nach oben. Atmen Sie ins Herzchakra hinein, und fühlen Sie, wie langsam Ruhe, Entspannung und innerer Frieden eintritt. Halten Sie die Mudra mindestens zehn Minuten.

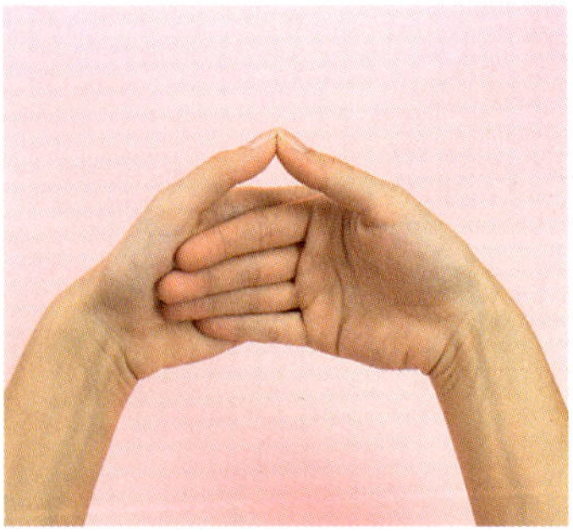

Die Mudra für inneren und äußeren Frieden

Legen Sie die rechte Hand hinter die linke Hand. Die Handfläche der rechten Hand liegt dabei am Handrücken der linken Hand. Bringen Sie außerdem die Spitzen der Daumen zusammen, und halten Sie die Mudra mindestens zehn Minuten. Atmen Sie ganz frei und locker ein und aus. Erkennen Sie den Frieden in sich selbst und als gangbaren Weg für alle.

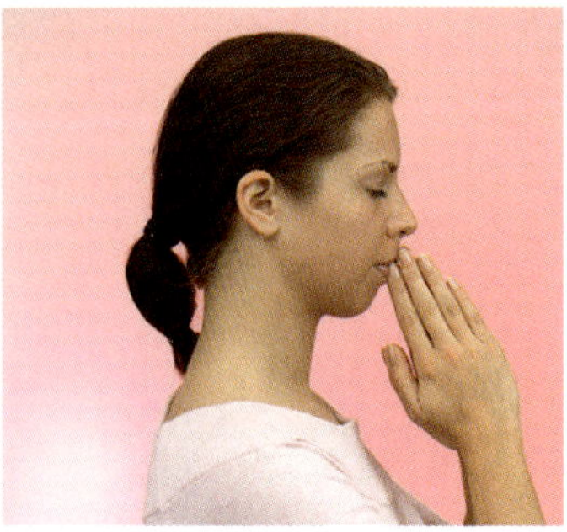

Die Mudra der tiefen Versenkung

Legen Sie beide Handflächen aneinander, und führen Sie die Hände an die Lippen. Legen Sie die Zeigefinger an die Lippen, schließen Sie die Augen, und atmen Sie ruhig und gleichmäßig. Halten Sie die Mudra mindestens fünf Minuten, bis sich Entspannung, Ruhe und Wohlgefühl, nach einigem Üben auch Versenkung einstellen.

Die Mudra für körperliches Wohlbefinden

Strecken Sie die linke Hand aus, sodass Sie die Handfläche sehen können. Legen Sie die rechte Hand um die linke Hand. Die Handfläche der rechten Hand umschließt den Handrücken der linken, gestreckten Hand. Legen Sie die Hand ganz sanft, ohne zu drücken, um die andere Hand, und halten Sie die Mudra mindestens fünf Minuten. So können sich Anspannungen lösen, und Sie fühlen sich rundum wohl.

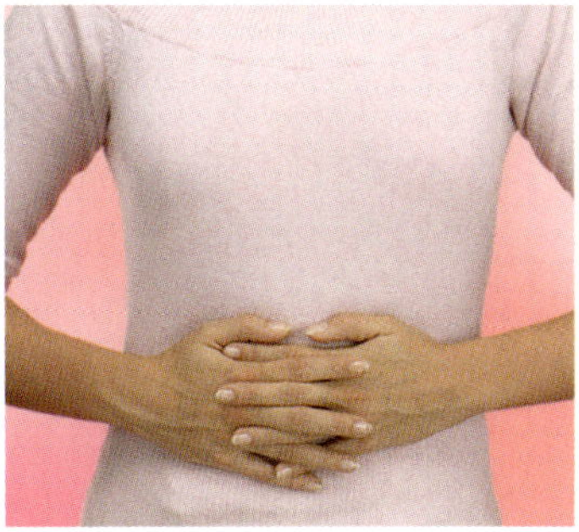

Die Mudra für die Gewissheit, dass alles gut und in Ordnung ist

Falten Sie die Hände wie zum Gebet, und ziehen Sie sie dann etwas auseinander, sodass nur die Finger verschränkt bleiben. Legen Sie die Handflächen mit den verschränkten Fingern auf den Bauch, und schicken Sie Ihren Atem dorthin. Halten Sie die Mudra mindestens fünf Minuten. Diese Mudra hilft Ihnen, die göttliche Ordnung zu akzeptieren, die auch in Ihrem Leben herrscht, und sich mit diesem Wissen vertrauensvoll zu entspannen.

Mudras für innere Stärke und Gelassenheit

Gelassenheit und Stärke gehören zusammen. Wer in sich selbst ruht und die eigene Stärke in sich finden kann, der kann auch gelassen bleiben, wenn Krisen kommen oder wenn es Streit und Schwierigkeiten gibt. Gelassenheit und Stärke bedeuten, in angespannten Situationen mit Herz und Verstand zu handeln und einen kühlen Kopf zu bewahren, während hoch kochende Emotionen meistens nur alles schlimmer machen.

Sicher hat es auch in Ihrem Leben schon Situationen gegeben, in denen Sie gern gelassener reagiert und mehr Selbstbewusstsein gehabt hätten. Wenn Sie bei sich in dieser Beziehung etwas vermissen, können Sie daran arbeiten. Meditation heißt der Schlüssel dazu, und wir zeigen Ihnen, was Sie tun können.

Ein Entwicklungsprozess der Seele

Leider sind innere Stärke und Gelassenheit nicht im Handumdrehen zu erlangen, sondern gehören zu einem manchmal langwierigen Entwicklungsprozess der Seele. Wie bei so vielem macht hierbei Übung den Meister. Je länger Sie mit den Mudras meditieren, desto eher wird es Ihnen gelingen, das Leben mit einem sanften Lächeln zu betrachten und Lebensfreude zu empfinden, was auch immer geschieht. Schritt für Schritt werden Sie sich stärker fühlen und in sich ruhen können. Die folgenden Mudras helfen Ihnen bei dieser wichtigen Entwicklung und verhelfen Ihnen langsam aber sicher zu mehr Lebensqualität.

Die Mudra der gebündelten Kraft

Bringen Sie alle Fingerspitzen beider Hände zusammen, und halten Sie die Mudra mindestens fünf Minuten vor dem Solarplexus. Spüren Sie die konzentrierte Energie der inneren Stärke, und atmen Sie zum Solarplexus hin. Sie können auf diese Weise lernen, Ihre innere Stärke zu spüren und ihre Energien ganz gezielt zu bündeln.

Die Mudra für geballte Power des Herzens und der Seele

Bringen Sie an beiden Händen die Spitzen von Daumen und Ringfinger und kleinem Finger zusammen. Zeigefinger und Mittelfinger werden gestreckt. Schieben Sie nun die ausgestreckten Zeigefinger und Mittelfinger der rechten Hand in den Kreis der linken Hand hinein. Die ausgestreckten Finger zeigen nach vorne. Halten Sie die Mudra mindestens fünf Minuten, und atmen Sie gleichmäßig. Mit Hilfe dieser Mudra entfalten Sie Ihre Herzenskraft und geben Ihrer Seele Raum, um zu wachsen.

Die Mudra für Gelassenheit

Bringen Sie an der rechten Hand alle Fingerspitzen zusammen, und umschließen Sie mit der linken Hand die rechte Hand. Legen Sie die Mudra auf Ihr Herzchakra, und atmen Sie dort hinein. Halten Sie die Mudra mindestens fünf Minuten. Lächeln Sie! Diese Mudra kann Ihnen helfen, Gelassenheit und innere Größe zu entwickeln, den Blick fürs Wesentliche zu öffnen und sich in allen Dingen Gott anzuvertrauen.

Die Mudra für Besinnung und innere Freude

Ballen Sie die Hände zu Fäusten, und strecken Sie die Zeigefinger nach oben. Bringen Sie die Hände an den Handwurzeln zusammen, und halten Sie die Mudra vor dem Herzchakra. Halten Sie die Mudra mindestens drei Minuten, und atmen Sie ins Herz hinein. Lächeln Sie! Entwickeln Sie innere Freude und Stärke und lernen Sie, sich auf innere Werte zu besinnen!

Die Mudra der unendlichen Ruhe und Gelassenheit

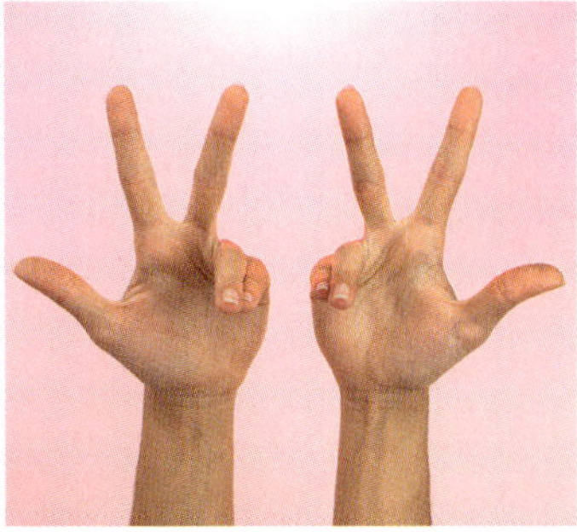

Spreizen Sie an beiden Händen die Daumen, die Zeigefinger und Mittelfinger ab, und strecken Sie sie nach oben. Die Ringfinger und kleinen Finger liegen beieinander und werden zu Ihnen hin gestreckt. Halten Sie die Mudra in Brusthöhe mindestens fünf Minuten, und lächeln Sie dabei nach innen. So können Sie Heiterkeit und Gelassenheit als Lebenssinn erkennen und beginnen, sich in der unendlichen Ruhe wohl zu fühlen.

Die Mudra der inneren Sammlung und Entscheidungen

Falten Sie die Hände wie zum Gebet, die Finger sind verschränkt. Die Daumen werden nicht verschränkt, sondern liegen nebeneinander parallel. Bringen Sie nun die gefalteten Hände an den Kopf, und legen Sie die Knöchel der Daumen auf das Stirnchakra, das sich in der Mitte der Stirn befindet. Sie können die Ellenbogen in die Hüften stemmen oder sich mit den Ellenbogen auf den Oberschenkeln abstützen. Das Gewicht des Kopfes übertragen Sie gänzlich auf Ihre Arme. Schließen Sie jetzt die Augen, und atmen Sie dreimal kräftig aus. Dann konzentrieren Sie sich auf einen gleichmäßigen Atemfluss und versuchen, sich nicht durch Geräusche ablenken zu lassen. Seien Sie ganz still und ruhig, und lassen Sie innerlich alles los. Dann versuchen Sie, in Ihr Herz herein zu hören. Welche Entscheidung fühlt sich gut und richtig an? Halten Sie die Mudra, bis Sie sich sicher fühlen.

Mudras und Gebete

Gebete sind Gedanken, Worte, Gespräche mit Gott, die eine Bitte, einen Wunsch, eine Klage, ein Lob, Dankbarkeit und Ehrfurcht ausdrücken, das Herz für die Schönheit der Welt öffnen und erkennen lassen, dass Gottes Gegenwart und seine Hilfe im Zwiegespräch des Gebetes lebendig sind.
Wenn eine Mudra zum Gebet wird, verbindet sie Körper, Geist und Seele und führt die Aufmerksamkeit des Geistes weg von allen irdischen Belangen hin zu Verbundenheit und Einheit.

Das Gebet wichtig nehmen

Mudras als Ergänzung meiner Gebete sind für mich die wichtigsten Elemente meines Alltags. Ich nehme Kontakt mit Gott auf und erlebe dadurch Dankbarkeit, Freude, Erfüllung und ein Gefühl von Frieden und innerer Stärke. So erfahre ich durch das Halten der Gebetsmudras, wie wunderbar diese Welt ist und wie sehr ich mit ihr verflochten bin.

In Krisenzeiten

Wenn Krisen das Leben überschatten, helfen Gebete, den Sinn des Lebens nicht aus dem Blick zu lassen, den Glauben an Gott und an sich selbst nicht zu verlieren und sich der Verbundenheit mit Gott immer bewusst zu sein. Erst durch diese Gewissheit erwächst dem Menschen eine unerschütterliche innere Stärke, auf die er auch in Krisenzeiten vertrauen kann.

Das Gebet bringt uns Ruhe und Gelassenheit. Es macht uns bewusst, dass jeder Gedanke, der die Harmonie des eigenen Lebens ausdrückt, ein Geschenk Gottes ist. Die Verbundenheit mit Gott zeigt uns, dass das Leben kostbar und jeder von uns einmalig und wertvoll ist.

Gebetsmudras

Jede der hier beschriebenen Gebetsmudras lädt Sie ein, sich mit all Ihrer Herzensliebe auf das Leben einzulassen, es in Dankbarkeit anzunehmen, es mit Freude zu erfüllen und über sich selbst hinauszuwachsen. Die Seele kann reifen, das offene Herz schenkt Selbstliebe und ist bereit, diese Liebe weiterzuschenken. Und dann fließt in das eigene Herz so viel Lebendigkeit und Freude, dass alle Wunder möglich sind. Sie werden Ihre Selbstzweifel verlieren und Momente tiefen Glücks erleben. Denn Gebetsmudras sind weit mehr, als jede Meditation bieten kann. Sie begleiten den seelischen Reifeprozess, sie erfüllen die Seele mit unendlicher Freude, sie öffnen den Blick für all die liebevollen Details des Alltags, sie lassen glücklich sein, tiefe Liebe und Verbundenheit empfinden und dankbar sein.

Ich erlebe es so, als ob Gott dann wirklich zu mir spricht, weil ich mich für die Kommunikation mit ihm geöffnet habe. Ich bin bereit, Antworten zu empfangen, mich dem Weg Gottes hinzugeben, ihn zu gehen und aktiv zu spüren, dass jeder Mensch ein Kind Gottes ist.

Auf diese Weise werden Sie erfahren, dass Sie nie allein sind. Mit all Ihren Problemen und Sorgen, mit all Ihrem Leid und Kümmernissen, mit all Ihren Schwierigkeiten und Herausforderungen sind Sie immer eingebunden in die Liebe Gottes und getragen von seinem Licht.

Gebetsmudras sind eine Möglichkeit, mit Gott jenseits von Worten in Kontakt zu treten. In ihnen können wir uns ganz hingeben und Einheit und Verbundenheit mit der Schöpfung und dem Schöpfer erfahren.

In Verbundenheit ist Ihr Leben verknüpft mit allem Lebendigen und dem Wunder der Schöpfung. Dieses großartige Wissen wird stets an Ihrer Seite sein und Ihnen die Kraft geben, Ihr Leben zu meistern.

Das Gefühl der Dankbarkeit wird in Ihnen wachsen, sobald Sie sich mit den Gebetsmudras vertraut gemacht haben und sie in Ihrem Alltag täglich praktizieren.

Aus diesem Grunde sollten Gebetsmudras einen festen Platz in Ihrem Leben einnehmen. Sie sind die Basis, auf der alle anderen Mudras aufbauen.

Zum Üben der Gebetsmudras

- Gebetsmudras sind die Hygiene der Seele. Üben Sie eine der Mudras täglich!
- Wenn Ihr Leben zurzeit krisenreich ist, nehmen Sie sich besonders viel Zeit, um die Mudras anzuwenden. Üben Sie dann gleich mehrere, bis Sie sich besser fühlen.
- Diese Mudras wirken spirituell und verbinden Sie mit Gott. Seien Sie bereit, Gottes Kraft in sich wirken zu lassen.
- Sie können die Gebetsmudras leise, stumm und meditativ ausüben und sich ganz auf das Spüren und Fühlen konzentrieren. Sie können aber auch ein Gebet dazu laut sprechen oder denken.
- Nutzen Sie die Chance der Gebetsmudras, um aussichtslose Probleme ganz in Gottes Hände zu legen und die unerträgliche

Last abzugeben. Gott wird sich um das Problem kümmern und eine Lösung für Sie finden. Lassen Sie los, und befreien Sie sich von all Ihren Grübeleien.

- Gebetsmudras machen Sie offen für das Geschenk der Freiheit und eines offenen, sorglosen Herzens.
- Bei den Gebetsmudras gibt es keine Zeitangaben. Halten Sie die Mudra, solange Sie können und wollen.

Die Mudra für das Einheitsbewusstsein

Legen Sie an beiden Händen alle Finger aneinander, und formen Sie mit den Handflächen zwei Schalen. Legen Sie die Ellenbogen rechts und links an die Hüfte, und winkeln Sie die Arme an. Halten Sie die beiden Schalen so, dass die Handflächen nach oben zeigen.
Spüren Sie dem Gefühl nach, dass alles eins ist und auch Sie ein wichtiger und wertvoller Teil dieser Einheit sind. Sie sind ganz und gar mit jedem und allem in Verbundenheit.
Sie machen sich die Geborgenheit der Einheit bewusst und lassen das Gefühl von Trennung und Verlassenheit hinter sich.

Die Mudra für die Freiheit der Einheit

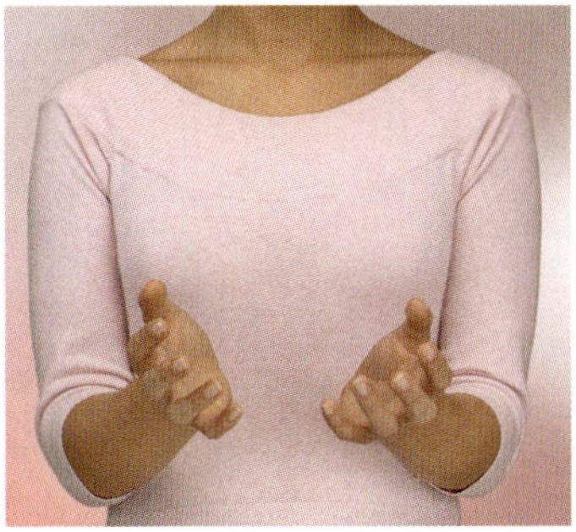

Spreizen Sie an beiden Händen alle Finger. Führen Sie die Arme nun so, dass Sie die Ellenbogen bequem in den Hüftseiten aufstützen können. Die Handflächen zeigen aufeinander zu. Krümmen Sie die Finger ein wenig, als ob Sie zwischen der einen und der anderen Hand einen großen Ball festhalten müssten.
Spüren Sie der Energie zwischen den Händen nach, die die Einheit darstellt. In der Einheit aber gibt es die Freiheit des Willens und die Entfaltung der eigenen Persönlichkeit.
Sie nehmen diese persönliche Freiheit wahr, fühlen sich weit, frei und stark.

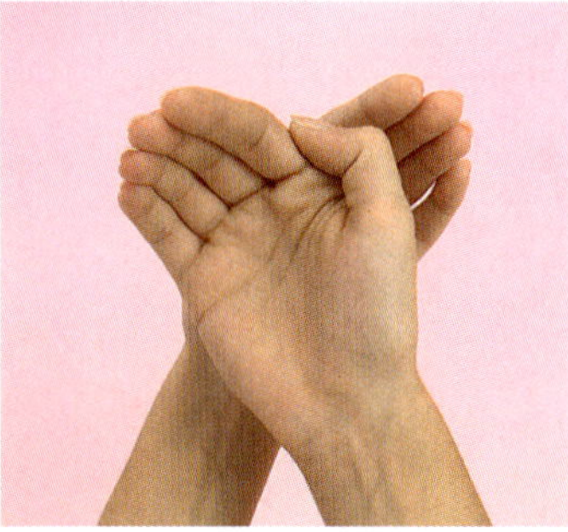

Die Mudra für die tiefe Verbundenheit

Formen Sie aus beiden Händen kleine Schalen, und führen Sie die Schalen zusammen, sodass sich die Handflächen diagonal berühren. Die rechte Hand liegt dabei oben. Die Finger der rechten Hand liegen also über dem Daumen der linken Hand. Die Handwurzel der rechten Hand berührt die Handkante und den kleinen Finger der linken Hand.

Spüren Sie in die Verbundenheit hinein. Spüren Sie, wie nahe Sie allen Menschen sein können und wie sehr Sie mit Gott verbunden sind.

Verankern Sie das Gefühl der Geborgenheit, das Sie erleben, tief in sich.

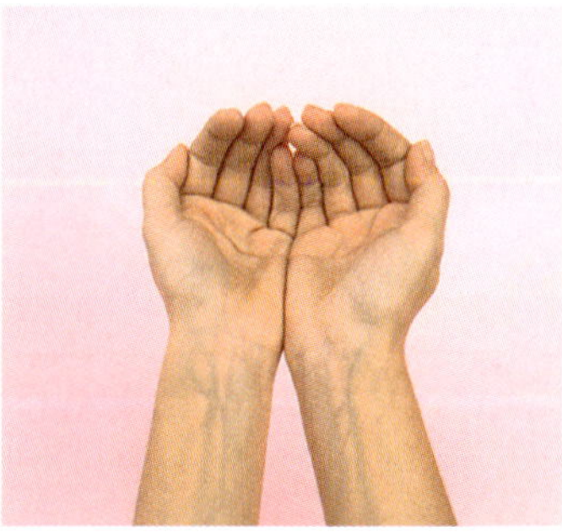

Die Mudra der Schale der Liebe

Legen Sie beide Handkanten zusammen. Alle Finger sind zusammengelegt. Formen Sie eine große Schale aus den Händen, und halten Sie die Schale vor den Bauch. In dieser Schale ist all die Liebe Gottes repräsentiert. Die Schale ist immer voll und in Verbundenheit mit allem und jedem. Es ist immer genügend Liebe für jeden da. Die Schale zeigt Ihnen, dass Sie in der Liebe Gottes förmlich baden können. Sie nehmen die Verbundenheit wahr und empfinden Freude, erfüllt durch Verbundenheit und Fülle.

Die Mudra für ewige Freundschaft und aufrichtige Liebe

Halten Sie an beiden Händen die Finger aneinander. Legen Sie die Fingerspitzen der linken Hand quer über die Fingerspitzen der rechten Hand, und halten Sie die Hände etwas nach unten gekippt, sodass die Handflächen nach außen zeigen. Die Ellenbogen sind in die Hüftseiten gestützt.

Öffnen Sie sich für die Fähigkeit, ewige Seelenliebe zu schenken und Freundschaft zu empfinden für alles Lebendige.

Die Mudra für Herzenskraft, um Selbstliebe zu ermöglichen

Legen Sie die linke Hand quer über Ihr Herzchakra. Formen Sie mit der rechten Hand eine Faust, bei der Sie den Daumen nach oben strecken. Legen Sie die Faust auf den Handrücken der linken Hand.
Öffnen Sie sich der Herzensliebe für sich selbst und der Selbstliebe.

Die Mudra für fließende Herzensliebe

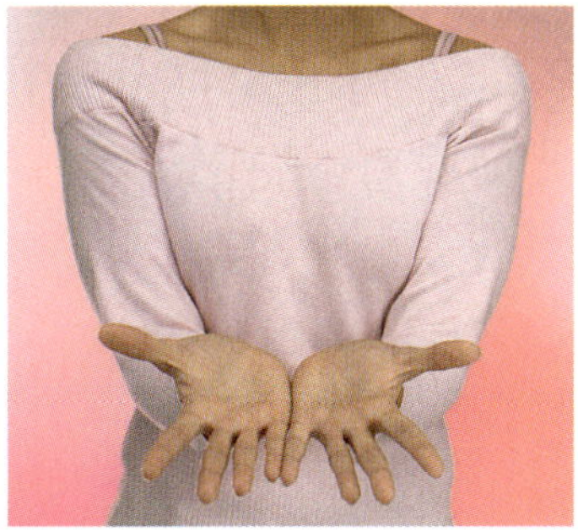

Legen Sie die Handkanten beider Hände zusammen, und spreizen Sie die Finger. Die kleinen Finger liegen beieinander. Fixieren Sie die Ellenbogen in den Hüftseiten, und klappen Sie die Handflächen ein wenig nach vorne, sodass sie von Ihnen weg nach außen zeigen.
Nehmen Sie die fließende Herzensliebe wahr, die es Ihnen ermöglicht, anderen Liebe zu schenken und Zärtlichkeit auszusenden.

Die Selbstliebemudra

Umarmen Sie sich ganz fest und so eng Sie können, und legen Sie die Hände um die Schultern. Strecken Sie die Daumen nach oben. Sie können so Ihre Selbstliebe aktivieren, Ihr Selbstvertrauen stärken und sich für das Gefühl öffnen, geborgen und geliebt zu sein.

Die Mudra der empfangenden Liebe

Öffnen Sie einfach die Hände, und strecken Sie die Arme entweder zu den Seiten oder nach vorne. Die Handflächen zeigen von Ihnen weg, entweder nach vorne oder nach oben. Die flachen, geöffneten Händen sind nun ganz auf dem Empfang der segensreichen Liebe Gottes eingestellt. Halten Sie die Mudra, bis Ihre Arme müde werden.

Die Mudra für die segnende Liebe

Strecken Sie die Arme zu den Seiten, legen Sie alle Finger zusammen, und drehen Sie die Handflächen nach außen.
Machen Sie sich bereit dafür, segnende Liebe auszusenden und zu empfangen und ebenso die empfangene Liebe weiterzugeben.

Die Mudra der lächelnden Schönheit

Bringen Sie Ihre Arme über den Kopf, und formen Sie eine Kugel. Die Fingerspitzen berühren sich. Beim Ausatmen öffnen Sie die Kugel und lassen die Arme zu den Seiten sinken. Beim Einatmen bringen Sie die Hände wieder zusammen.
Erleben Sie sich selbst als Teil der Schöpfung, nehmen Sie die Schönheit der Schöpfung wahr, und fühlen Sie die Verbundenheit mit ihr.

Die Mudra der zauberhaften Blüte

Formen Sie aus den Händen eine geöffnete Blüte. Legen Sie die Daumen und die kleinen Finger zusammen, und spreizen Sie alle Finger. Halten Sie die Blüte vor dem Herzchakra.
Stärken Sie Ihre Achtsamkeit im Umgang mit der Schöpfung, Ihre Fähigkeit, die Schönheit der Schöpfung zu würdigen und zu bewahren.

Die Mudra, um Gottes Kraft zu spüren

Winkeln Sie die Arme seitlich am Körper an; die Ellenbogen zeigen nach unten. Klappen Sie die Hände so, dass die Handflächen nach oben zeigen.
Spüren Sie die Kraft, die in dieser Geste liegt und die Ihnen tiefen inneren Frieden und harmonische Ausgeglichenheit schenkt. Diese Mudra eignet sich gut zur Ausführung in der freien Natur. Dort fühlen sich viele Menschen Gott besonders nahe.

Die Mudra der Glückseligkeit

Legen Sie alle Fingerspitzen auf das Herzchakra, und zwar Finger an Finger. Neben dem kleinen Finger der rechten Hand liegt der kleine Finger der linken Hand. Dann beide Ringfinger, beide Mittelfinger, beide Zeigefinger. Die Daumen werden nach oben gestreckt und berühren das Herzchakra nicht. Entdecken Sie das Glück des Lebens, das in Ihnen wohnt und Ihnen Glückseligkeit schenkt.

Die Mudra für das Glück der Gelassenheit

Überkreuzen Sie die Arme vor dem Körper, und legen Sie die überkreuzten Arme auf den Oberkörper. Welcher Arm oben liegt, spielt keine Rolle. Spüren Sie, wie Gott Ihnen Gelassenheit schenkt und Ihnen Sorgen abnimmt. Genießen Sie die Gelassenheit und Stille.

Die klassische Gebetshaltung

Legen Sie die Handflächen zusammen, und halten Sie sie vor das Herzchakra.
Oder verschränken Sie die Finger, und halten Sie sie ebenfalls vor das Herzchakra.
Vertiefen Sie durch diese Haltung Ihr Gebet, Ihre innere Sammlung und Ihre Bereitschaft, wirklich mit Gott in Kontakt zu treten.

Die offenen Hände

Halten Sie die Hände so, dass sich die Seiten der kleinen Finger und der Ringfinger berühren.
Die Hände sind gestreckt und offen, die Handflächen zeigen nach oben.
Öffnen Sie sich auf diese Weise für Gottes Gegenwart, seine Liebe und seine Botschaft.

Meditieren mit Mudras

Jede Fingerhaltung, die in Stille, innerer Einkehr und Besinnung ausgeführt wird, ist eine Meditation. Mudras wirken über den Körper und die Fingerhaltungen meditativ auf den Geist. Die Konzentration ist dabei auf die Mudra gerichtet und eventuell auf den begleitenden Atemfluss, eine Körperwahrnehmung oder einen ganz speziellen Gedanken. Auf diese Weise sind Mudras wegweisend und unterstützend bei der Klärung des Geistes. Körper, Geist und Seele kommen in Einklang.

Mit Mudras auf dem Weg der Meditation

Mudrameditationen helfen, zur Ruhe zu kommen, aber auch dabei, sich geistig zu erfrischen und wieder klare Gedanken fassen zu können. Sie entstressen den Alltag und tragen dazu bei, dass Ruhe im Leben einkehren kann. Ebenso werden Inspiration, Kreativität und Tatkraft aktiviert.

Wer in sich hineinhört, dem Ruf seiner Seele folgt und sich auf einen Weg der Selbsterkenntnis, der Seelenentfaltung und Spiritualität begibt, wird mit Hilfe der Mudrameditationen zu mehr Tiefe gelangen und im Reifeprozess des Lebens zunehmend Wachstum erfahren.

Im Folgenden erfahren Sie, wie Sie Mudras mit bestimmten Meditationshilfen in Zusammenhang bringen können und verstärkend einsetzen, sodass körperliche, seelische und geistige Prozesse von allen Seiten beleuchtet werden.

Zum Teil verstärkt sich auch die Wirkung der Mudras, wenn Sie unterstützende und begleitende Meditationshilfen während der Ausführung einsetzen.

Bei der Meditation kommen unsere Gedanken zur Ruhe, sie werden gebündelt und auf den Punkt gebracht. Die innere und äußere Zerrissenheit findet ein Ende – wir sehen wieder klar und können uns neu auf unsere Ziele besinnen und konzentrieren.

KÖRPERLICHE PROZESSE BEIM MEDITIEREN

- Abbau von muskulären Verspannungen
- Erweiterung der Gefäße
- Erwärmung des Körpers, subjektives Wärmegefühl
- Überwindung von Trägheit und Müdigkeit
- Regulierung des Schlafs
- Entkrampfung des Körpers
- Aktivierung der Selbstheilungskräfte
- Ausgleich des Blutdrucks
- Ausgleich zwischen körperlicher An- und Entspannung
- Positive Wirkung auf entzündliche Prozesse
- Regulierung gereizter Organe
- Hormoneller Ausgleich

Meditation kann uns helfen, Wichtiges von Unwichtigem in unserem Leben zu unterscheiden. Wir erfassen mit Hilfe der Meditation besser, wer wir sind, woher wir kommen und wohin wir gehen. Wir können erspüren, was wir ganz persönlich brauchen, um ein erfülltes Leben zu führen.

SEELISCHE PROZESSE BEIM MEDITIEREN

- Stressabbau
- Seelenwachstum
- Den Sinn des Lebens erkennen
- Ausgleich zwischen Geben und Nehmen finden
- Die eigene Position vertreten lernen
- Mit offenem Herzen leben
- Sich geborgen fühlen
- Liebe zum Fließen bringen
- Wohlgefühl kann entstehen
- Die eigene Bestimmung finden
- Liebe empfinden und wahrnehmen
- Der göttlichen Präsenz vertrauen
- Auf den Ruf des Herzens hören lernen
- Herzensliebe ausströmen
- Sich mit allem eins fühlen
- Selbstvertrauen und Gottvertrauen entwickeln

GEISTIGE PROZESSE BEIM MEDITIEREN

- Inspiriert werden
- Mit allen Sinnen die Welt wahrnehmen
- Kreativitätslöcher überwinden
- »Ums Eck« denken lernen
- Das Urteilsvermögen überprüfen
- Gedächtnis und Merkfähigkeit fördern
- Neustrukturierung der Neuronen
- Kreativität wecken
- Die eigene Einstellung zum Leben verändern
- Sich neuen Denkprozessen öffnen
- Konzentration fördern
- Geistige Gelassenheit erreichen
- Rechte und linke Gehirnhälfte in Verbindung bringen
- Flexibilität und Ideenreichtum im Denken erreichen

Mudras und Affirmationen

Affirmationen sind gedachte oder laut gesprochene Worte oder Sätze, die ähnlich wie ein Gebet auch eine innere Wirkung entfalten und den eigenen Denkprozess zur Wandlung und Veränderung steuern. Mit Affirmationen können Sie tief verwurzelte Vorstellungen, die sich negativ in Ihrem Leben auswirken, durch positive Sätze ersetzen. Wie eine Neuprogrammierung Ihres Computers verändern Sie Ihre innere Einstellung zu sich selbst und zu Ihrer Umwelt. Seelische Wunden und Verletzungen können dadurch abgebaut werden, Selbstvertrauen und Gottvertrauen werden gestärkt und das eigene Selbst zur Blüte gebracht. Affirmationen wirken über gedachte oder gesprochene Worte auf körperlicher, geistiger und seelischer Ebene.

Das Bild, das Sie von sich haben, wirkt indirekt auf alle Menschen und Vorgänge um Sie herum. Sie müssen also zuerst Ihr Bild von sich verändern, wenn Sie möchten, dass Ihre Umwelt anders auf Sie reagiert. Affirmationen und Mudras sind eine Möglichkeit auf diesem Weg.

Stellen Sie sich vor, Sie glauben fest daran, dass Sie ein Pechvogel sind und Ihnen sowieso nichts wirklich gelingt. Diese Vorstellung ist so fest und tief in Ihnen verwurzelt, dass sie jeglichen Erfolg, den Sie haben könnten, vereitelt. Sie sabotieren sich selbst, weil Sie immer dann, wenn das Gelingen einer Sache in Ihre Nähe kommt, die Kraft verlieren, am Ball zu bleiben. Sie denken, dass es sich nicht lohnt, Ihre ganze Energie in das Gelingen des

Wer von sich selbst Gutes erwartet, hat vielleicht schon bald Anlass zum Jubeln.

Vorhabens zu stecken, weil Sie ja noch nie etwas wirklich erreicht haben. Mit dieser Überzeugung verlieren Sie erstens die Lust und Begeisterung für Ihr Vorhaben und schaffen sich zweitens Situationen, die Ihnen beweisen, dass Sie Recht mit Ihrer Annahme haben: Sie sind ein Pechvogel und bleiben es auch. Um aus dieser Überzeugung herauszukommen, werden Sie eine Weile benötigen, um sich neu zu programmieren und die neue Überzeugung wirklich zur Wirkung zu bringen.

Wir wissen nicht genau, wo die Affirmation ihren Ursprung hat. Das Wiederholen von heiligen oder positiven Selbstsuggestionen ist wohl so alt wie die Spiritualität an sich. Allgemein wird unter Affirmation eine positiv gehaltene, möglichst selbstverstärkende Aussage verstanden, die eingebunden in ein Ritual mehrmals wiederholt wird. Die Affirmation kann jedoch als universelles Instrument der Selbstbeeinflussung betrachtet werden, da sie auch völlig ohne einen religiösen Zusammenhang auskommt.

Wer von sich überzeugt ist und fest daran glaubt, dass für ihn alle Wunder wahr werden können, der bleibt auch in Durststrecken am Ball und verfolgt unbeirrt seine Ziele, ohne sich auf etwas zu versteifen. Er ist offen für wunderbare Begegnungen, Überraschungen und natürlich für das erfolgreiche Voranschreiten im Leben.

Wenn Sie merken, dass Sie geistig festgefahren sind und eine negative Vorstellung mit sich herumschleppen, die Sie behindert, Ihr Leben so zu leben, wie Sie es sich wünschen, dann sollten Sie vor allem mit den folgenden Affirmationen arbeiten.

Wie Sie vorgehen

- Suchen Sie sich eine Mudra heraus, die zu Ihrem aktuellen Problem passt, Ihnen hilft, Stress abzubauen, Ihnen Entspannung schenkt oder Ihnen beim kreativen Denken hilft.
- Legen Sie ein Blatt Papier vor sich auf den Schoß, oder sprechen Sie die Affirmation auswendig.
- Kurze Affirmationen können Sie im Atemrhythmus sprechen.
- Laut gesprochene Affirmationen wirken wesentlich stärker als nur gedachte.
- Üben Sie mindestens einmal täglich über mindestens zwei Wochen dieselbe Affirmation.
- Die Affirmationen wirken auch ohne Mudra und können zusätzlich beim Autofahren, beim Kochen, beim Handwerken oder einer anderen Tätigkeit gesprochen werden.

Einsilbige Affirmationen für Lebensfreude, Stärke, Glück und Zuversicht

◎ Wohl	◎ Herz	◎ Macht
◎ Stark	◎ Hand	◎ Glück
◎ Mut	◎ Ich	◎ Licht
◎ Kraft	◎ Du	◎ Gott
◎ Tat	◎ Wir	◎ Gut

Zweisilbige Affirmationen für Lebensfreude, Stärke, Glück und Zuversicht

◎ Liebe	◎ Wahrheit	◎ Weite
◎ Einheit	◎ Freiheit	◎ Größe
◎ Freude	◎ Frieden	◎ Wunder
◎ Heilung	◎ Herzkraft	◎ Himmlisch
◎ Heilkraft	◎ Strahlkraft	◎ Gnade
◎ Lichtkraft	◎ Weisheit	◎ Gabe

Dreisilbige Affirmationen

◎ Dankbarkeit	◎ Wohlgefühl	◎ Leichtigkeit
◎ Harmonie	◎ Herzenskraft	◎ Seligkeit
◎ Zuversicht	◎ Herrlichkeit	◎ Umarmung
◎ Mitgefühl	◎ Fröhlichkeit	◎ Wunderbar

Viersilbige Affirmationen

◎ Gelassenheit	◎ Geborgenheit	◎ Wohlfühlzauber
◎ Herzensliebe	◎ Gottvertrauen	◎ Vitalität
◎ Unendlichkeit	◎ Selbstvertrauen	◎ Lichtoase
◎ Glückseligkeit	◎ Glücksgedanken	◎ Sonnentage

Affirmationen können aus einzelnen Wörtern, aber auch aus ganzen Sätzen bestehen. Die Wirkung ist stark von der regelmäßigen Wiederholung abhängig. Wir können uns Affirmationen für alle Bereiche unseres Lebens suchen, in denen wir etwas Bestimmtes für uns selbst erreichen wollen.

Wichtig: Sie können immer nur für sich selbst sprechen, nicht für andere! Sie sagen: Ich liebe mich selbst! Nicht: Du musst mich lieben! Ihr eigenes Fühlen, Handeln und Denken ist durch Affirmationen veränderbar, nicht aber das Fühlen, Handeln und Denken einer anderen Person oder Personengruppe.

Affirmationen, die das Selbstvertrauen stärken

- Ich bin stark.
- Ich bin kompetent.
- Mein Körper ist kraftvoll.
- Mein Körper ist gesund und heil.
- Ich bin sicher und geborgen im Leben.
- Alles, was ich will, das kann ich auch.
- Mein Bestes geschieht zum Wohle aller.
- Schritt für Schritt gehe ich meinen Weg.
- Ich bin voller Selbstvertrauen.
- Ich vertraue auf Gott.
- Ich bin voller Liebe.
- Ich liebe mich selbst.
- Ich respektiere mich.
- Mir wird Respekt entgegengebracht.
- Ich schicke Liebe hinaus.
- Ich bin frei.
- Ich höre auf mein Inneres.
- Ich werde getragen und gestützt.
- Ich bin Gottes Kind.
- Das Leben schenkt mir Fülle und Erfüllung.
- Mein Herz ist rein.
- Ich bin wertvoll.
- In mir wirken Licht und Liebe.
- Gott macht mich stark.
- Ich bin voller Lichtkraft.
- Ich bin glücklich.
- Heute ist mein bester Tag.
- Heute geschehen lauter Wunder für mich.
- Ich bin ein strahlender Stern der Kraft.
- Ich habe das Beste verdient.
- Ich habe festen Boden unter den Füßen.
- Das Leben erfüllt mich.
- In mir wirkt die weibliche/männliche Kraft.
- Ich folge meiner Seele.
- Ich folge meinem Herzen.
- Ich folge meiner Bestimmung.
- In meinem Leben geschieht Gutes und Wunderbares.

Mudras und Farben

Jede Farbe drückt eine andere Eigenschaft aus und wirkt unterschiedlich auf Körper, Geist und Seele. Ob zarte oder kräftige Farbe, ob strahlende Farbe oder eine ästhetische Farbkomposition: Die Auswahl an Farben ist aus unserer Welt nicht mehr wegzudenken. Neben den Farben spielt Licht eine große Rolle. So übt zum Beispiel das Kerzenlicht eine besondere Faszination aus und wird während der Meditation hauptsächlich als Hilfe eingesetzt, um den Geist zur Ruhe zu bringen und zu fokussieren.

Etwa sieben Millionen Lichtsinneszellen auf der Netzhaut unserer Augen, die Zapfen genannt werden, sind für das Farbsehen zuständig. Die Eindrücke von den Farben werden sofort an das Gehirn weitergeleitet und lösen dort unterschiedliche Stimmungen und Gefühlslagen aus.

Farben bei der Mudrameditation

Während der Mudrameditation wirken Farben stimmungsweisend. Sie beruhigen, wirken anregend und erheiternd, aber auch erwärmend und heilend. Schon die Auswahl der Kleidung spielt hierbei eine Rolle, und die Kombination von Stoff und Farbe macht nicht nur einen besonderen Reiz aus, sondern bestimmt auch über das persönliche Wohlbefinden, das Aussehen und die Bequemlichkeit.

Die Bedeutung der Farbe Rot

Rote Farben signalisieren Aktivität und Wärme. Sie können aber auch aggressiv und aufdringlich wirken. Im Winter sorgt die Farbe Rot für Erwärmung und sollte deshalb gerade von Menschen getragen werden, die ständig frieren, unter kalten Füßen leiden und sich im Winter kraftlos und erschöpft fühlen. Im Sommer hingegen verstärken rote Farben das Wärmeempfinden und sind für die heiße Jahreszeit weniger empfehlenswert. Wer unter Entzündungen leidet, sollte auf rote Farben verzichten. Auch ein hitziges Gemüt und temperamentvolle oder überaktive Menschen brauchen eher Beruhigung statt Anregung.
Bevorzugen Sie die Farbe Rot, wenn Sie sich unsicher und wenig beachtet fühlen, Aufmerksamkeit erregen wollen und Durchset-

zungsvermögen benötigen. Mit der Farbe Rot stehen Sie automatisch im Mittelpunkt.

Die Bedeutung der Farbe Blau

Blau wirkt beruhigend und kühlend. Es klärt den Geist und schafft Distanz, wirkt entspannend und entzündungshemmend. Blau signalisiert aber auch Weite und Unendlichkeit und spiegelt sich in den Blauschattierungen des Himmels als geistiges Potenzial und intellektuelle Stärke.
Wer schnell ins Schwitzen gerät, sollte die Farbe Blau bevorzugen. Hingegen ist Blau im Winter und bei Kälte eine Farbe, die das Frösteln verstärkt. Im Sommer kommt diese Farbe erst richtig zum Einsatz und sorgt für Frische und Abkühlung. Wer seriös auftreten muss und Macht und/oder Kompetenz ausstrahlen will, sollte dunkelblaue Kleidung bevorzugen.

In dem Augenblick, da ich über die Farbe nachdenke, zerfällt ihr Duft, und ich halte nur ihren Körper in Händen.

Johannes Itten (1888–1967), Maler und Kunstpädagoge

Die Bedeutung der Farbe Grün

Grün ist die Farbe der Erneuerung, der Heilung und Frische. Nicht umsonst sehnt sich der Mensch im Frühling nach dem ersten frischen Grün. Grün ist von zarter Heiterkeit geprägt und verstärkt je nach Intensität das frische und gesunde Image. Es wirkt entspannend und schenkt körperliches und seelisches Wohlbefinden. Das Immunsystem wird gestärkt, die Abwehrkräfte aktiviert. Wer Grün mag, fühlt sich meistens auch mit der Natur verbunden.

Die Bedeutung der Farbe Gelb

Gelbe Farben wirken erheiternd, fröhlich und sonnig. Sie wärmen und vertreiben trübe Gedanken. Diese Aufmunterung kann immer gebraucht werden. Vor allem in den dunklen Wintermonaten schenkt die Farbe Gelb Zuversicht, Helligkeit und Offenheit. Wenn Gelb allerdings zu grell ist, kann es Kopfschmerzen verursachen und nervös machen. Da Gelb eine Farbe ist, die Aufmerksamkeit erregt, hilft sie, sich in den Mittelpunkt zu stellen und sich Gehör zu verschaffen.

Die Bedeutung der Farbe Orange

Orange ist die Farbe der Kreativität, denn sie aktiviert auf eine warme, herzliche Art und Weise die eigene Schaffenskraft. Die Farbe Orange ist so fröhlich wie das Gelb, das in ihr steckt, und so wärmend und anregend wie das Rot. Ein schönes, sattes Orange wirkt kräftigend und versöhnlich. Mit dieser Farbe kann man sich wunderbar wohl fühlen und wieder zu Kräften kommen, wenn man erschöpft ist. Orange ist kuschelig und gemütlich.

Schon Johann Wolfgang von Goethe beschäftigte sich mit den Farben und ihrer Wirkung. Er schrieb: »Wir empfinden eine große Freude an der Farbe. Das Auge bedarf ihrer, wie es des Lichts bedarf. Man erinnre sich der Erquickung, wenn an einem trüben Tag die Sonne … scheint und die Farben daselbst sichtbar macht.«

Die Bedeutung der Farbe Rosa

Rosa ist die Farbe der Zärtlichkeit. In Rosa stecken rote und weiße Elemente, die Sanftheit und Zartheit versprechen. Rosa ist auch die Farbe des Herzens und der reinen Herzensliebe. Diese Farbe regt zum Träumen an und umschmeichelt die Seele mit wolkig-luftiger Eleganz.

Wer allzu sehr zum Tagträumen neigt, sollte sich nicht übertrieben oft den rosa Farbtönen hingeben, denn das Rosa hat wenig Sinn für die Realität, entspannt dafür aber wunderbar zärtlich die Seele.

Die Bedeutung der Farbe Braun

Braun steht für alles Irdische und Reale. Es verbindet die Erde mit dem Verstand und sorgt für genügend irdischen Realitätssinn. Wer Braun mag, der kann gut zupacken und scheut sich nicht vor körperlicher Arbeit. So sorgt die Farbe Braun für genügend Tatkraft und stärkt den Körper.

Alle braunen Farbschattierungen strahlen immer auch Wärme aus und stellen eine Verbindung zur Natur her, in der sie in unzähligen Variationen und Nuancen vorkommt.

Die Bedeutung der Farbe Violett

Violett ist eine erhabene Farbe, die die geistigen Attribute des Menschen anregt und zur Entwicklung bringt. Die Farbe wirkt leicht distanziert durch ihre blauen Elemente, gleichzeitig aber voller Wärme und Kraft durch den Anteil an roter Strahlkraft. Violett ist dadurch auch die Farbe der Denker und Philosophen, in der sich Wissen und Sein verbinden. Mit Hilfe von Violett ist der Mensch bereit für Veränderungen, klärt den Geist und bringt seine Seele zur Entfaltung. Violett verbindet Körper, Geist und Seele.

Die Bedeutung der Farbe Magenta

Als besonders harmonisch empfinden wir Farben, die im Farbkreis nebeneinander liegen. Große Kontraste entstehen durch Farben, die sich im Farbkreis gegenüber stehen.

Magenta ist ein intensives und dunkles Pink, das ebenso wie die Farbe Rot Strahlkraft besitzt und wie Violett die geistigen Belange des Menschen in den Vordergrund stellt. Allerdings ist sein Rotanteil höher, sodass auch körperliche Aspekte mehr Beachtung finden. Es ist eine Farbe der Kraft, aber ihm fehlt die wärmende Gemütlichkeit, die den Körper verwöhnt und den Sinnen schmeichelt.

Wer Magenta liebt, ist sich bewusst, dass er damit ganz besondere Akzente setzt und einen gewissen Hang zum Exzentrischen offenbart.

Die Bedeutung der Farbe Türkis

Türkis ist die strahlende Farbe der Weite und Unendlichkeit. Gleichzeitig aber symbolisiert Türkis, dass der Mensch auf der Erde sein Zuhause hat und hier neben Weite und Unendlichkeit Sicherheit und Selbstvertrauen erlangt. Türkis ist eine Farbe der Frische, die in sich Kühle, Natürlichkeit, Ausdehnung und Vertrautes vereint. Ein eher grünes Türkis wirkt erfrischend und stärkend, ein eher blaues Türkis lehnt sich an die kraftvolle Weite des Firmaments an und verspricht himmlische Geborgenheit.

So führen Sie die Mudrameditation mit Farben aus

- Besorgen Sie sich farbiges Tonpapier, das Sie vor sich auf den Schoß legen, während Sie die Mudra halten.
- Vertiefen Sie sich in ein Landschaftsfoto oder ein farbiges Bild Ihrer Wahl. Stellen oder legen Sie es so, dass Sie es beim Halten der Mudra gut sehen können.
- Tragen Sie entsprechend farbige Kleidung, die Ihrer Stimmung und dem gewünschten Lebensthema entspricht. Tragen Sie zum Beispiel rote Kleidung im Winter, wenn Sie frösteln und es Ihnen an innerer und äußerer Wärme fehlt.

Mudras und Licht

Die Wirkung einer Mudra kann durch angenehmes Licht noch verstärkt werden. Meistens reicht es, wenn Sie die Beleuchtung dimmen, Salzkristalllampen entzünden oder die gewünschte Mudra bei Kerzenschein üben. Vor allem während der dunklen Jahreszeit hilft ein angenehmes Ambiente für das Auge, in sich Wärme und Geborgenheit zu spüren und sich tief zu entspannen. Im Frühling und Sommer sollten Sie hingegen auf die Strahlkraft des Sonnenlichts bauen. Wenn möglich, setzen Sie sich auf Ihren Balkon, auf Ihre Terrasse oder in Ihren Garten, um die Mudra zu halten, während der Sonnenschein Sie umschmeichelt. Aber auch im Park finden Sie sicher ein ungestörtes Plätzchen, um Ihre Mudra anzuwenden und Tageslicht zu tanken.

Besonders schön ist es, das Dämmerlicht für die Mudrameditation zu nutzen. Sonnenaufgang und -untergang eignen sich besonders für ergreifende, beflügelnde und befreiende Momente der Besinnung. Im prallen Licht der Mittagssonne sollten Sie im Sommer nicht meditieren. Die Hitze würde sich nur negativ auf Körper und Seele auswirken. Auch ist das Sonnenbrandrisiko nicht zu unterschätzen. Oder Kopfschmerzen könnten Sie plagen. Gegen ein Schattenplätzchen ist nichts einzuwenden.

Duftkerzen vereinen die Wirkungen von Licht und Duft auf angenehmste Weise. Suchen Sie sich auf → Seite 147 einen Duft aus, der mit der beabsichtigten Wirkung Ihrer Mudras harmoniert, und genießen Sie das neue Lichterlebnis.

Mudras und Düfte

Unsere frühesten Erinnerungen an Kindheit und Jugend sind sehr häufig mit ganz bestimmten Düften verbunden – Bohnerwachs im Treppenhaus, Lavendelwasser, ein ganz bestimmter Teeaufguss. Riechen wir diesen Duft später wieder, erscheinen sofort ganz bestimmte Bilder vor unseren Augen: ein Zeichen dafür, wie sehr Düfte mit unseren Gefühlen und Gedanken verknüpft sind.

Ein Wohlgeruch kann die ganze Welt verzaubern, ein schlimmer Geruch Abscheu und Ekel auslösen oder Kopfschmerzen und Übelkeit verursachen.

Wählen Sie deshalb immer nur reine ätherische Öle, die zu Ihrer derzeitigen Stimmung passen und Ihnen Wohlgefühl bringen. Bedenken Sie dabei, dass Sie den Duft nur für einige Sekunden bewusst wahrnehmen. Sobald Sie sich eine Weile in einem bedufteten Raum befinden, wird dieser Reiz nicht mehr ans Gehirn weitergeleitet. Sie nehmen den Duft dann nicht mehr wahr, denn Sie haben sich an den veränderten Geruch gewöhnt. Erst wenn Sie den Raum verlassen und wieder zurückkehren, wird das Dufterlebnis wieder weitergeleitet.

Die Grundstimmung aber bleibt und wirkt unbewusst. So können Sie mit verschiedenen Duftrichtungen entweder Stress abbauen, die Konzentration und Kreativität fördern, sich beruhigen oder anregen. Wählen Sie den passenden Duft zu Ihrer Stimmung oder zu Ihrem aktuellen Problem, und entzünden Sie einige Tropfen davon im Duftlämpchen.

Angenehme Düfte wie der einer frischen Rose können die wohltuende Wirkung von Mudras noch verstärken.

- **Himmlische Düfte, um Himmel und Erde zu vereinen:** Weihrauch, Iriswurzel
- **Erheiternde Düfte:** Zitrone, Mandarine, Orange, Vanille, Honig, Pampelmuse, Tagetes, Cassis, Limone, Muskatellersalbei, Minze
- **Beruhigende Düfte:** Lavendel, Melisse, Vanille, Honig, Tonkabohne, Kamille, Lorbeer
- **Feurige, heiße Düfte, die energetisieren:** Koriander, Pfeffer, Kardamom, Ingwer
- **Anregende und aktivierende Düfte:** Rosmarin, Zitrone, Orange, Eukalyptus, Kiefer
- **Düfte für die Kreativität und Konzentration:** Sanddorn, Orange, Mandarine, Zimt, Patchouli, Immortelle, Thymian, Zedernholz, Narde
- **Düfte für das Wohlbefinden:** Sandelholz, Vanille, Ylang-Ylang, Zimt, Jasmin, Myrrhe
- **Erotisierende und blumige Düfte:** Ylang-Ylang, Jasmin, Mimose, Narzisse, Hyazinthe
- **Erfrischende Düfte:** Kiefer, Tanne, Wacholder, Myrte, Majoran, Basilikum, Kreuzkümmel
- **Zarte und harmonisierende Düfte:** Rose, Zitronengeranie, Rosengeranie, Palmarosa

Suchen Sie nach Ihren ganz persönlichen Düften: Menschen reagieren sehr unterschiedlich, zum Beispiel auf den Geruch von blühendem Jasmin. Sie müssen ausprobieren, was zu Ihnen und Ihren Mudras passt. Achten Sie dabei vor allem bei Duftölen auf hochwertige Produkte, und lassen Sie sich im Fachhandel beraten.

Wie Sie Ihren Meditationsraum beduften:

- Mit einem ätherischen Öl im Duftlämpchen
- Mit einem Raumspray, das aus einer Komposition ätherischer Öle besteht (Benutzen Sie keine synthetischen Düfte!)
- Mit einem Duftpotpourri, verstärkt mit ätherischen Ölen
- Mit Räucherwerk und Räucherstäbchen

Mudras und Musik

Für mich persönlich gibt es nichts Schöneres als die Verbindung von Mudras und Musik. Klänge, Töne und Melodien wirken ganz tief in der Seele, schenken Wohlbefinden, wirken anregend und entspannend, heben die Stimmung, vertreiben trübe Gedanken und beruhigen die Nerven. Sie fördern die Kreativität und versetzen alle Körperzellen in Schwingung. Wird beim Hören von Musik oder einfach nur von Klängen oder Tönen eine Mudra gehalten, ist die Verbindung von körperlichen, geistigen und seelischen Aspekten so perfekt, dass tiefer Friede im Herzen einkehren kann. Alle Probleme lösen sich im Hören oder Singen buchstäblich auf.

In der Antike verstand man unter »Musik« eine Tätigkeit, die den Geist bildete. Erst im Lauf der späteren Jahrhunderte wurde die Verwendung des Begriffs für die »Kunst der Töne« üblich. Wir unterscheiden zwischen gesungener Musik (Vokalmusik) und von Instrumenten gespielter Musik (Instrumentalmusik).

Gesungene Töne

Wenn Sie es sich zutrauen, machen Sie Ihre Stimme zum Stimmungsträger und lassen während der Ausatmung einen langgezogenen Ton erklingen. Singen Sie auf »Ah« während der Ausatmung, schöpfen Sie dann wieder Atem und lassen den Ton erneut erklingen. Sie werden spüren, wie Ihr Atemraum tiefer und weiter wird und wie Sie die volle Kapazität Ihrer Lunge ausschöpfen können. Ihr Atemfluss wird ruhiger, je länger Sie auf »Ah« intonieren. Und mit jedem Atemzug werden Sie ruhiger und gelassener. Ihr Geist kommt zur Ruhe, Ihre Gedanken konzentrieren sich auf den Ton. Sie fühlen sich wohl, entspannt und befinden sich in einem tiefen, meditativen Bewusstseinszustand der inneren Einkehr und Achtsamkeit. Körper, Geist und Seele finden zueinander.

Klangschalen

In meinen Kursen arbeite ich mit Klangschalen. Während die Teilnehmer die Mudra halten und die Augen schließen, lasse ich die Klangschale erklingen. Dies geht natürlich zu Hause nur, wenn Sie eine liebe Person bitten, Ihre Klangschale zum Tönen zu bringen. Einfacher geht es mit einer gekauften Klangschalen-CD. Mit Gongs erreichen Sie übrigens denselben Effekt.

Gesungene Vokale

Eine ganz besondere Bedeutung haben gesungene Vokale. Es wird dabei jeweils eine andere Stelle im Körper mit Energie versorgt und zur Entfaltung gebracht.

- **A** weitet den Brustraum, versorgt den Oberkörper mit Energie, lässt Herzenskraft entstehen und ausstrahlen, aktiviert das Herzchakra, stärkt die Brustwirbelsäule, massiert und aktiviert die Lunge, strahlt bis zu den Armen.
- **E** versorgt den Kehlbereich und das Halschakra mit Energie, wirkt gegen Trägkeit und Müdigkeit und fördert die Kreativität, stärkt die Halswirbelsäule.
- **I** versorgt den ganzen Kopfbereich, schwingt in den Ohren, öffnet Stirn- und Nebenhöhlen.
- **O** versorgt den Bauchraum und das Becken mit Energie, massiert und aktiviert die Bauchorgane, stärkt die Lendenwirbelsäule und das Kreuzbein.
- **U** schwingt am Beckenboden, am Steißbein und bis zu den Beinen hinunter, verwöhnt die Füße.

Für viele Menschen gehört das Hören von klassischer Musik zum täglichen Entspannungsprogramm. Der Begriff »Orchester« kommt im Übrigen aus dem Griechischen, vom Wort »orchestra«. Damit wurde der Tanzplatz des Chores in einem Theaterstück bezeichnet.

Gesummte und gesprochene Vokale und/oder Konsonanten

- **M** symbolisiert die Lebendigkeit und bringt den ganzen Körper in Schwingung. Es wird gesummt.
- **T** aktiviert die Bauchmuskulatur und den Beckenboden.
- **Ta** stärkt das Selbstvertrauen und die Selbstliebe.
- **Te** fördert die Kreativität.
- **L** beruhigt, schenkt Zärtlichkeit und Einfühlungsvermögen.
- **La** ist strömende Liebe, fördert die Kommunikation.
- **Lu** hilft bei Blasenbeschwerden.

- **Klick** aktiviert und kräftigt die Muskulatur des Beckenbodens, hilft gegen Inkontinenz.
- **Ro** aktiviert den Afterschließmuskel bei verschiedenen Beckenbodenproblemen.
- **Sa** (stimmhaft gesprochen) stärkt die Knochen.
- **Ja** (französisch gesprochen wie bei Jacques) stärkt die Knochen.
- **Fa** hilft bei Stressabbau und bei Loslassprozessen.
- **F** hilft gegen Aggressionen und beim Stressabbau.
- **Fee** macht munter und heiter, hilft bei Depressionen und Trägheit.
- **Pa** lässt seelischen Druck loswerden.

Wie Sie Mudras mit Musik verbinden

Alle Menschen haben eine tiefe Beziehung zu Tönen und Rhythmen. Musik wirkt auf unser Innerstes. Sie bewegt, kann Gefühle auslösen und eine entspannende oder auch energiegeladene Atmosphäre schaffen. Deshalb wird sie seit langem bei den verschiedensten Therapien eingesetzt. Auch die Wirkung von Mudras lässt sich durch den Einsatz von Ton und Klang verstärken.

- Singen oder intonieren Sie einen Vokal, solange Sie die Mudra halten.
- Legen Sie Ihre Lieblingsmusik auf, und lauschen Sie beim Halten der Mudra der Melodie.
- Legen Sie meditative Musikstücke, gesungene Gebete, Gospels oder Mantras auf.
- Besorgen Sie sich eine CD mit Klangschalentönen oder Gongmusik und eine mit Naturgeräuschen.
- Lauschen Sie den Klängen der Natur im Original, auf Balkon oder Terrasse, im Garten oder im Park. Oder auf einer Bank im Wald, unter Bäumen sitzend, beim Picknick, am Strand oder während einer Wanderpause.
- Suchen Sie sich einen lieben Menschen, der in regelmäßigen Abständen eine Klangschale oder einen Gong anschlägt, um Sie bei Ihrer Mudra-Meditation zu unterstützen.
- Öffnen Sie, bevor Sie sich zur Meditation niederlassen, das Fenster, um die Geräusche der Stadt in Ihr Zimmer zu lassen. Auch das Rauschen des Verkehrs in den Straßen, der Wind in den Bäumen, die Stimmen der Kinder können Musik sein.

Mudras und Bewegung

Mudras und Bewegung sind eigentlich ein Widerspruch. Wer eine Mudra hält, benötigt innere und äußere Ruhe, um zur Besinnung zu kommen und meditierend die Wirkung der Mudra zur Entfaltung zu bringen.
Es gibt aber auch bewegte Mudras, die ihre Wirkung erst während der Bewegung entfalten. Die meditativen Gesten symbolisieren Herzensstärke, Selbstliebe, Selbstvertrauen, allumfassende Liebe, Dankbarkeit und Bitte.
Der Sinn der bewegten Mudras ist es, sich auf die Bewegungsfolge einzulassen, Frieden und Liebe zu verbreiten und das Wachstum der Seele zu mehr Tiefe zu bringen.

Bewegung und die meditative Ruhe der Mudras müssen kein Widerspruch sein. Manche Mudras wirken erst durch die Ausführung in der Bewegung. Sie behalten dabei allerdings eine sitzende Haltung bei. Dadurch unterscheidet sich die bewegte Mudra vom meditativen Tanz.

Mit Mudras in Bewegung kommen

Ich persönlich habe einige dieser bewegten Mudras als meditative Gesten des Dankes, der Fürbitte, des Lobes und Verbundenheit in Gottesdiensten eingesetzt. Im Gegensatz zum meditativen Tanz werden die Mudras hierbei im Sitzen ausgeführt und können von jedem ganz leicht angewandt werden. Die meisten der bewegten Mudras dienen also dazu, sich Gott zu nähern und über das Gottvertrauen auch wieder Selbstvertrauen zu schöpfen und Dankbarkeit zu empfinden

Die Mudra der himmlischen Energie

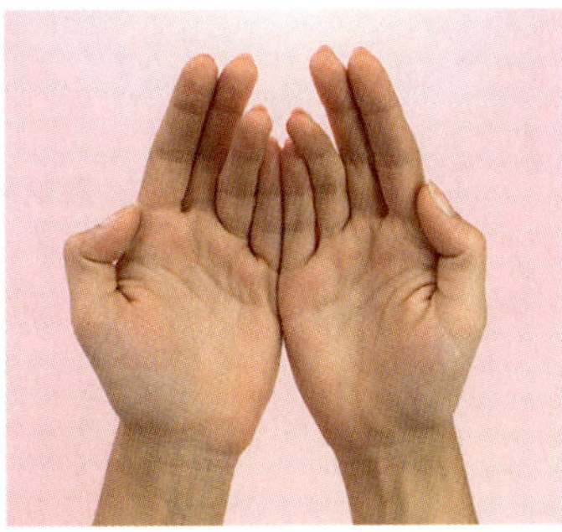

Legen Sie beide Handkanten zusammen, sodass sich auch die Kanten der kleinen Finger und die Spitzen der Ringfinger berühren. Die Daumen liegen über den unteren Gliedern der Zeigefinger. Halten Sie diese geformte Schale in Bauchhöhe. Atmen Sie nun ein, und führen Sie die Arme samt der Schale nach vorne und nach oben, bis die Arme ausgestreckt sind. Beim Ausatmen führen Sie die Arme im Bogen wieder auf Sie zu, als ob Sie etwas ausschütten wollten. Sie sammeln die himmlische Energie beim Einatmen und überschütten sich damit. Wiederholen Sie die bewegte Mudra mindestens zehn Mal. Atmen Sie langsam, und lassen Sie sich Zeit. Diese Mudra hilft Ihnen, wieder zu Kräften zu kommen, und lässt Sie die Gaben des Himmels dankbar annehmen.

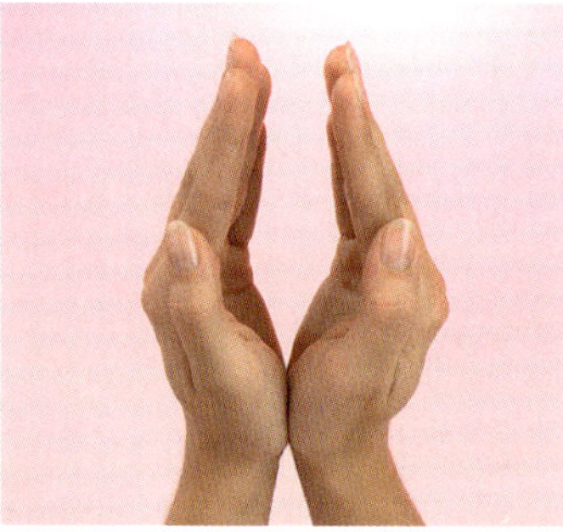

Die Mudra der erblühenden Knospe

Legen Sie beide Handflächen aneinander. Öffnen Sie beim Einatmen die Fingerspitzen so weit, dass nur noch die Handwurzeln zusammenliegen. Beim Ausatmen schließen Sie die Hände wieder. Atmen Sie langsam, und lassen Sie sich Zeit. Wiederholen Sie die bewegte Mudra mindestens zehn Mal. Sie soll Ihnen helfen, Offenheit, Nähe und Distanz zur richtigen Zeit einzusetzen und sowohl im Denken als auch im Handeln flexibel und elastisch zu werden.

Die Mudra der strömenden Liebe

Legen Sie beide Fingerrücken aneinander und dann auf Ihr Herzchakra, sodass die Kanten der kleinen Finger das Herzchakra berühren. Die Daumenspitzen berühren die Spitzen der Zeigefinger. Öffnen Sie beim Einatmen die Hände, und bewegen Sie die Arme nach vorn. Die Hände weisen jetzt nach außen. Beim Ausatmen führen Sie die Hände wieder zurück in die Ausgangsposition zum Herzchakra. Führen Sie diese bewegte Mudra immer dann aus, wenn Sie sich nach Liebe sehnen und erfüllt von Liebe sein wollen. Wechseln Sie den Atemrhythmus, wenn Sie Liebe aussenden wollen. Dann führen Sie beim Ausatmen die Hände weg von Ihnen und beim Einatmen wieder zur Ausgangsposition zurück. Je nach Atemmuster können Sie mit dieser Mudra Liebe empfangen oder aussenden. Wiederholen Sie die bewegte Mudra mindestens zehn Mal.

Die Mudra der Dankbarkeit

Legen Sie die Hände quer übereinander, sodass die Handfläche der linken Hand auf dem Handrücken der rechten Hand liegt. Die rechte Handfläche ist Ihnen zugewandt. Führen Sie nun beide Hände über den Kopf. Die rechte Handfläche zeigt auf Ihren Scheitel. Öffnen Sie nun beim Ausatmen die Arme, und führen Sie sie zu den Seiten. Dort spreizen Sie die Finger. Beim Einatmen schließen Sie die Finger wieder und führen die Hände zur Ausgangsposition über Ihrem Scheitel zurück. Wiederholen Sie die bewegte Mudra mindestens zehn Mal. Lächeln Sie! Strahlen Sie! Seien Sie dankbar für das Leben!

Die Mudra der Bitte

Legen Sie beide Hände auf das Herzchakra, sodass sich die Fingerspitzen der Mittelfinger berühren.
Atmen Sie ein, und klappen Sie die rechte Hand nach außen, sodass die Handfläche nach oben zeigt. Atmen Sie aus, und klappen Sie die linke Hand so nach außen, dass die Handfläche ebenso nach oben zeigt und sich die Hände an der Handkante berühren. Atmen Sie wieder ein, und klappen Sie die rechte Hand wieder in die Ausgangsposition zurück.
Beim nächsten Ausatmen dann die linke Hand in die Ausgangsposition zurückbringen. Zehn Mal wiederholen. Bitten Sie Gott um Hilfe, und nehmen Sie die Antwort an, wie auch immer sie ausfallen mag.

Danken, Bitten und Loben sind die klassischen Elemente des Gebets und ebenso der Meditation. Sie können diese drei Elemente auch in einer längeren Meditation miteinander verbinden und so der Einheit und dem Fluss von Dank, Bitte und Lob nachspüren. Lassen Sie sich von den hier beschriebenen Mudras anregen, wenn Sie ein wenig Übung haben.

Die Mudra des Lobes

Diese Mudra können Sie sehr gut im Stehen anwenden. Sie bringen dadurch Ihren ganzen Körper in Schwung. Natürlich ist sie auch im Sitzen anwendbar. Dann fällt der Schwung ein wenig kleiner aus. Legen Sie beide Handflächen zusammen, und legen Sie die zusammengeführten Handflächen schräg, sodass die Fingerspitzen nach rechts oben zeigen. Den Oberkörper kippen Sie entsprechend zur rechten Seite. Atmen Sie nun kräftig ein, und führen Sie die linke Hand im Bogen nach oben und beim Ausatmen wieder zurück zur anderen Hand. Dann kippen Sie den Oberkörper nach links, atmen wieder ein und führen die rechte Hand im Bogen nach oben. Beim Ausatmen führen Sie die Hand wieder zurück. Dann den Oberkörper wieder nach rechts kippen. Wiederholen Sie die Bewegungsfolge mindestens zehn Mal. Sie drückt Lob und Lebensfreude aus.

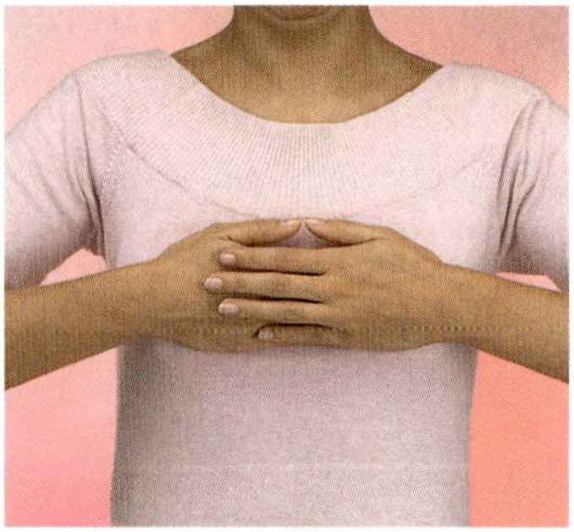

Die Mudra der Herzensfreude

Legen Sie die Hände so zusammen, dass die Handfläche der linken Hand den Handrücken der rechten Hand berührt, und legen Sie die Daumenspitzen zusammen. Legen Sie die Hände auf Ihr Herzchakra. Dann atmen Sie kräftig ein und führen die Arme im Bogen von Ihnen weg und beim Ausatmen wieder auf Sie zu. Beschreiben Sie einen Kreis mit den Armen. Die Hände bleiben zusammen. Nehmen Sie dabei den gesamten Oberkörper mit und beschreiben parallel mit der Wirbelsäule den Kreis, den Sie auch mit den Armen ausführen. Wiederholen Sie die bewegte Mudra mindestens zehn Mal.

Sie sollen Ihre Herzensfreude entdecken und sich erfüllt fühlen von Freude und Fröhlichkeit.

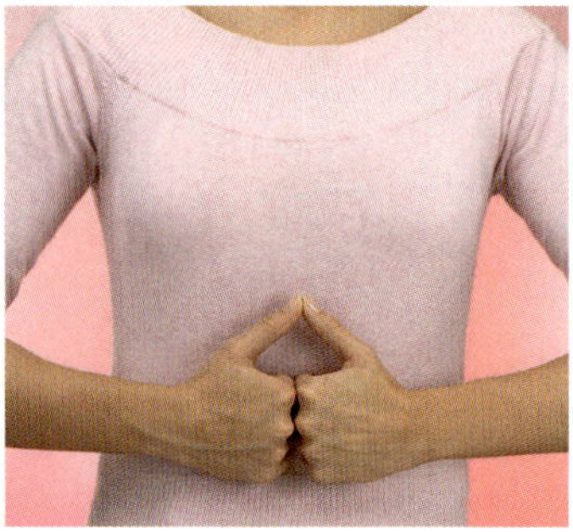

Die Mudra des Selbstvertrauens

Bilden Sie zwei Fäuste, und strecken Sie die Daumen nach oben. Legen Sie die Fäuste auf den Solarplexus, und kippen Sie die Fäuste so, dass sich die Daumenspitzen berühren können. Kreisen Sie nun mit beiden Fäusten im Uhrzeigersinn um den Nabel. Atmen Sie bei drei Umdrehungen ein und dann bei den nächsten drei Umdrehungen wieder aus. Führen Sie die bewegte Mudra mindestens zwei Minuten lang aus. Sie verhilft Ihnen zu mehr Sicherheit, Stärke und Selbstvertrauen, gerade wenn Sie für schwierige Phasen im Leben vorbereitet und gerüstet sein wollen oder müssen.

Die Mudra der Erfüllung

Diese Mudra bitte im Stehen ausführen. Bringen Sie die Daumenspitzen mit den Zeigefingerspitzen zusammen. Die anderen Finger sind leicht gekrümmt. Strecken Sie beide Arme nach oben, und beginnen Sie, sich zu wiegen, den ganzen Körper in Bewegung zu bringen und mit den Armen verschiedene Kreise in alle Richtungen auszuführen.

Sie sind wie ein Blatt im Wind, leicht und frei. Und die Erfüllung Ihres Lebens ist immer und überall möglich. Es erwartet Sie und ist für Sie bereit. Schaukeln und schwingen Sie mindestens eine Minute lang.

Die Mudra der Vollkommenheit

Legen Sie die rechte Hand über die linke Brust. Atmen Sie ein, und führen Sie die Hand im geöffneten Bogen mit der Handfläche nach oben auf die rechte Körperseite. Die Hand bleibt dort mit der Handfläche nach oben. Beim Ausatmen legen Sie die linke Hand über die rechte Brust.

Beim Einatmen führen Sie die linke Hand auf die linke Körperseite wie zuvor schon die rechte Hand.

Halten Sie die Hände mit den Handflächen nach oben, und atmen Sie ein paar Mal ein und aus. Dann lösen Sie die Spannung und beginnen von vorn. Wiederholen Sie die Sequenz mindestens zehn Mal.

Sie hilft Ihnen, das Leben in seiner Gesamtheit und Vollkommenheit wertzuschätzen.

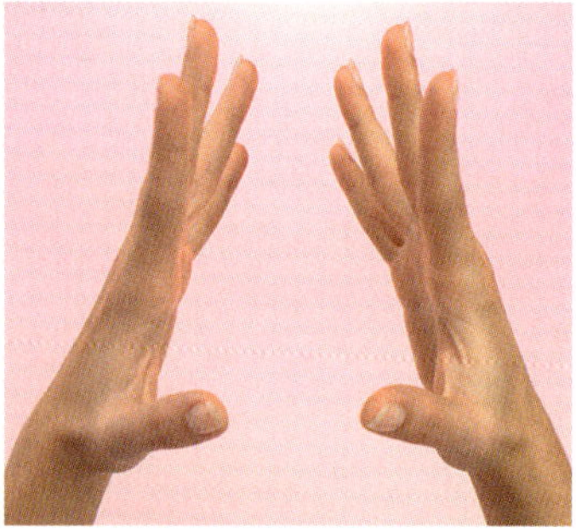

Die Mudra, um die Selbstheilungskräfte zu aktivieren

Legen Sie alle Fingerspitzen beider Hände zusammen, und spreizen Sie die Finger. Entfernen Sie nun die Fingerspitzen voneinander, und führen Sie sie wieder aufeinander zu. Dies bitte in ganz schnellem Wechsel und rhythmisch. Steigern Sie das Tempo, und verlangsamen Sie es, und wenden Sie die Mudra mindestens zwei Minuten lang an. Sie können auf diese Weise nicht nur Ihre Selbstheilungskräfte aktivieren, sondern den ganzen Körper förmlich auf Trab bringen und Kraft erzeugen, wenn Sie sie plötzlich nötig haben.

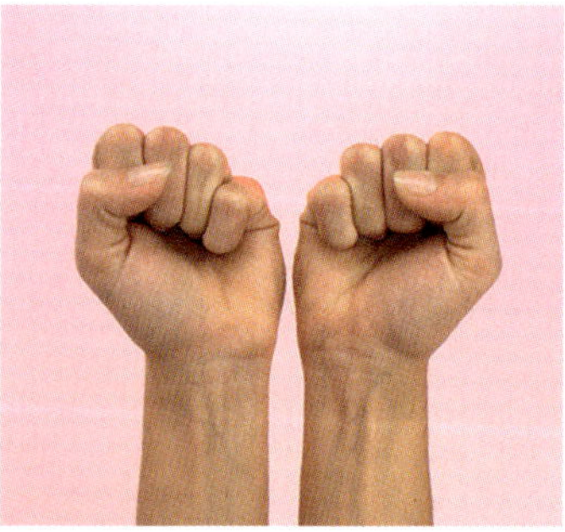

Die Mudra der Lebendigkeit

Bilden Sie zwei Fäuste. Beim Ausatmen drücken Sie die Faust fest zusammen, beim Einatmen öffnen Sie die Hände und spreizen die Finger. Führen Sie nun langsam die Arme zu den Seiten, und öffnen und schließen Sie die Hände im Atemrhythmus, bis die Arme gestreckt sind. Dann führen Sie die Arme ebenso nach oben über den Kopf. Die Fäusten gehen dabei immer weiter im Atemrhythmus auf und zu. Die Arme werden bis über den Kopf geführt, wo sich die Hände treffen und dann verschränkt werden wie zum Gebet. Legen Sie die Hände dann auf den Kopf, und öffnen Sie die Handflächen, sodass sie auf dem Scheitel liegen können. Die Finger bleiben aber verschränkt. Atmen Sie eine Minute lang gleichmäßig ein und aus. Dann lösen Sie die Mudra und beginnen die gesamte Sequenz von vorn. Führen Sie die gesamte Mudra drei Mal hintereinander aus. Diese Mudra regt den Kreislauf an und erzeugt Wärme und Energie. Es kann sein, dass Sie beim Ausführen der Mudra ins Schwitzen kommen und Ihnen sehr warm wird. Trinken Sie anschließend unbedingt warmes Wasser oder Tee.

Mudras mit Handschmeichlern, Früchten und Steinen

Eine sehr schöne Erfahrung machte ich, als ich Kieselsteine, Früchte der Natur und runde Holzstücke in die Hände nahm und um Sie herum eine Mudra formte. Die Kombination aus der Fingerhaltung und der feinen Beschaffenheit von runden Trommelsteinen, fein poliertem Holz oder einer Haselnuss eröffnete mir ein ganz neues Spektrum der Meditation.

Da ich jeden Tag in den Wiesen und Wäldern unterwegs bin, hatte ich genügend Gelegenheit, die besonderen Gaben der Natur zu sammeln. Vor allem im Herbst entdeckte ich das überreiche Angebot des Waldes an Früchten, Blättern und Hölzern. Glatte Kastanien, griffige Eicheln, formschöne Nüsse, leuchtende Hagebutten, schwarze Holunderbeeren, samtige Rosenblätter aus dem Garten und selbst geerntete Weintrauben boten mir die Fülle der Schöpfung und ließen mich neue Mudras aus Dank und Lebensfreude erfinden.

Einen besonderen Reiz gewinnen Mudras mit Handschmeichlern aus verschiedenen Materialien durch die unterschiedlichen Oberflächen. Unsere Sinne werden durch das Befühlen und Betasten auf eine ganz besondere Weise angeregt und geschärft.

Ein weiterer Einsatz der Mudras zeigte sich alsbald mit fein geschliffenen Edelsteinen. Flache Trommelsteine, aber auch wunderschön runde Steinkugeln machten die Mudrameditation zu einem besonderen Ereignis.

Für die Hände ist es jedes Mal ein besonderes Erlebnis, die Beschaffenheit eines Gegenstands zu spüren und mit geschlossenen Augen zu ertasten. Die folgenden Mudrameditationen sind nach den verschiedenen Materialien aufgelistet.

Vor allem Kinder haben viel Freude an dieser Art der Mudrameditation. Sie kann zu Hause, im Kindergarten und auch in der Grundschule zum Einsatz kommen. Zunächst erfolgt das Sammeln der Geschenke der Natur im Wald oder auf den Wiesen. Zu Hause dann werden die besonderen Findlinge zum Einsatz gebracht. Wenn Sie Kinder haben oder mit Kindern arbeiten, dann lassen Sie sich von den folgenden Mudras inspirieren.

Mudras mit Kastanien, Eicheln, Nüssen und Früchten

Im Herbst werden Sie im Wald oder Park leicht fündig, was diese Materialien angeht. Vielleicht gibt auch Ihr Garten etwas dazu her.

Die Schaukelmudra

Legen Sie einige Kastanien, Eicheln, Nüsse oder Früchte in beide Hände. Formen Sie eine Schale, sodass nichts herausfallen kann. Nun kippen Sie die Hände ein wenig, von rechts nach links und wieder zurück, vor und zurück und im Kreis herum. Beobachten Sie, wie die Gaben der Natur in Ihren Händen herumrollen. Schließen Sie nun die Augen, und bewegen Sie die Hände weiter. Wie fühlt sich das Herumrollen in Ihren Handflächen an?

Die Schüttelmudra

Legen Sie wieder einige wenige Gaben der Natur in eine Hand. Legen Sie die andere Hand darüber, und verschließen Sie alle Löcher, aus denen etwas herausfallen könnte. Halten Sie die Mudra wenigstens eine Minute lang. Dann beginnen Sie, beide Hände zu schütteln. Die Gaben der Natur bewegen sich auf und ab zwischen Ihren Händen. Schütteln Sie einmal ganz sachte, einmal ganz wild und kräftig. Schließen Sie dann die Augen, und spüren Sie dem Schütteln nach.

Die Kronenmudra

Nehmen Sie eine einzige Kastanie, eine Eichel, eine Nuss oder ganz vorsichtig eine Frucht. Legen Sie alle Fingerspitzen einer Hand zusammen, und legen Sie mit der anderen Hand die Frucht auf die Fingerspitzen. Versuchen Sie, die Frucht zu balancieren. Sie liegt nur obenauf. Nach einer Weile drücken Sie die Frucht ein wenig tiefer, sodass sie jetzt fest sitzt. Versuchen Sie, den Arm so zu schwingen und zu bewegen, dass die Frucht nicht herunterfällt. Danach üben Sie mit der anderen Hand.

Die Rollmudra

Legen Sie wieder eine Kastanie, eine Eichel, eine Nuss oder eine Frucht auf die Handfläche. Legen Sie die andere Hand darüber, ohne dass die Gaben zerdrückt werden. Rollen Sie mit der oberen Hand vorsichtig über die Gaben, immer vor und zurück.

Die Meditationsmudra

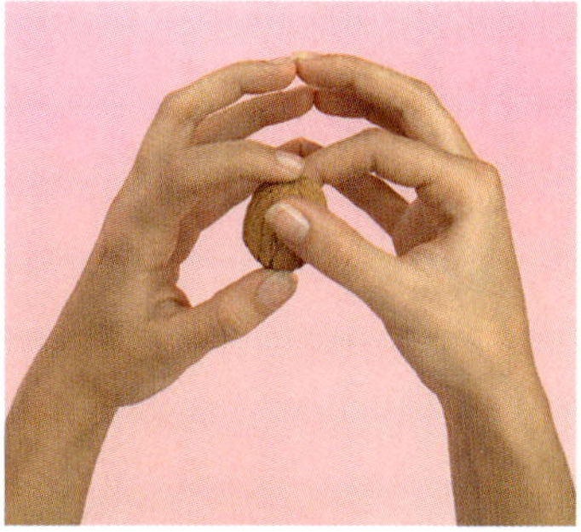

Nehmen Sie eine Kastanie, eine Eichel, eine Nuss oder eine Frucht mit den Spitzen von Daumen und Zeigefinger auf, und halten Sie sie fest. Die Finger der einen Hand liegen ober- und unterhalb, die der anderen Hand rechts und links des Gegenstands. Sobald Sie den Gegenstand fest umgriffen haben, legen Sie zusätzlich die Spitzen von Mittelfinger, Ringfinger und kleinem Finger zusammen. Spüren Sie die Beschaffenheit des Gegenstands zwischen Ihren Fingerspitzen

Die Scherenmudra

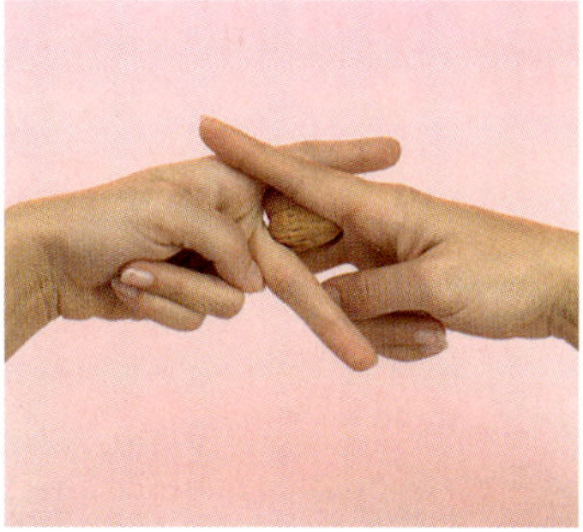

Legen Sie eine Kastanie, eine Eichel, eine Nuss oder eine Frucht in den Fingerzwischenraum zwischen Zeigefinger und Mittelfinger der linken Hand, und klemmen Sie den Gegenstand sanft fest. Die anderen Finger der linken Hand führen Sie zur Handmitte. Dann strecken Sie an der rechten Hand Zeige- und Mittelfinger aus und klappen die anderen Finger zur Handmitte. Bringen Sie nun die geöffnete »Schere« der rechten Hand zur linken Hand, und berühren Sie mit dem leeren Fingerzwischenraum der rechten Hand den Gegenstand der linken Hand. Schließen Sie kurz die Augen und spüren der Berührung nach. Dann versuchen Sie, den Gegenstand von einer zur anderen Hand zu übergeben. Führen Sie dieses Spiel mit allen Fingerzwischenräumen aus. Die Scherenmudra schult die Geschicklichkeit, aktiviert die Handreflexzonen in den Fingerzwischenräumen und ist eine hervorragende Schulung des Gehirns. Die Integration von rechter und linker Gehirnhälfte wird unterstützt. Setzen Sie diese Mudra bei Kindern mit Lernschwierigkeiten ein.

Die Balanciermudra

Diese Mudra wird mit einem größeren runden Gegenstand ausgeführt, etwa mit einem Apfel, einer Orange oder einem Tennisball. Legen Sie den Gegenstand auf die flache Hand, und bewegen Sie nun den Arm so, dass der Gegenstand nicht herunterfällt. Probieren Sie die Mudra zunächst im Sitzen, dann im Stehen, und schließlich versuchen Sie, den ganzen Körper dabei in Bewegung zu bringen. Wenn Ihnen dies gelingt, können Sie die Übung steigern und mit beiden Händen üben. Zunächst versuchen Sie, die Arme synchron zu bewegen, und dann probieren Sie aus, ob Sie unterschiedliche Bewegungen der Arme miteinander koordinieren können. Diese Mudra schult die Koordination und wirkt genauso wie die Scherenmudra.

Die Körbchenmudra

Legen Sie eine Kastanie, eine Eichel, eine Nuss oder Frucht in die linke Hand. Verschränken Sie die Finger, und öffnen Sie dann die Handflächen, sodass der Gegenstand auf den verschränkten Fingern liegt. Bilden Sie mit den Händen ein Körbchen, und schaukeln Sie das Körbchen ein wenig von rechts nach links. Versuchen Sie nun, den Gegenstand nach oben zu befördern, indem Sie das Körbchen ruckartig anheben. Der Gegenstand hüpft leicht nach oben, darf aber nicht herausfallen. Diese Mudra schult Ihre Geschicklichkeit.

Die Fingerspitzenmudra (Einzelübung)

Bringen Sie an der linken Hand die Spitzen von Daumen und kleinem Finger zusammen und strecken Sie die übrigen Finger aus. Legen Sie eine Eichel, eine Nuss, eine Kastanie oder eine Frucht auf die ausgestreckten Fingerspitzen. Sobald die Frucht gut liegt, formen Sie mit der rechten Hand dieselbe Mudra ohne Gegenstand. Bringen Sie nun die Fingerspitzen der rechten Hand zum Gegenstand, und berühren Sie den Gegenstand von oben diagonal oder im rechten Winkel. Halten Sie ganz ruhig, schließen Sie die Augen und spüren in die Berührung der Fingerspitzen hinein. Versuchen Sie nun, den Gegenstand mit den Fingerspitzen ganz leicht zu bewegen und mit ihm zu kreisen, ohne dass er herunterfällt. Seien Sie ganz zart und sanft dabei. Diese Mudra schult den Tastsinn und die Feinmotorik.

Mudras mit Blättern

Blätter können Sie fast das ganze Jahr über sammeln; das bunte Herbstlaub ist natürlich auch noch eine zusätzliche Freude für die Augen.

Die Spürmudra

Diese Mudra ist nur zum Fühlen da. Legen Sie ein Blütenblatt oder das Blatt eines Baumes oder eines Strauches auf die Handfläche der linken Hand. Schließen Sie die Augen, und spüren Sie die zarte Berührung auf der Handfläche. Bringen Sie dann nacheinander die Fingerspitzen der rechten Hand zu dem Blatt. Berühren Sie mit der Daumenspitze das Blatt auf der Handinnenfläche Ihrer linken Hand. Dann mit dem Zeigefinger usw. Verweilen Sie jeweils mit der Fingerspitze auf dem Blatt, und spüren Sie, was jeder einzelne Finger Ihnen an Gefühl übermittelt. Dann wechseln Sie die Hände. Versuchen Sie, den Unterschied zu spüren.

Mit welcher Hand spüren Sie intensiver? Oder spüren Sie immer gleich? Welcher Finger ist der empfindsamste?

Die Mudra zur Achtung der Natur

Klemmen Sie ein Blatt Ihrer Wahl zwischen die Fingerspitzen von Daumen und kleinen Fingern. Alle vier Finger halten das Blatt fest. Bringen Sie die Handwurzeln zusammen, und strecken Sie die anderen Finger gerade nach oben. Schließen Sie die Augen, und spüren Sie, wie Sie ein Teil der Natur sind und wie es in Ihren Händen liegt, die Natur zu achten und für sie zu sorgen.

Die Herbstblättermudra

Diese Mudra können Sie natürlich nur ausführen, wenn es genügend Herbstblätter gibt, die am Boden liegen, trocken werden und sich zu kräuseln beginnen. Nehmen Sie eine Hand voll Herbstblätter in beide Hände, und formen Sie einen Blätterball mit den Händen. Kreisen Sie mit dem Blätterball. Je länger Sie kreisen, desto mehr werden die Blätter zerfallen und sich pulverisieren, bis nur noch die Stiele übrig bleiben. Wenn die Blätter schon sehr welk sind, werden sich auch die Stiele auflösen. Spüren Sie in Ihre Handflächen hinein. Wie fühlt es sich an, wenn sich die Blätter auflösen? Werfen Sie anschließend das Blätterpulver nach oben, und sehen Sie ihm zu, wie es zu Boden rieselt. Diese Mudra macht Ihnen die Behutsamkeit und Einmaligkeit des Lebens bewusst. Der Kreis des Lebens schließt sich, das Werden und Vergehen ist allgegenwärtig.

Die Gewürzemudra

Haben Sie schon einmal Lavendelblüten in Ihren Händen gehalten, sie leicht gerieben und dann an Ihren Fingern geschnuppert? Mit der Gewürzemudra lernen Sie nicht nur verschiedene Kräuter kennen und spüren ihre Beschaffenheit, sondern verbinden das Erleben des Tastsinns mit dem sinnlichen Genuss eines wohltuenden Duftes. Halten Sie die Kräuter und Gewürze in der Handfläche, schließen Sie die Augen, und spüren Sie die Beschaffenheit des Krauts. Reiben Sie dann vorsichtig mit den Fingerspitzen, und nehmen Sie den Duft wahr. Diese Mudra sollten Sie nur mit einer Pflanze ausführen. Mehrere Pflanzen, hintereinander eingesetzt, verfälschen das Dufterlebnis. Wenn Sie mehrere Kinder haben, können Sie ein Geruchserkennungsspiel daraus machen und jedem Kind eine andere Pflanze zum Fühlen und Riechen geben.

Mudras mit Steinen

Wenn Sie mit Kieselsteinen meditieren, schauen Sie sich jeden Stein ganz genau an und betrachten ihn. Glitzert er? Hat er Ecken und Kanten? Ist er aus einem Stück oder sind an ihm andere Steineinschlüsse zu finden? Gibt es Maserungen und Musterungen? Finden Sie ihn schön? Danach erst legen Sie ihn in die Handflächen und spüren seine Beschaffenheit. Steine, die sich schnell in Ihren Händen erwärmen, sind ganz besondere Steine, die gut mit Ihnen harmonieren. Ein Stein, der kalt bleibt, hat Ihnen im Grunde »nichts zu sagen«.

Ganz besonders interessant ist die Mudrameditation mit Edelsteinen. Die Symbolik und Aussagekraft der Edelsteine wird die Mudrameditation begleiten und Ihnen ein besonderes Meditationserlebnis schenken.

Teure Edelsteine müssen Sie sich aber extra für die Steinmeditation nicht zulegen. Ein ganz beliebter und recht günstiger Stein ist der Rosenquarz. Er wird auch gerne der Stein der Liebe, der Romantik und Zärtlichkeit genannt. Schon seine wunderschöne rosa Farbe verwöhnt die Sinne. Oder Sie schauen einmal in Ihr Schmuckkästchen! Vielleicht finden Sie dort die eine oder andere Kette, die Ihnen ein ganz neues Fühlerlebnis beschert.

Die Steine für Ihre Mudras können selbst gesammelt sein – bei einem Spaziergang, in einem Urlaub zum Beispiel. Sammeln Sie ganz unterschiedliche Exemplare: Glatte, ovale oder runde, scharfzackige oder spitze, Steine mit interessanten Maserungen oder Einschlüssen. Nehmen Sie Steine, die Sie auf den ersten Blick besonders ansprechen, und binden Sie sie in Ihre Mudrameditationen einfach mit ein.

Seit jeher waren die Menschen von der Schönheit edler Steine und der funkelnden Ausstrahlung von Mineralien und Kristallen fasziniert – und diese Faszination hat bis heute nichts von ihrer Kraft verloren. Immer noch sind Edelsteine, Perlen und Korallen als Schmuckstücke gesucht und werden heutzutage auch in ihrer natürlichen Rohsteinform als Raumschmuck genutzt.

Folgende Edelsteine eigenen sich besonders gut zur Mudrameditation

- Der **Achat** symbolisiert Schutz und Geborgenheit.
- Der **Amazonit** symbolisiert Entspannung und Ruhe.
- Der **Amethyst** symbolisiert Entkrampfung, Beruhigung, Kühlung, inneren Frieden.
- Der **Alabaster** (orange) symbolisiert Stabilität, Entzündungshemmung und Lösung von Muskelverhärtungen.
- Der **Aventurin** symbolisiert Lösung von Blockaden, von Gereiztheit und Nervosität, Stimmungsaufhellung.
- Der **Aquamarin** symbolisiert offene Sichtweisen und bewusstes Sehen, zielgerichtetes Handeln.
- Der **Bergkristall** symbolisiert Klarheit und Bewusstheit.
- Der **Calcit** (orange) symbolisiert Stärke, Heiterkeit, Kraft und Selbstannahme.
- Der **Chalcedon** symbolisiert fließende Kraft und Kommunikation.
- Der **Chrysokoll** symbolisiert körperlich, seelisch und geistig Ausgleich und Harmonie.
- Der **Fluorit** symbolisiert Energie und geistige Beweglichkeit.
- Der **Hämatit** symbolisiert Tatkraft, Vitalität und Erwärmung.
- Der **Jaspis** symbolisiert Belebung, Energie und Aktivierung.
- Der **Labradorit** symbolisiert Kühle und Entschlackung.
- Der **Lapislaszuli** symbolisiert Offenheit, Erhabenheit und Ruhe.
- Der **Magnesit** symbolisiert Entgiftung und Entkrampfung.
- Der **Malachit** symbolisiert die Lösung von Blockaden und Schmerzlinderung.

- Der **Obsidian** symbolisiert Schmerzlinderung, neue Energie, Belebung.
- Der **Rhodonit** symbolisiert Motivation, Neuanfang und Aktivität.
- Der **Rosenquarz** symbolisiert Herzenskraft, Freude, Harmonie, Empfindsamkeit und Einfühlungsvermögen.

Die Mudrameditation mit Steinen

- Versuchen Sie, alle Mudras, die Sie mit den Gaben der Natur ausführen können, auch mit Steinen anzuwenden.
- Spüren Sie, wie unterschiedlich Steine sein können und wie ihre Größe, ihre Form und ihre Beschaffenheit sehr viele Möglichkeiten der Berührung zulassen.
- Legen Sie große Steine auf die Handfläche, und schließen Sie die andere Handfläche darüber. Warten Sie, bis der Stein warm geworden ist. Schließen Sie die Augen. Erst dann beginnen Sie, ihn mit den Fingerspitzen zu berühren.
- Da Edelsteine eine Symbolik besitzen, nutzen Sie die Gelegenheit, um über die spezielle Symbolik des Steins während der Meditation nachzudenken.
- Versuchen Sie, auch mit ungewöhnlichen Steinen zu meditieren und eine Mudra zu formen. Vor allem Rohsteine schenken Ihnen ganz neue Möglichkeiten der Wahrnehmung.
- Trauen Sie sich auch an Steine heran, die zackig sind, und fühlen Sie zum Beispiel die Zacken von Bergkristall oder Amethyst.
- Kugelrunde Edelsteine lassen Sie neben der Mudrameditation in den Handflächen kreisen. Sie stimulieren die Handreflexzonen und massieren die Hände.
- Meine Favoriten sind der orangefarbene Alabaster und Calcit. Beide Steine schenken schon allein durch ihren Anblick Lebensfreude und Wärme.

Neben den auf dieser Seite aufgeführten Edelsteinen gibt es noch andere, denen spezielle Wirkungen zugeschrieben werden. Wenn Sie sich für das Thema interessieren, gibt es auf dem Markt eine ganze Reihe von Büchern über Heilsteine, in denen Sie sich genau informieren können.

Den Alltag mit Mudras gestalten

Viele Mudras werden im Alltag automatisch gehalten, ohne dass es den ausführenden Menschen bewusst ist. Wenn Sie in Bus und Bahn sitzen, Menschen bei der Arbeit beobachten oder einmal im Fernsehen unseren Politikern zusehen, werden Sie feststellen, dass Mudras im Alltag einen festen Platz einnehmen. Einige Mudras können Sie so einbauen, dass sie Ihnen liebevolle Begleiter im Alltag sind, die Sie nicht mehr missen möchten und die wie das Zähneputzen zur Gewohnheit werden.

Mit Mudras durch den ganzen Tag

In meinen Kursen höre ich immer wieder, dass das Üben und Halten einer Mudra zu viel Zeit kostet und deshalb im Alltagsleben keinen Platz findet. »Die Zeit zum Üben habe ich einfach nicht.« Diesen Satz höre ich immer wieder. Da ich selbst einen umfangreichen Haushalt führe, Kinder habe, Unterricht gebe, Bücher schreibe und Patienten betreue, weiß ich, wie kostbar freie Zeit sein kann.

Das Gute beim Üben der Mudras ist, dass sie ziemlich schnell ihre Wirkung entfalten können und so auch in einem stressbeladenen Alltag ihren Platz finden können. Drei Minuten am Morgen, drei Minuten am Mittag und drei Minuten am Abend – diese Zeit kann sich jeder nehmen, wenn er will. Viele Mudras können direkt ins Alltagsgeschehen eingebaut werden und somit als »Lückenfüller« dienen, um Wartezeiten zu überbrücken und Minuten des Leerlaufs sinnvoll auszufüllen. So können Sie aus jeder Mudra eine Minimeditation machen und zwischendurch Kraft tanken und Energie schöpfen.

Die folgenden Beispiele und Vorschläge begleiten Sie durch den Tag und bringen Sie auch an temporeichen und arbeitsamen Tagen zur Ruhe und inneren Einkehr.

Mitten im größten Alltagsgetriebe entsteht manchmal unerwartet Leerlauf – in der Bahn, im Bus, im Stau, im Wartezimmer von Arzt oder Behörde oder einfach auf dem Weg von A nach B. Mit Mudras haben Sie die Möglichkeit, diese Zeit für sich zu nutzen, sich etwas Gutes zu tun und aus einem Ärgernis eine Freude zu machen.

Mudras für einen guten Morgen

Beginnen Sie den Tag immer mit einem Lächeln auf den Lippen, auch wenn der Wecker klingelt, Sie unendlich müde sind, ein harter Tag auf Sie wartet und Sie noch nicht wissen, ob es regnet und welche Katastrophen heute auf Sie warten.

Erwarten Sie das Beste. Erwarten Sie Wunder. Erwarten Sie einen erfolgreichen, schönen, anregenden, interessanten Tag. Ihr erster Gedanke am Morgen entscheidet mit darüber, wie Ihr Tag beginnen und verlaufen wird. Während Sie also noch im Bett liegen, erwarten Sie das Beste – und lächeln Sie!

Die Mudra für den Kreislauf

Diese Mudra wird am besten im Stehen durchgeführt. Öffnen und schließen Sie die Hände. Ballen Sie sie zur Faust, und öffnen Sie sie im schnellen Wechsel. Gleichzeitig wippen Sie mit den Füßen und klappen die Fußspitzen vor und zurück.
Diese energiereiche Mudra regt den Kreislauf an und macht munter.

Die Mudra der Zuversicht

Umarmen Sie sich. Legen Sie beide Hände auf die Schultern, und strecken Sie die Daumen nach oben. Lächeln Sie, und spüren Sie, dass Sie ein wertvoller Mensch sind, der Liebe verdient und sich selbst lieben kann.

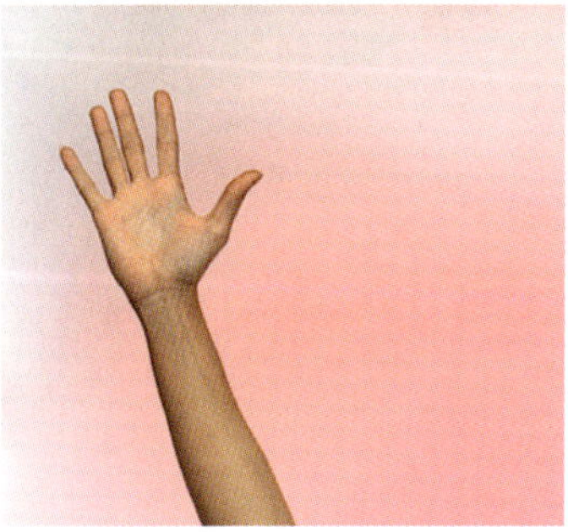

Die Mudra, um das Beste in Empfang zu nehmen

Sind Sie gut gerüstet für das Beste des Tages? Während Sie noch im Bett liegen, strecken Sie die Arme aus der Bettdecke hervor, und öffnen Sie sie zu den Seiten nach oben, sodass sie wie ein großer Trichter aussehen. Spreizen Sie alle Finger, und stellen Sie sich vor, wie Sie das Beste des Tages beim Einatmen in sich hineinziehen. Lächeln Sie dabei, und spüren Sie die Freude, die bei dieser aufregenden Erwartung einsetzt. Erwarten Sie pures Glück und viele glückliche, überraschende Momente! Erst dann stehen Sie auf.

Auf der Toilette und im Bad

Während Sie auf der Toilette sitzen, können Sie ebenso eine Mudra ausführen, die Ihre Gedanken sammelt und die Müdigkeit vertreibt. Während Sie Ihre Zähne putzen, können Sie eine Mudra mit der freien Hand halten, um Ihr Selbstbild zu verbessern und sich von Anfang an schön zu finden.

Die Toilettenmudra

Während Sie auf der Toilette sitzen, legen Sie alle Fingerspitzen zusammen. Die Finger liegen eng aneinander. Die Daumen werden weggespreizt, berühren sich aber. Die übrigen Finger zeigen wie eine Spitze nach vorne.
Halten Sie die Mudra so lange, wie Sie auf der Toilette sitzen.

Die Mudra für die sinnliche Schönheit

Legen Sie die Daumenspitze auf die Spitzen von Mittel- und Ringfinger. Zeigefinger und kleinen Finger strecken Sie aus.

Am Frühstückstisch

Nutzen Sie die Zeit des Frühstücks für die eine oder andere Mudra zum Wachwerden, zum Besinnen und für einen guten Start in den Tag.

Die Tassenmudra zur Besinnung

Umschließen Sie mit beiden Händen Ihre Tasse. Verschränken Sie die Finger hinter der Tasse, und bringen Sie vor der Tasse beide Daumenspitzen zusammen.

Die Mudra für zielgerichtetes Handeln und Energie am Morgen

Bringen Sie an einer Hand die Daumenspitze mit den Spitzen von Ringfinger und kleinem Finger zusammen, und strecken Sie Zeige- und Mittelfinger aus. Zeige- und Mittelfinger liegen dabei eng beieinander.

Die Daumenmudra zum Stärken des Selbstwertgefühls

Machen Sie mit einer Hand eine Faust, legen Sie die Faust auf den Tisch und strecken den Daumen nach oben.

Die Mudra der freudigen Erwartung

Legen Sie eine Hand mit dem Handrücken auf den Tisch, und klappen Sie den Daumen nach innen zur Handkante.

Im Laufe des Vormittags

Ob Sie berufstätig sind, körperlich oder geistig arbeiten müssen oder einen Haushalt führen und Kinder erziehen: Viel Zeit für eine Mudra bleibt Ihnen vermutlich nicht. Die folgenden Mudras gehen schnell und leicht und schenken Ihnen geistige Frische und eine entspannte Rücken- und Nackenmuskulatur.

Die Mudra für geistige Frische

Strecken Sie an einer oder auch an beiden Händen die Zeigefinger gerade nach oben. Den Mittelfinger, den Ringfinger und den kleinen Finger klappen Sie zur Handinnenfläche. Den Daumen legen Sie über die heruntergeklappten Finger.
Diese Mudra regt Ihr Gehirn an und sorgt für neue Gedanken.

Die Mudra für Wohlbefinden

Legen Sie beide Hände quer über das Herzchakra, und atmen Sie kräftig ein und aus. Sie werden spüren, wie schnell Sie sich gut fühlen.

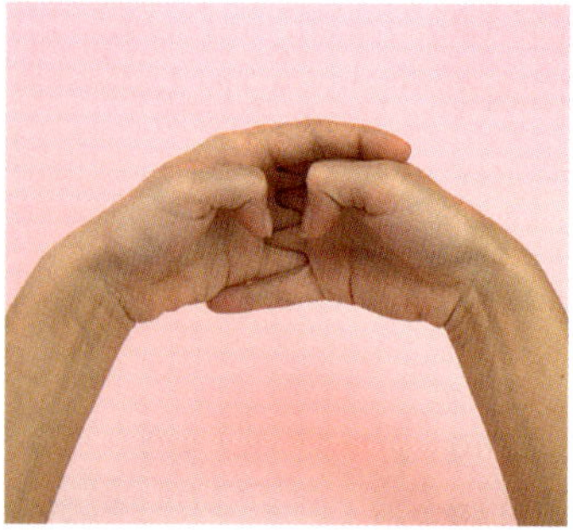

Die Mudra für Leistungskraft

Verschränken Sie alle Finger wie zum Gebet. Lockern Sie die Verschränkung, und schieben Sie die Daumen zur Handinnenfläche. Atmen Sie tief ein und aus.
Diese Mudra lässt Ihren Atem frei fließen und erhöht zudem Ihr Atemvolumen. Sie nehmen vermehrt Sauerstoff auf und können so ganz schnell ein körperliches Tief überwinden.

Mudras am Mittag

Nach dem Mittagessen benötigen Körper und Geist ein wenig Ruhe und Entspannung, bevor es im Tageslauf weitergehen kann. Nutzen Sie die Mittagspause, um zu Kräften zu kommen und einige meditative Minuten einzulegen. Wenn möglich, schnappen Sie frische Luft. Gehen Sie spazieren, setzen Sie sich in den Garten, auf die Terrasse oder den Balkon, und bewegen Sie sich. So vertreiben Sie das »Mittagstief«, das Trägheit und Müdigkeit mit sich bringt, und bringen sich ganz sanft wieder in Schwung.
Sie sollten um die Mittagszeit auch unbedingt wenigstens drei Minuten nur für sich alleine sein, ohne dass jemand mit Ihnen redet oder Sie sich um die Familie kümmern müssen. Sollten Sie diese drei Minuten nicht haben, dann ziehen Sie sich auf die Toilette zurück, und sperren Sie ab. Atmen Sie kräftig ein und aus. Schließen Sie die Augen, und legen Sie ganz bewusst die Hände in den Schoß. Drei Minuten Nichtstun werden Ihnen guttun, den Körper zur Ruhe bringen, die Nerven beruhigen und Ihnen ermöglichen, die Tagessorgen loszulassen.

Sie neigen zum »Mittagstief«? Vielleicht sollten Sie einmal Ihre Ernährung überprüfen. Menschen reagieren sehr unterschiedlich auf das, was sie zu sich nehmen. Eine Mahlzeit, die uns abends wohl tut und bekommt, kann uns mittags schlapp machen. Beobachten Sie sich eine Woche lang genau, so werden Sie bald herausfinden, ob ihr »Mittagstief« mit Ihrer Ernährung zusammenhängt.

Die Mittagskraftmudra

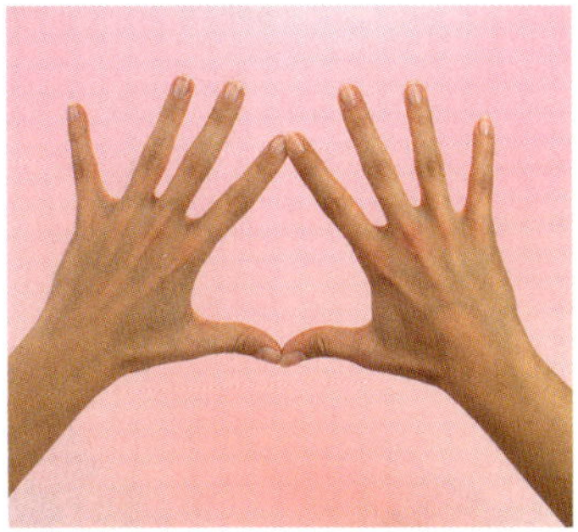

Strecken Sie beide Arme zum Himmel und zum Sonnenlicht empor (auch wenn die Sonne nicht scheint. Wenden Sie sich nach Süden!), und legen Sie die Daumenspitzen und die Spitzen der Zeigefinger zusammen. Diese Finger bilden eine Raute. Die anderen Finger berühren sich nicht und werden gespreizt. Diese Mudra unterstützt die Aufnahme von Licht und sollte vor allem im Winter täglich ausgeführt werden. Sie werden sich kräftig fühlen und weniger Appetit auf Süßigkeiten verspüren.

Die Mudra zum Entspannen und Energietanken

Diese Mudra wird sitzend am Tisch ausgeführt. Legen Sie alle Fingerspitzen bis auf die Daumen an die Stirn. Die Daumen legen

Sie auf die Ohrläppchen. Stützen Sie sich mit den Ellenbogen am Tisch ab. Kreisen Sie zunächst mit den Fingerspitzen über die Stirn, danach mit den Daumen über das Ohrläppchen. Sie werden sich schnell erholen und neue Energie schöpfen können.

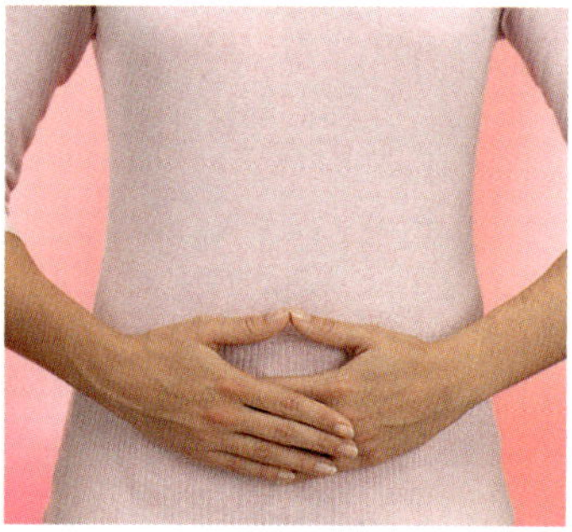

Die Mittagsmeditationsmudra

Legen Sie beide Hände auf das Nabelchakra unterhalb des Nabels. Die Hände liegen quer übereinander, die linke Hand direkt auf dem Bauch, die rechte Hand darüber. Die Daumenspitzen berühren sich. Atmen Sie einige Minuten lang ganz tief und langsam in den Bauch hinein. Schließen Sie dabei die Augen. Drei Minuten sollten Sie diese Mudra mindestens halten und dabei ganz für sich sein.

Bevor Sie dann zu Ihrer Tätigkeit zurückfinden, sollten Sie sich ausgiebig rekeln und strecken.

Mudras für einen schönen Abend

Der Ausklang des Tages sollte Sie langsam in eine ruhige und besinnliche Stimmung bringen. Das Tagwerk ist getan, Entspannung und Erholung können folgen. Resümieren Sie kurz: Haben sich Ihre Erwartungen erfüllt? Waren Sie fest davon überzeugt, dass dieser Tag voller Wunder ist? Welches waren die kleinen und größeren Wunder des Tages? Gibt es etwas, für das Sie dankbar sein können?

Finden Sie Zufriedenheit und Gelassenheit in Ihrem Herzen. Wenn die Dämmerung einsetzt und für Sie die Zeit der Erholung beginnt oder Sie all Ihre Tätigkeiten ohne Druck, Eile und Stress erledigen können, dann ist es Zeit, sich zu besinnen.

Beginnen Sie mit einer äußeren Reinigung. Waschen Sie die Hände und das Gesicht. Wenn Sie mehr an äußerer und innerer Reinigung benötigen, nehmen Sie eine kurze Dusche oder ein warmes Bad.

Wenn Sie gar keine Zeit haben oder keine Möglichkeit, sich wenigstens die Hände zu waschen, dann streichen Sie Ihren Körper mit den Händen ab. Fahren Sie dabei von der Körpermitte zu den Seiten und schütteln Sie jeweils die Hände aus. Sie streichen damit alle Belastungen des Alltags von sich und befreien sich körperlich und seelisch von Alltagsstress.
Nun sind Sie bereit für die Abendstimmung.
Trinken Sie einen heißen Kräutertee, um sich auch von innen zu wärmen und sich innerlich auf die ruhigere Zeit des Abends einzustimmen.
Der Tag neigt sich dem Ende zu. Was geschehen ist, ist geschehen. Lassen Sie alles los, verabschieden Sie lächelnd den Tag, und heißen Sie den Abend und die Nacht herzlich willkommen. Auch wenn der Tag vielleicht nicht ganz so erfolgreich war, spüren Sie Dankbarkeit in sich für all die einzigartigen Momente dieses unvergleichlichen Tages.

Kräuter haben als Heilmittel eine lange Tradition. Besonders gern verwenden wir sie in Form von Tees, die uns beruhigen oder stimulieren können. Die Kräuter für Ihren speziellen Tee sollten möglichst wenig mit Schadstoffen belastet sein, also am besten aus biologischem Anbau kommen.

Die Mudra, um für den Tag zu danken

Legen Sie die Handfläche der linken Hand an den Handrücken der rechten Hand, und krümmen Sie ein wenig die Finger beider Hände. Ihre Hände bilden nun Schalen. Halten Sie die Schalen im Abstand von etwa dreißig Zentimetern vor Ihr Herzchakra. Schauen Sie die Hände an, und lächeln Sie! Lassen Sie die Bilder des Tages Revue passieren, und bedanken Sie sich für den Tag.

Die Mudra, um die Belastungen des Tages loszulassen

Verschränken Sie alle Finger wie zum Gebet. Die Handflächen bleiben aber offen und berühren sich nicht. Drehen Sie nun die Hände um, sodass die Handflächen nach außen zeigen, und strecken Sie die Arme. Strecken Sie die Arme zunächst gerade aus, dann zu den Seiten und schließlich nach oben. Stellen Sie sich vor, wie alles Belastende von Ihnen fernbleibt.

Die Mudra für alle, die am Abend noch etwas vorhaben

Eigentlich wünschen sich Körper, Geist und Seele Ruhe und Entspannung. Aber es gibt auch Abende, da fängt die Aktivität erst richtig an. Das ist nicht nur bei Menschen so, die nachts arbeiten, sondern bei allen, die eine Abendveranstaltung besuchen, außer Haus gehen oder Besuch bekommen.

Massieren Sie zunächst jeden Finger einzeln. Dann führen Sie die Daumen und Zeigefinger an die Ohrläppchen und halten ein paar Atemzüge lang die Ohrläppchen zwischen Daumen und Zeigefinger, bevor Sie beginnen, die Ohrläppchen zu massieren. Die Ohrläppchenmassage macht schnell munter. Massieren Sie etwa eine Minute lang. Trinken Sie ein großes Glas Wasser zum Wachbleiben.

Die Mudra des Kümmerns um sich selbst

Umfassen Sie mit der rechten Hand die Finger der linken Hand. Die Handfläche der rechten Hand umfasst dabei die Fingerrücken der linken Hand. Den Daumen der linken Hand klappen Sie nach innen. Atmen Sie mehrmals tief ein und aus, und schließen Sie die Augen. Halten Sie die Mudra mindestens eine Minute.

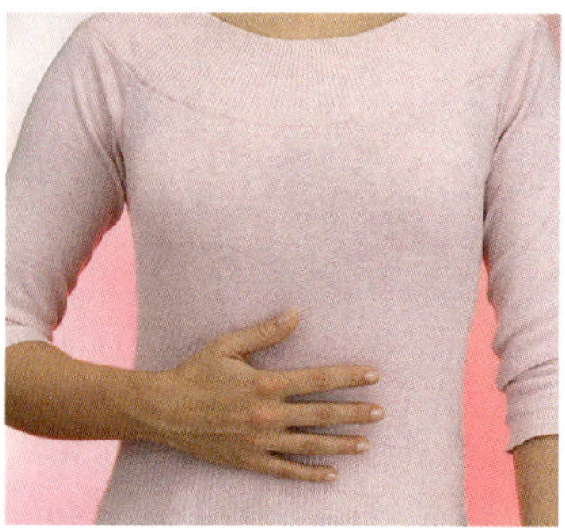

Die Mudra, um sich vor schlimmen Nachrichten zu schützen

Die täglichen Abendnachrichten im Fernsehen sind nichts für zarte Gemüter. So manch eine empfindsame Seele nimmt die Schreckensnachrichten aus den Medien direkt mit in die Nacht und schließlich in die Träume hinein.

Das muss nicht sein! Wenn Sie wissen, dass Sie abends keine Nachrichten mehr ertragen können, dann müssen Sie sich auch keine anhören oder ansehen.

Nicht immer werden Sie sich allerdings schützen können. Legen Sie deshalb beim Radiohören, beim Lesen der Zeitung und beim Fernsehen stets eine Hand schützend auf den Solarplexus, wenn möglich beide Hände! Diese Mudra bewahrt Sie davor, aus dem inneren Gleichgewicht zu kommen und sich schlecht zu fühlen. Sie schützt Sie vor allzu tiefem Mitleiden, ohne dass Sie empfindungslos werden. Sie bleiben in Ihrer Mitte und behalten Ihre Energie.

Bevor Sie zu Bett gehen

Notieren Sie sich alles Wichtige, was Sie am nächsten Tag erledigen wollen oder was Ihnen noch im Kopf herumschwirrt und Sie nicht zur Ruhe kommen lässt. Legen Sie den Zettel auf den Küchentisch, und legen Sie beide Hände darüber. Damit symbolisieren Sie für sich selbst, dass es jetzt Zeit ist, die Alltagsprobleme und Erledigungen loszulassen, um frei und entspannt ins Bett gehen zu können. Nichts ist schlimmer als ein Gedanke, der einen nicht loslässt, der einen zum Grübeln bringt und vom Ein- und Durchschlafen abhält.
Sagen Sie sich: Alles ist notiert und wartet hier auf mich bis morgen. Ich kann es jetzt loslassen und mich für die Nacht frei machen.

Sie haben alles getan, um zur Ruhe zu kommen, und trotzdem sind Sie in Ihrem Schlafbereich unruhig? Vielleicht liegt es an den elektrischen Geräten in Ihrem Schlafzimmer. Manche Menschen reagieren empfindlich auf elektrische Strahlung und schlafen besser, wenn sich keinerlei strombetriebene Gerätschaften in der Umgebung des Bettes befinden.

Unmittelbar vor dem Zubettgehen

Sie sollten die Zähne schon geputzt haben und im Schlafgewand sein. Seufzen Sie dann drei Mal ganz tief. Heben Sie die Schultern an, und lassen Sie sie fallen. Lassen Sie die Arme baumeln, und schaukeln Sie sich entweder nach rechts und links oder vor und zurück. Schließen Sie dabei die Augen. So kommen Sie zur Ruhe. Sie können auch den Oberkörper kreisen und dabei die Augen schließen. Führen Sie die Schaukelbewegungen rhythmisch aus. Sie werden sehr schnell müde werden vom Schaukeln. Dann gehen Sie sofort ins Bett.

Mudras für eine gute Nacht

Diese Mudras kommen zum Einsatz, wenn Sie bereits im Bett liegen: Bevor Sie sich in Ihre Schlafposition begeben, legen Sie beide Hände übereinander auf den Bauch. Schicken Sie Licht und Liebe in den Solarplexus, und atmen Sie noch einmal tief aus. Dann umarmen Sie sich, und seien Sie stolz auf sich.
Schließen Sie nun die Augen, und begeben Sie sich in Ihre Schlafposition. Umarmen Sie in Gedanken noch einmal alle Menschen, die Ihnen etwas bedeuten, und spüren Sie Dankbarkeit im Herzen.

Mudras am Arbeitsplatz

Abschalten und entspannen ist am Arbeitsplatz manchmal notwendig, um wieder einen klaren Kopf zu bekommen und besser weiterarbeiten zu können. Machen Sie bewusst eine kleine Pause, und nutzen Sie sie für eine Mudra. Sie werden sehen, danach geht die Arbeit gleich besser von der Hand.

Mudras am Arbeitsplatz können kurzfristig in den Arbeitsablauf eingeflochten werden. Dies ist allerdings von Arbeitsplatz zu Arbeitsplatz sehr unterschiedlich. Am einfachsten haben es Menschen, die im Büro arbeiten und nicht direkt mit Kunden zu tun haben. Sie können die Hände auf den Tisch oder auf den Schoß legen und für eine oder zwei Minuten eine Mudra halten. Selbst während eines Telefongesprächs kann mit der freien Hand eine einfache Mudra gehalten werden.
Wer mit Kunden zu tun hat, wird sich extra Pausen nehmen müssen oder die Minipause auf der Toilette nutzen, um eine Mudra anzuwenden. Dasselbe gilt für Menschen, die körperlich arbeiten und mit beiden Händen anpacken müssen oder die im Auto oder Lastwagen ihren Beruf ausüben.
Natürlich können Sie am Arbeitsplatz alle in diesem Buch beschriebenen Mudras anwenden, sobald Sie dafür ein paar ruhige Minuten erübrigen können.

Mudras für Büroarbeiter

Wichtig ist immer, öfter einmal frische Luft zu schnappen. Öffnen Sie das Fenster, und lüften Sie kurz. Stehen Sie auf, und bewegen

Sie sich. Rekeln und strecken Sie sich auf Ihrem Bürostuhl, und kippen Sie das Becken sanft vor und zurück, nach rechts und nach links.
Kreisen Sie vorsichtig und ganz behutsam mit dem Kopf, heben und senken Sie die Schultern.

Die Mudra für die Nackendehnung

Verschränken Sie die Hände hinter dem Nacken, und bringen Sie die Ellenbogen ganz zu den Seiten. Lehnen Sie sich dabei an die Lehne Ihres Bürostuhles, und lassen Sie den Kopf ganz auf den Händen ruhen. Dann atmen Sie aus und führen den Kopf ganz langsam und behutsam Richtung Brust. Nehmen Sie die Ellenbogen nach vorne, und lassen Sie dann alle Muskeln locker. Lassen Sie sich hängen. Jetzt wird die Nackenmuskulatur gedehnt.
Atmen Sie drei Mal ein und aus, und bringen Sie den Kopf genauso sanft und langsam beim Einatmen wieder zurück in die Ausgangsposition.

Die Mudra für die Nackenentspannung

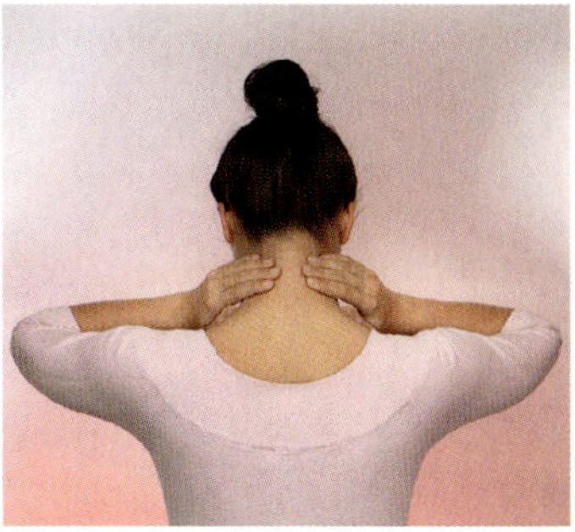

Legen Sie alle Finger zusammen und die Daumen über die unteren Glieder der Zeigefinger. Bringen Sie die Hände rechts und links der Halswirbelsäule zum Liegen. Die Spitzen der längsten Finger berühren sich über der Halswirbelsäule. Gleiten Sie nun sanft mit den Fingern nach rechts und links weg von der Halswirbelsäule. Ziehen Sie dabei leicht die Haut nach außen. Dann setzen Sie wieder erneut an, die Fingerspitzen berühren sich wieder und ziehen wieder nach außen zu den Seiten.
Auf diese Weise wird ein verspannter Nacken durch die bewegte Mudra sanft massiert und hat die Möglichkeit, sich wieder zu entspannen.

Die Mudra für die Augenentspannung

Formen Sie mit beiden Händen zwei Schalen, und legen Sie sie direkt über das Gesicht, sodass die Augen abgedeckt sind. Die Fingerspitzen sitzen dabei auf der Stirn. Schließen Sie zunächst die Augen, und atmen Sie ruhig ein paar Mal ein und aus. Sie können sich beim Halten der Mudra mit den Ellenbogen auf dem Schreibtisch abstützen. Nach einigen Atemzügen öffnen Sie die Augen und halten die Mudra noch drei Atemzüge lang.

Die Mudra für das Loslassen der Gedanken

Legen Sie beide Handflächen zusammen, und führen Sie die Hände an das Gesicht. Legen Sie die Hände über Lippen und Nase. Die Daumen stützen das Kinn. Atmen Sie ganz ruhig, und halten Sie die Mudra, solange Sie Zeit haben, mindestens jedoch dreißig Sekunden.

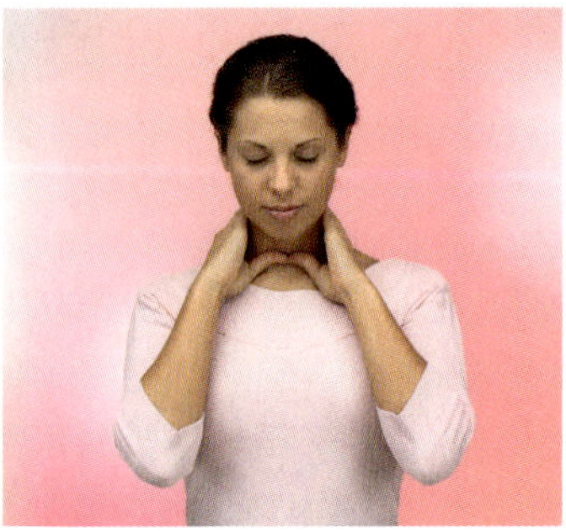

Die Mudra zur Stärkung des Kehlbereichs

Legen Sie die Fingerspitzen auf den Bereich, wo der Nacken in den Schulterbereich übergeht. Die Daumen nehmen Sie nach vorne und legen die beiden Daumennägel nebeneinander ganz leicht auf den Kehlkopf. Die Arme lassen Sie nach unten hängen, sodass keine Muskelkraft zum Halten der Mudra benötigt wird. Schließen Sie die Augen, und atmen Sie tief ein und aus.

Die Mudra zur Selbstbehauptung, wenn es Ärger gab

Rücken Sie auf Ihrem Bürostuhl auf die äußerste Kante. Nehmen Sie beide Arme nach hinten, und legen Sie die Fingerspitzen beider Hände auf das beginnende Steißbein. Das Steißbein ist der knöcherne Bereich unterhalb des Kreuzbeins, an dem rechts und links die Gesäßhälften beginnen. Die Fingerspitzen berühren sich, die Daumen legen Sie abgespreizt auf die Gesäßhälften.

Richten Sie die Wirbelsäule auf, und atmen Sie ein paar Mal kräftig ein und aus.

Die Blitzideenmudra

Wenn Ihnen plötzlich gar nichts mehr einfällt, dann bringen Sie an beiden Händen die Spitzen von Daumen, Zeigefinger und Mittelfinger zusammen und klappen die anderen Finger zur Handmitte. Bringen Sie die Fingerspitzen zur Stirne. Wenn Sie auf eine besondere Eingebung warten, dann legen Sie die Fingerspitzen auf die Mitte Ihres Kopfes.

Mudras für Menschen, die mit Kunden zu tun haben

Sie haben einen Beruf, in dem Sie mit vielen Menschen zu tun haben? Dann wissen Sie, wie schwierig es ist, immer ruhig und freundlich zu bleiben und die richtigen Worte zu finden. Mudras können Ihnen dabei helfen – egal, ob Sie als Verkäuferin, Lehrerin, Arzthelferin, Busschaffnerin oder Polizistin arbeiten.

Der Umgang mit anderen Menschen, seien es Kunden, Kursteilnehmer, Patienten, Klienten oder Schüler und Studenten, ist nicht immer einfach. Viele berufliche Begegnungen stellen eine Bereicherung im eigenen Leben dar, es findet ein konstruktiver und erfolgreicher Austausch statt. Aber ebenso gibt es Begegnungen, die stressreich und anstrengend sind und sich schwierig gestalten. Anspruchsvolle Kunden, schwierige, unzufriedene Klienten, jammernde Patienten, laute und aufmüpfige Schüler – wer beruflich mit anderen Menschen zu tun hat, muss Ruhe und Gelassenheit ausstrahlen und darf sich auch in schwierigen Situationen nicht provozieren lassen. Was immer wirkt, wenn Aggressionen auftauchen: die Hände zu Fäusten zu ballen und fest zudrücken. Versuchen Sie immer, egal was geschieht, ein Lächeln aufzusetzen. Das entkrampft die Atmosphäre von vornherein. Wenn es allzu schlimm kommt, nicken Sie höflich, und schalten Sie kurz auf Durchzug.
Signalisieren Sie Verständnis, aber äußern Sie sich auch direkt und dennoch sachlich, wenn etwas nicht machbar ist. Bieten Sie Service, und seien Sie offen für ungewöhnliche Lösungen und Improvisationen, aber nicht zu jedem Preis.

Menschen in Gruppen benötigen ein klares Konzept und eine strenge, aber liebevolle Führung. In meinen Kursen gibt es zum Beispiel eine ganz klare Struktur, die den Rahmen des Kurses absteckt und dem Einzelnen dennoch die Freiheit lässt, die Übungen dem eigenen Können anzupassen.

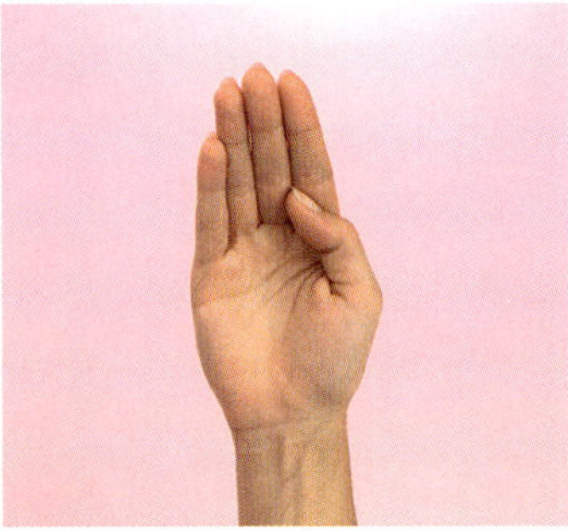

Die Mudra für Klarheit und innere Stabilität

Diese Mudra hilft Ihnen, nicht in Panik auszubrechen, wenn etwas mit dem Kunden anders läuft als beabsichtigt. Sie können Ihre innere Stabilität bewahren. Da die Mudra sehr unauffällig ist, kann sie auch während des Kundengesprächs gehalten werden.

Legen Sie die Daumenspitzen an beiden Händen auf das untere Fingerglied des Mittelfingers. Wenn es nicht möglich ist, mit beiden Händen die Mudra auszuführen, dann eben nur an einer Hand.

Die Mudra für Selbstsicherheit beim Reden, Verkaufen, Erklären, Darstellen

Legen Sie beide Zeigefingerspitzen und beide Daumenspitzen zusammen. Die anderen Finger klappen Sie zur Handmitte. Diese Mudra können Sie auch während eines Gesprächs kurz einfließen lassen und ganz unbemerkt immer wieder halten. Wenn Sie wissen, wie die Mudra ganz schnell zu halten ist, können Sie sie in Sekundenschnelle ausführen und eben auch nur für einige Sekunden halten.

Die Schalenmudra für Verständnis und Souveränität

Bilden Sie mit einer Hand eine Schale, und halten Sie die Handfläche nach oben. Diese Mudra können Sie auch ganz unbemerkt ausführen. Sie signalisiert dem Gegenüber Offenheit, Verständnis, aber auch Souveränität und Sicherheit.

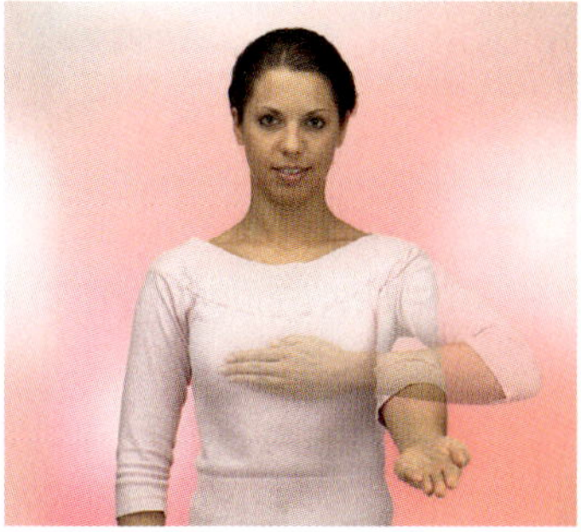

Die Mudra des Vertrauens und der Herzenskraft

Die Mudra erleichtert den Umgang mit Skeptikern und Kritikern. Legen Sie immer wieder für eine Sekunde die linke Hand quer über das Herzchakra, und bringen Sie dann die Hand mit geöffneter Handfläche nach außen in Richtung Ihres Gesprächspartners. Lächeln Sie, und bewahren Sie dabei Haltung. Richten Sie die Wirbelsäule auf! Sie signalisieren Herzenskraft und dennoch Kompetenz und Unerschütterlichkeit.

Die Mudra für all jene, die mit einer Gruppe sehr anstrengender Menschen zu tun haben

Diese Mudra ist speziell für Lehrer gedacht, um nicht in Verzweiflung auszubrechen. Krümmen Sie die Finger der linken Hand zur Handfläche, und umschließen Sie mit der rechten Hand die linke Hand. Schieben Sie die Daumen nach innen in die Handfläche der linken Hand hinein. Lassen Sie den Unterkiefer leicht hängen, richten Sie die Wirbelsäule auf, und lassen Sie die Schultern entspannt nach unten hängen. Lächeln Sie dann ganz leicht, und spüren Sie, wie die innere Ruhe ganz schnell in Ihnen Einzug hält.

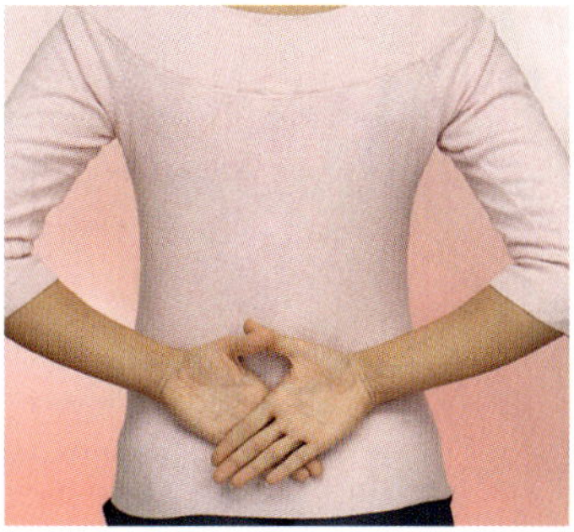

Die Mudra der Kompetenz

Diese Mudra kennen Sie alle: die auf den Rücken gelegten Händen. Sie erinnert ein wenig an strenge Lehrer aus früheren Generationen oder den Chef, der Sorgfalt und Leistung verlangt. Die Mudra samt der dazugehörigen Körperhaltung drückt Kompetenz, aber auch Offenheit und Einsatzbereitschaft aus. Der Oberkörper ist offen und schutzlos dem Gegenüber zugewandt. Diese Stärke kann sich nur jemand erlauben, der kompetent und von sich selbst überzeugt ist. Wenn Sie also Kompetenz ausstrahlen wollen im Umgang mit Ihrem Gegenüber, dann legen Sie die

Hände auf den Rücken, verschränken sie und richten sich auf. Ein leichtes Lächeln darf Ihre Lippen zieren.

Mudras für Menschen, die körperlich arbeiten

Ob in einer Gärtnerei, auf dem Bau, in einer Großküche, als Kellner oder beim Transport von Lasten – Berufe mit körperlichem Einsatz sind meistens sehr anstrengend. Abends tun einem manchmal alle Muskeln weh, und die körperliche Erschöpfung ist spürbar. Während der Arbeit wird auch kaum Zeit für eine Mudra sein. Es bleibt also nur die Mittagspause oder die Toilettenpause, um sich kurz zu erfrischen.

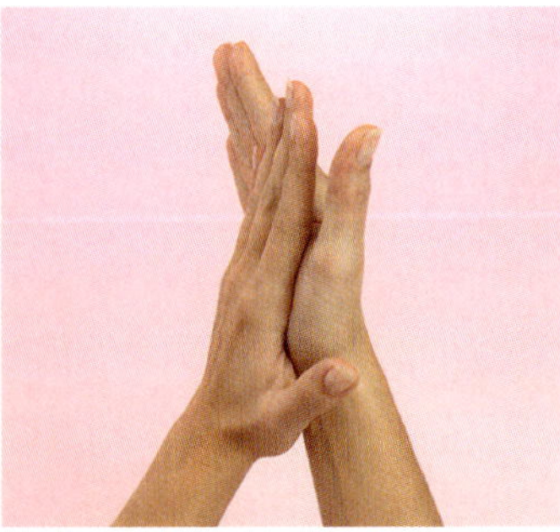

Die Mudra gegen schmerzende Körperteile

Reiben Sie ganz fest beide Handflächen aneinander, bis die Hände richtig heiß geworden sind, und legen Sie die heißen Handflächen auf die Körperstelle, die Ihnen akut zu schaffen macht. Diese Mudra können Sie mal ganz schnell zwischendurch ausführen. Atmen Sie zu der Körperstelle hin, und lassen Sie den Atemfluss in die spürenden Handflächen hineinströmen. So bringen Sie die Energie im Körper auch wieder zum Fließen.

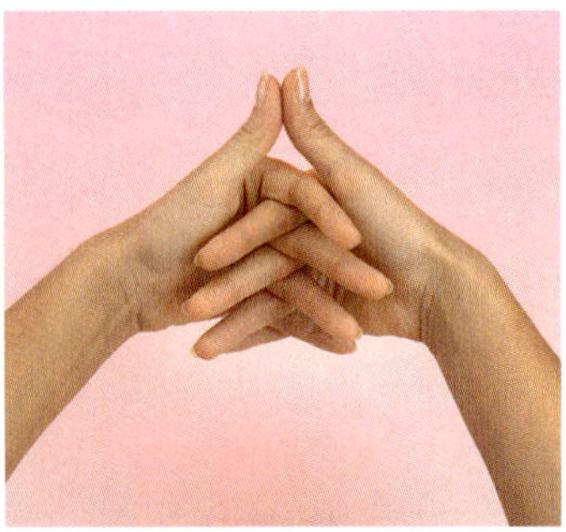

Die Mudra bei monotonen körperlichen Tätigkeiten

Verschränken Sie die Finger so, dass sie nach innen zeigen. Legen Sie die Daumenspitzen aneinander. Legen Sie die verschränkten Finger auf den Solarplexus. Atmen Sie einige Male ganz kräftig ein und aus. Dann nehmen Sie die Hände vom Solarplexus und ziehen die Arme lang. Die Finger bleiben verschränkt, nur die Daumenspitzen lösen sich. Ziehen Sie die Arme nach allen Seiten. Diese Mudra hilft Ihnen, wieder Kraft zu schöpfen, wenn Ihre Arbeit sehr monoton und gleichförmig ist und wenig Abwechslung bietet.

Die Mudra zur Blitzerholung

Legen Sie die rechte Hand auf die linke Schulter und die linke Hand auf die rechte Schulter. Schließen Sie die Augen, und atmen Sie einige Sekunden ganz entspannt in den Körper hinein.

Die Mudra zum Abschalten

Legen Sie an beiden Händen Mittelfinger, Ringfinger und kleinen Finger zusammen. Zeigefinger und Daumen spreizen Sie. Bringen Sie nun beide Hände zum Gesicht. Legen Sie die Daumen unter das Kinn und die zusammengelegten Finger rechts und links der Nasenflügel. Die Spitzen der Finger treffen sich an der Nasenwurzel. Die Zeigefinger liegen seitlich neben den Augen. Schließen Sie für einen Moment die Augen, und lassen Sie alles innerlich und äußerlich los. Dann öffnen Sie die Augen und schauen nach rechts, nach links, nach oben und nach unten. Blinzeln Sie ein paar Mal, dann lösen Sie die Mudra auf.

Die Mudra zur körperlichen Regeneration

Diese Mudra führen Sie nach der Arbeit zu Hause aus, um den Körper zu entspannen. Legen Sie sich auf den Boden, und stellen Sie die Beine an. Kippen Sie nun die Beine auf die rechte Seite auf den Boden, und drehen Sie den Kopf nach links. Die Arme strecken Sie ganz weit zu den Seiten und legen die Hände mit den Handflächen auf den Boden. Sie geben nun verbrauchte Energie ab. Atmen Sie einige Male kräftig ein und aus. Drehen Sie dann die Handflächen so, dass sie nach oben zeigen. Nun nehmen Sie neue Energie auf. Atmen Sie wieder einige Male kräftig ein und aus. Dann tauschen Sie die Seiten. Drehen Sie den Kopf nun nach rechts, und kippen Sie die Beine nach links. Die Handflächen liegen wieder zuerst am Boden und werden dann nach oben gedreht. Führen Sie die Mudra so lange aus, bis Sie sich besser fühlen.

Mudras unterwegs

Während der Autofahrt sollten Sie als Fahrer keine Mudras halten. Nutzen Sie dafür die Pausen auf dem Rastplatz. In Bus, Bahn oder Flugzeug hingegen haben Sie genügend Zeit, einige einfache Mudras anzuwenden, ohne dass Sie negativ auffallen. Schon während Sie auf Ihr Verkehrsmittel warten, können Sie Mudras halten und sich so die Wartezeit mit einer Minimeditation verkürzen. Das ist auch im Stehen oder Gehen möglich.

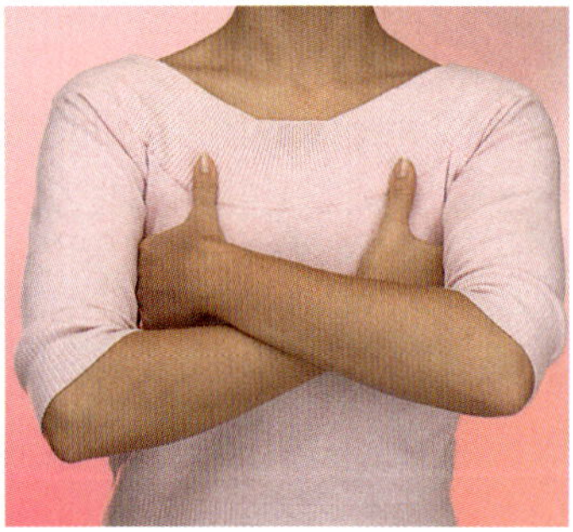

Die Wartemudra bei kalten Außentemperaturen I

Führen Sie die Mudra am besten im Gehen aus, wenn Sie sich an einer Haltestelle im Freien befinden. Schieben Sie die Hände unter die Arme. Und zwar die rechte Hand unter den linken Arm und die linke Hand unter den rechten Arm.

Die Wartemudra bei kalten Außentemperaturen II

Schieben Sie Ihre Hände in den Mantel hinein, indem Sie mit der rechten Hand den linken Unterarm umfassen und mit der linken Hand den rechten Unterarm. Führen Sie auch diese Mudra am besten im Gehen aus.

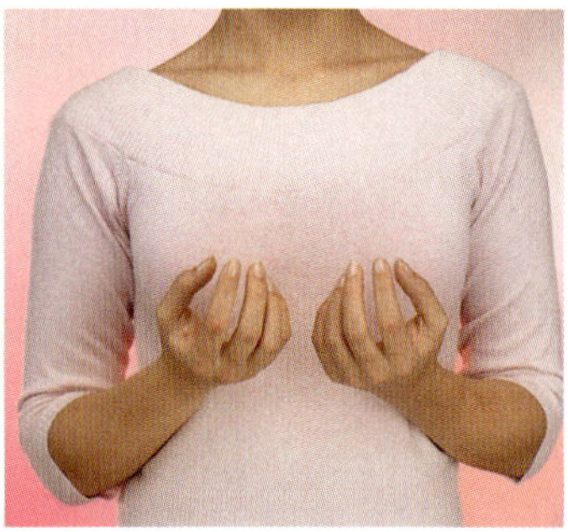

Die Wartemudra bei heißen Außentemperaturen I

Halten Sie die Finger ganz leicht gekrümmt und locker nach oben, sodass die Fingerspitzen zum Himmel zeigen. Durch die Hitze schwere Hände werden auf diese Weise leichter.

Die Wartemudra bei heißen Außentemperaturen II

Führen Sie die Hände vor dem Oberkörper zusammen, und legen Sie ganz leicht und sanft die Fingerrücken zusammen. Die Fingerspitzen zeigen nach oben. Die Leichtigkeit des Sommers ist nun bei Ihnen.

Die Manteltaschenmudras

Diese Mudras führen Sie aus, indem Sie Ihre Hände in Ihren Mantel- oder Jackentaschen verstecken. Das geht natürlich nur, wenn die Taschen Ihrer Kleidung groß genug für Ihre Hände sind. Schieben Sie die rechte Hand in die rechte Manteltasche und entsprechend die linke in die linke Manteltasche. Führen Sie nun alle Fingerspitzen zusammen, und halten Sie die Mudra, solange Sie Lust haben. Sie bringen damit alle Gedanken auf einen Punkt. Dann ballen Sie die Hände zu Fäusten und lassen jeweils einen Finger nach außen gestreckt. Beginnen Sie mit dem Daumen, dann mit dem Zeigefinger usw. Sie können natürlich den gestreckten Finger nicht weit abspreizen, aber er ist auf jeden Fall nicht in der Handinnenfläche. Nach diesem meditativen Fingerspiel, das Sie beschäftigt und Ihren Geist zur Ruhe bringt, schieben Sie die Daumen in die Faust hinein und halten die Mudra, solange Sie mögen.
Mit dieser Mudra schaffen Sie sich Selbstliebe und Sicherheit und vertreiben kummervolle Gedanken.

Die Chakramudra zum Selbststärken

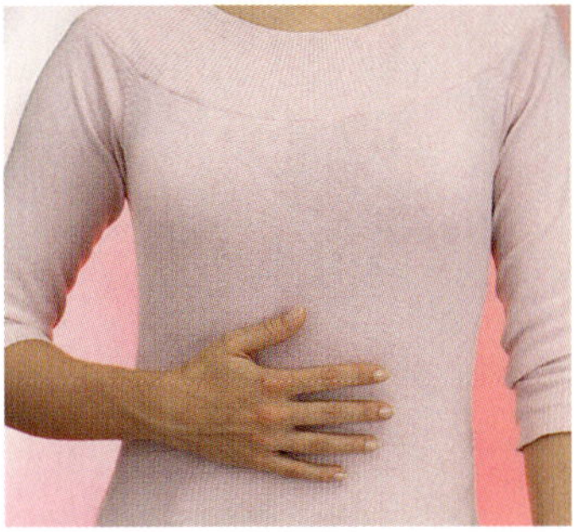

Diese Mudra führen Sie aus, während Sie mit Ihrem Verkehrsmittel unterwegs sind. Wenn Sie einen Sitzplatz haben, legen Sie die Hände abwechselnd auf den Solarplexus.
Wenn Sie stehen müssen, dann legen Sie nur eine Hand auf den Solarplexus, während Sie sich mit der anderen festhalten.

Die Schoßmudras

Diese Mudras können nur im Sitzen ausgeführt werden, wenn Sie in Ihrem Verkehrsmittel einen Sitzplatz haben. Sie fördern die Konzentration, bringen Gelassenheit, vertiefen die Ausgeglichenheit und stärken das Selbst.

- Legen Sie beide Hände übereinander in den Schoß, und legen Sie die Daumenspitzen zusammen (für Gelassenheit und Ausgeglichenheit).
- Legen Sie die Hände in den Schoß, und bringen Sie alle Fingerspitzen zusammen (Konzentration).
- Ballen Sie die Hände zu Fäusten, die Daumen bleiben draußen. Legen Sie sie in den Schoß, und legen Sie die Daumenspitzen zusammen. Halten Sie diese Mudra ganz locker (Stärkung des Selbst).
- Verschränken Sie die Finger im Schoß, und legen Sie die Handflächen auf den Schoß (Entspannung auf dem Heimweg).

Mudras mit einem Partner

Gerade für Menschen, die ihre Gefühle mit Worten nicht so gut ausdrücken können, öffnen Mudras einen ganz neuen Weg, ihrem Partner zu zeigen, wie sehr sie ihn schätzen und lieben. Und Väter können mit Mudras eine ganz neue Qualität der Beziehung zu ihren Kindern bekommen, Verbundenheit und Liebe teilen.

Die Idee zu Mudras mit einem Partner stammt aus meiner eigenen Erfahrung. Wer sich eine liebevolle Beziehung zu seinem Partner oder seinen Kindern wünscht, kann sehr viel selbst dafür tun.

Wunderschön sind dazu die ganz einfachen Mudrameditationen mit einem Menschen, der Ihnen am Herzen liegt. Gemeinsame Mudras stärken die Harmonie zwischen Ihnen und schaffen Verbundenheit.

Über die Hände nehmen Sie Kontakt zu Ihrer Umwelt und zu den Menschen Ihres Herzens auf. Hände spüren, Hände berühren, Hände helfen, Hände halten und Hände sorgen. Wenn Sie eine Begegnung Ihrer Hände ganz bewusst planen – und sei es auch nur für einige Sekunden –, stärken Sie Ihre Beziehung und schaffen ein Band der Liebe, das ohne Worte auskommt. Reichen Sie sich die Hände, um Ihre Liebe und Verbundenheit auszudrücken.

Reichen Sie sich die Hände zur Versöhnung und zum Überwinden von Distanzen. Haben Sie Mut! Probieren Sie es einfach aus!

Mudras zu zweit und mit mehreren Personen

Die Partnermudras sind ganz simpel. Es sind keine komplizierten Handhaltungen möglich. Sie können die Mudras also jederzeit und überall problemlos anwenden. Beide Partner sollten Freude an den Mudras haben, zwingen Sie dem anderen die Mudra nicht auf. Bieten Sie die Mudra einfach an. Viele Menschen schreckt das Wort »Mudra« ab. Sagen Sie einfach: Reich mir deine Hände. Ich möchte deine Hände in meinen spüren. Und dann halten Sie einander die Hände. Ob ganz kurz oder ein wenig länger – Hauptsache, Sie spüren die Verbundenheit.

Der Händeturm

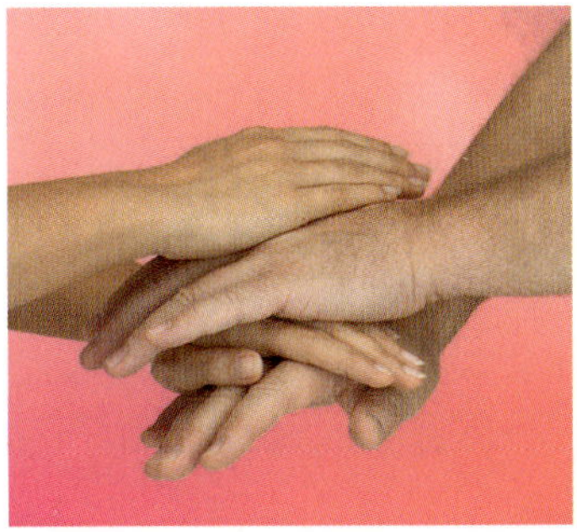

Dabei sitzen Sie nebeneinander. Der eine Partner legt eine Hand mit der Handfläche auf seinen Oberschenkel, der andere legt eine seiner Hände genauso darüber. Dann legt wieder der erste Partner seine freie Hand auf den Turm. Der andere Partner schließt ab und legt die letzte freie Hand obenauf. Diese Mudra funktioniert auch als Spiel mit mehreren Menschen und wird gerade auch Kinder erfreuen. Als Mudra mit dem Liebespartner lassen Sie sich Zeit, und spüren Sie die Kraft, die Wärme und Beschaffenheit der Hände des Partners.

Die kleine in der großen Hand

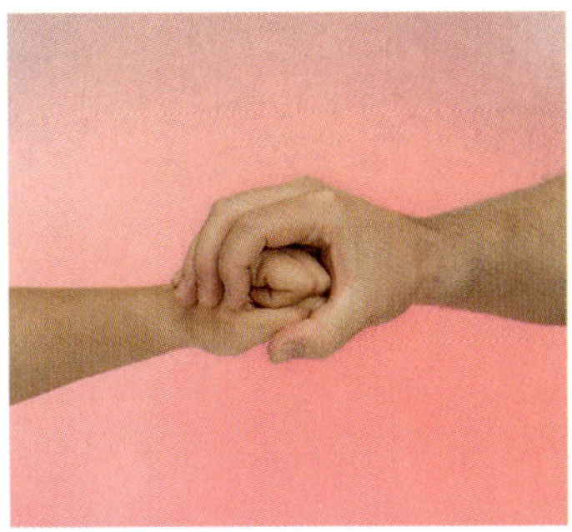

Ballen Sie die Hand des Partners mit der kleineren Hand zur Faust. Der andere legt umschließt mit seiner größeren Hand die kleine Hand und schenkt somit Schutz und Geborgenheit. Sie können die Mudra auch mit beiden Händen ausführen. Diese Mudra hilft vor allem, wenn sich Kinder fürchten. Auch Ihrem Baby können Sie auf diese Weise schon frühzeitig Geborgenheit vermitteln. Umschließen Sie mit Ihrer großen Elternhand die kleine Babyhand.

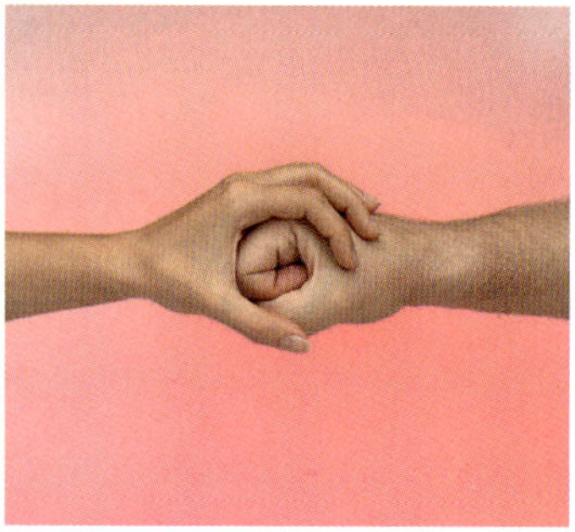

Die große Hand in der kleinen Hand

Nun läuft alles umgekehrt, damit die kleine Hand weiß, dass auch sie stark sein kann und das Zeug zum Beschützen hat. Das ist ein sehr vorsichtiger Schritt für die Herausbildung von Selbstvertrauen.
Vor allem Kinder sind stolz, wenn man ihnen etwas zutraut und ihnen die Verantwortung überträgt, Mamas oder Papas Hand zu schützen.

Für Liebende

Setzen Sie sich gegenüber, und legen Sie die Handflächen zusammen. Schauen Sie sich dabei in die Augen, und spüren Sie die Herzensliebe, die Sie verbindet.

Die Fingerspitzenmudra (Partnerübung)

Setzen Sie sich gegenüber, und legen Sie an beiden Händen die Fingerspitzen zusammen. Spüren Sie die Beschaffenheit der Fingerspitzen Ihres Partners. Diese Mudra ist nur dann möglich, wenn zwei etwa gleich große Hände aufeinander treffen. Wenn sich Kinder gestritten haben, ist diese Mudra zur Versöhnung gut geeignet. Man schlüpft ein wenig in die Haut des anderen und kann ihn besser verstehen. Dieses Verständnis hilft, Konflikte ohne Zank und Streit und vor allem ohne ausufernde Aggression auszutragen - und das gilt nicht nur für Kinder, sondern auch für Erwachsene, ganz besonders für Paare.

Die Fingerverschränkmudra

Setzen Sie sich gegenüber, und verschränken Sie an beiden Händen die Finger mit dem Partner. Jetzt wird noch mehr Nähe möglich. Diese Mudra stärkt Ihr Zusammengehörigkeitsgefühl - Gemeinsam meistern Sie alles!

Die Mudra der innigen Liebe

Sie sitzen nebeneinander und legen eine Hand mit der geöffneten Handfläche nach oben auf Ihren Oberschenkel. Der Handrücken liegt dabei auf dem Oberschenkel. Ihr Partner legt seine Hand über Ihre Hand, die Handflächen berühren sich. Sie drücken nun eine Einheit aus.

Die Mudra des Vertrauens

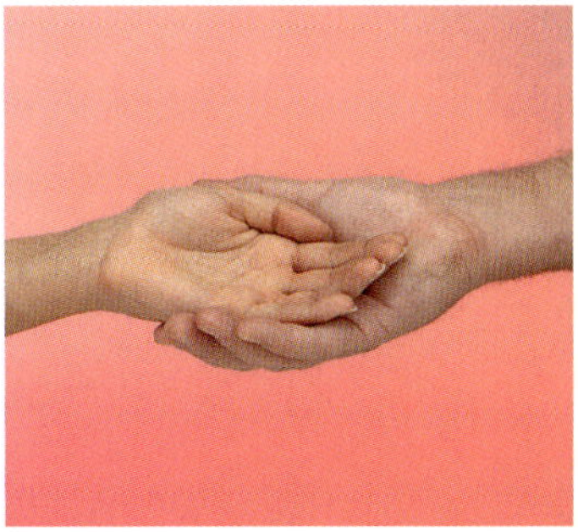

Sie wird ausgeführt wie die Mudra der innigen Liebe, nur dass Ihr Partner seinen Handrücken auf Ihre Handfläche legt. Beide Handflächen zeigen nach oben. Die Hände liegen leicht und locker. Diese Mudra drückt inniges Vertrauen aus: Wer seine Hand ohne Vorbehalt in die des Partners legen kann, wird ihm hoffentlich auch in anderen Situationen Vertrauen schenken.

Den Zauber der Hände genießen

Die Kraft Ihrer Hände ist beinahe grenzenlos. Ergänzend zu den Mudras können Sie sich und Ihren Lieben wohltuende Berührungen schenken und es sich ganz und gar gut gehen lassen. Die sanfte Kraft der Berührung hilft Ihnen dabei, denn Berührung ist Nahrung für Leib und Seele.

So positiv wirken Berührungen

- Sie entspannen verkrampfte Muskelpartien.
- Sie lindern Schmerzen.
- Sie beruhigen Körper, Geist und Seele.
- Sie schaffen Vertrauen, Nähe und Geborgenheit.
- Sie sind Ausdruck von Liebe und Zuwendung.
- Sie beugen Krankheiten vor und erhalten die Gesundheit.
- Sie verwöhnen den Körper.
- Sie sind regelrechte Stresskiller.

Mit den Händen Wohlgefühl erleben

Die einfachste und schnellste Art und Weise, sich blitzschnell zu erholen und stressige Momente zu entkrampfen, ist das Handauflegen. Legen Sie die flachen Hände überall dort auf den Körper, wo Sie Verspannungen spüren, Schmerzen haben oder im Augenblick ein wenig Geborgenheit benötigen. Das geht ganz einfach und wirkt prompt.

Sie können auch einem anderen Menschen die Hände auflegen, wenn Sie ihm helfen wollen. Drängen Sie ihm diese Hilfe aber niemals auf!

1 Die Entspannung der Sinne

Wird Ihnen im Alltag alles zu viel und fühlen Sie sich permanent überreizt und durch vielerlei Eindrücke überflutet, dann legen Sie die flachen Hände nacheinander über die Ohren, die Augen und über den Kehlkopf und Mund. Lassen Sie die Hände mindestens eine Minute lang dort liegen. Wenn die Hände über den Ohren oder dem Mund und dem Kehlbereich liegen, können Sie zusätzlich noch die Augen schließen, um gänzlich abschalten zu können. Atmen Sie gleichmäßig ein und aus, um wieder Ruhe in Leib und Seele zu bringen.

Hektik und Stress sind leider oftmals Kennzeichen unseres Alltagsleben. Sie können dem gegensteuern – ganz einfach mit Ihren Händen.

❷ Die Hände über den Chakren

Sehr beruhigend und entspannend ist es, die Hände direkt über ein Chakra zu legen. Vor allem bei Einschlaf- und Durchschlafschwierigkeiten hat sich diese Form des Handauflegens bewährt. Sie legen zunächst eine Hand auf den Beckenboden, auf das Wurzelchakra und die andere Hand auf den Scheitel, das Kronenchakra. Lassen Sie die Hände dort mindestens eine halbe Minute liegen. Dann legen Sie eine Hand auf das Sakralchakra unterhalb des Bauchnabels und die andere Hand auf die Stirn, das Stirnchakra. Lassen Sie wieder eine Minute verstreichen, bevor Sie die Hände wieder versetzen. Nun liegt eine Hand auf dem Solarplexus über dem Magen und die andere über dem Kehlchakra am Hals.

Die Chakren sind wichtige Energiezentren unseres Körpers. Sie sind durch Handauflegen leicht zu erreichen, sodass sich die Energien wieder harmonisieren.

Nach einer halben Minute treffen sich dann beide Hände auf dem Herzchakra in der Mitte des Brustkorbs. Die Hände werden dann übereinander gelegt.
Sie können natürlich jederzeit nur mit einer Hand agieren und diese über eines Ihrer Chakren legen.

❸ Das intuitive Handauflegen

Sie legen Ihre Hände dorthin, wo es für Sie nötig ist. Das können die Schultern nach einem langen Arbeitstag im Büro sein, die Knie, die Oberschenkel, die Füße oder der Nacken.
Wo immer Sie das Bedürfnis spüren, sich selbst Halt, Liebe, Aufmerksamkeit und Geborgenheit zu schenken, dort werden die Hände flach aufgelegt. Halten Sie die Position mindestens eine Minute lang.

Mit den Händen auf Schmusekurs

Nichts entspannt und verwöhnt Leib und Seele so wie liebevolles Streicheln. Schmusekatzen leben länger! Sich selber umarmen, festhalten und anlehnen können schenkt Halt und Geborgenheit, tröstet, entstresst und baut das Selbstvertrauen wieder auf.

Schenken Sie sich öfter mal Geborgenheit und Zärtlichkeit – mit Ruhe und Ihrer Schmusedecke in Ihrer Lieblingsecke.

Wer alleine ist, schlingt die Arme um den Körper, wickelt sich in eine Schmusedecke oder drückt ein kuscheliges Stofftier ans Herz. Dann ist alles nur noch halb so schlimm. Es ist wirklich erstaunlich, wie schnell diese Maßnahme wirkt.

Zu zweit können Sie es sich so richtig gut gehen lassen. Umarmen Sie sich, sooft es geht. Beim Abschied und beim Wiedersehen, nebeneinander sitzend auf dem Sofa, nachts im Bett oder einfach nur mal so zwischendurch zum Liebhaben, Spüren und Vertrauen schöpfen.

Schmusen ist wichtig, für Ihre Partnerschaft, aber auch für Sie selbst. Lernen Sie, sich selbst zu lieben und zärtlich mit sich selbst umzugehen.

Reservieren Sie sich richtiggehend Schmusezeiten. Das stärkt die Partnerschaft und tut Leib und Seele gut. Sie können entspannen, den Alltag loslassen und sich aneinander freuen.

Nach dem Festhalten und Umarmen kommt das Streicheln zum Einsatz. Sie können sich selbst streicheln und dabei so manche Verspannungen wegstreichen und verkürzte Muskeln wieder ein wenig dehnen. Noch schöner ist es natürlich, wenn Sie sich gegenseitig streicheln, kraulen und mit liebevollen Berührungen verwöhnen. Und wenn es Ihrem Partner nicht gut geht, dann legen Sie ihm einfach die Hand ganz zärtlich auf den Rücken und schmiegen sich an ihn.

Liebevolle Massagen

Mit liebenden Händen können Sie sich selbst und Ihren Partner mit einer einfachen Wohlfühlmassage verwöhnen. Aufwändige Massagen mit duftenden Aromen und pflegenden Ölen sind zwar wunderbar, aber im Alltag tut eine liebevolle Kurzmassage ebenso wohl. Dazu müssen Sie sich noch nicht einmal ausziehen. Viele Kurzmassagen sind auch im Sitzen möglich.

Eine besonders beliebte Möglichkeit, sich gegenseitig zu verwöhnen, ist die Knet- und Kraulmassage, wenn Sie nebeneinander auf dem Sofa sitzen und fernsehen. Sie sitzen einfach eng beisammen, und die partnerzugewandte Hand legt sich auf den Rücken des Partners und beginnt, den Rücken sanft zu kneten und zu kraulen. Nach einer Weile tauschen Sie und werden nun selbst massiert.

Um sich selbst oder einen Partner zu massieren, brauchen Sie nicht viel Vorkenntnisse. Eine liebevolle Einstellung und warme Hände genügen eigentlich schon, um Wohlbefinden weiterzugeben.

Kurze Selbstmassagen sind natürlich auch sehr beliebt, um den Alltag für längere oder kürzere Zeit links liegen zu lassen und sich zu entspannen.

❶ Nacken, Rücken und Schultern selbst behandeln

Ob am Arbeitsplatz oder zu Hause – legen Sie einfach eine oder beide Hände auf eine erreichbare Körperstelle, und kneten Sie mit sanften Bewegungen das Gewebe. Am beliebtesten ist die Nacken- oder Schultermassage. Sie legen die rechte Hand auf die linke Schulter und beginnen, in kreisenden Knetbewegungen die verhärteten Muskelstränge wieder weich zu machen. Dann wechseln Sie die Seiten.

Nach dem gleichen Prinzip können Sie die Lendenwirbelsäule und das Kreuzbein massieren.

❷ Die entspannende Gesichtsmassage

Bei der Gesichtsmassage gehen Sie ganz vorsichtig vor. Reiben und zerren Sie nicht an der Haut, sondern kreisen Sie mit sauberen Fingerspitzen über die verspannten Gesichtsmuskeln. Oftmals sind die Muskeln um die Augen völlig verspannt. Kneten Sie deshalb mit Daumen und Zeigefinger ganz sanft an den Augenbrauen entlang. Trommeln Sie mit den Fingerspitzen das ganze Gesicht leicht ab, so als ob sanfte Regentröpfchen auf Ihre Haut fallen würden. Das belebt und schenkt neue Energie, die Sie jetzt nötig haben.

Wenn Ihnen der Kopf raucht, dann hilft es, wenn Sie mit allen Fingern durch die Haare fahren und die Kopfhaut so massieren, als ob Sie sie shampoonieren wollten.

Das Zupfen an den Ohrläppchen bringt Sie ganz schnell wieder in Schwung und aktiviert den Kreislauf.

❸ Die Partnermassage

Auch bei der Massage gilt: Drängen Sie dem anderen Ihre Wohltaten nicht auf. Massagen wirken nur dann wohltuend, wenn Sie gewünscht werden. Wenn Ihr Gegenüber eine Massage ablehnt, versuchen Sie ihn oder sie nicht zu überzeugen. Es gibt viele Menschen, die sich bei Berührungen nicht wohl fühlen, und Sie sollten sich nicht dafür verantwortlich fühlen, diese Haltung zu ändern. Eine solche Änderung kann nur der Betroffene selbst ins Werk setzen.

Bei der Partnermassage gehen Sie im Grunde wie bei der Selbstmassage vor. Das Grundprinzip ist das Streichen und Kneten. Stellen Sie sich vor, der Rücken Ihres Partners wäre ein Pizzateig, den Sie in Form bringen. Kneten Sie mit beiden Händen den gesamten Rücken ab. Berühren Sie dabei allerdings nicht die Wirbelsäule, sondern massieren Sie ausschließlich auf Haut und Muskeln. Trommeln, Klopfen und festes Streichen runden die Massage ab.

❹ Die Massage mit Massagehilfen

Besonders beliebt in meinen Kursen sind die Massagenhilfen aus Holz oder Kunststoff sowie die kleinen Igelbälle, die Sie in Apotheken und Gesundheitsläden in verschiedenen Größen und Farben kaufen können. Mit ihrer Hilfe können Sie ganz gezielt vorgehen und müssen sich selbst kaum anstrengen. Der positive Effekt ist allerdings enorm. Mit dem Igelball rollen Sie leicht oder kräftig über die schmerzenden Körperstellen. Sie können sich dabei selbst massieren oder einen Partner um Hilfe bitten. Beliebt ist dabei auch die Fußmassage. Legen Sie den Igelball einfach auf den Boden, und kreisen Sie mit den Fußsohlen darüber.

Hilfsmittel zur Massage wie diesen Roller erhalten Sie in Gesundheitsläden und Apotheken.

Die anderen Massagehilfen werden entsprechend ihrer Beschaffenheit und Form eingesetzt. Sie kreisen dabei über die Haut, rollen oder klopfen den Körper ab.

Das funktioniert ganz gut auch auf der Kleidung, macht Jung und Alt Freude und kann auch unter Fremden zur Auflockerung eingesetzt werden und ist deshalb die ideale Massage fürs Büro und für zwischendurch.

Diese Massagegeräte gibt es im Sanitärfachhandel, in großen Kaufhäusern oder Drogerien, und sie können auch überall hin mitgenommen werden. Mittlerweile habe ich schon ganz kleine Igelbälle gesehen, die in jede Handtasche passen!

Wenn Sie einen lieben Menschen zum Einstieg ins Massieren »verführen« möchten, kann es ein guter Anfang sein, ihm eine solche Massagehilfe zu schenken. Ob zum Geburtstag, zu Weihnachten oder einfach mal zwischendurch: Ein Körbchen mit einem Massageroller, einem feinen Badezusatz und einem wohlriechenden Öl ist wie eine Einladung ins Wellnesscenter. Wenn Ihre Lieben dann erst mal auf den Geschmack gekommen sind, ist auch bei Skeptikern bald der Weg offen für ein gutes Geben und Nehmen von Massagen.

Auch Kinder lieben Massagen, wenn sie einen harten Tag in der Schule hinter sich haben. Besonders beliebt sind bei ihnen Massagegeschichten, bei denen »etwas passiert«, während die Hände streichend, klopfend oder knetend über den Rücken wandern. Probieren Sie, eine Massage in die Geschichten einzubauen, die Sie ohnehin erzählen, wenn Ihr Kind zur Ruhe kommt.

Ein Wort zum Schluss

Mudras können Sie Ihr Leben lang begleiten. So hoffe ich, dass Sie beim Lesen, beim Ausprobieren, Üben und Anwenden aus einer Fülle von unterschiedlichen Mudras schöpfen konnten und genau das Passende für sich gefunden haben.
Kommen Sie zur Ruhe, und entdecken Sie die Schönheit Ihrer Hände. Lernen Sie die Kraft Ihrer Hände kennen, die Ihnen in jeder Lebenslage zur Seite stehen. Nehmen Sie sich die Zeit für Ihre tägliche Mudrameditation, und finden Sie den Weg der Gelassenheit und inneren Heiterkeit und Dankbarkeit.

Ich wünsche Ihnen viel Freude mit den Mudras.
Ihre Zora Gienger

Autorin und Verlag danken dem Fotostudio Weiss in Gersthofen für die freundliche Unterstützung bei der Bebilderung dieses Buches.

Danksagung

Ich danke meinen Kindern, meinem Mann, meinen Eltern und meinen Freunden. Ohne Ihre Hilfe und Unterstützung könnte ich nicht so effektiv Kurse geben und darüber schreiben. Ein besonderer Dank gilt Herrn Meynecke. Ohne sein Engagement gäbe es dieses Buch gar nicht.

Lassen Sie sich von der wohltuenden Wirkung der Mudras begleiten, wohin Sie auch gehen.

Über dieses Buch

Die Autorin Zora Gienger, geboren 1965 in Ulm, ist Bewegungspädagogin und leitet die Gesundheitssprechstunde und das Schwangerschaftsyoga in der Frauenarztpraxis ihres Mannes. Sie hat zudem eine Tanzausbildung in klassischem und modernem Tanz und Tanztheater und tritt heute mit eigenen Choreographien auf. Seit ihrer Jugend praktiziert sie Yoga und hat ein erfolgreiches Yogakonzept für Schwangere entwickelt, das sie seit sieben Jahren zuerst im Krankenhaus Ostfildern-Ruit und nun in eigenen Räumen unterrichtet. An der Volkshochschule unterrichtete sie einige Jahre lang Entspannungsyoga und Yoga für Kinder. Ein Schwerpunkt ihrer Arbeit liegt in der Meditation, die mit Klangschalen, Mudras und Mantras verknüpft ist und unter anderem der Geburtsvorbereitung und Schmerzverarbeitung während der Entbindung dient. Zora Gienger hat drei Kinder und zwei Stiefkinder und arbeitet neben ihrer Unterrichtstätigkeit als freie Autorin.

Bildnachweis Alle Fotos: Werbefotografie Weiss, Gersthofen, mit Ausnahme von: Weltbild Fotoarchiv: 6, 8, 11, 23, 31, 34, 106, 126, 134, 137, 146, 166, 190, 192, 195, 196

Haftungsausschluss Die Inhalte dieses Buches sind sorgfältig recherchiert worden. Dennoch kann weder die Autorin noch der Verlag für die Angaben in diesem Buch eine Haftung übernehmen.

Ein Hinweis in eigener Sache

Mudras und andere Methoden der Selbsthilfe bei Beschwerden und Gesundheitsstörungen können immer nur ergänzend zu einer medizinischen Behandlung helfen. Sie können die Behandlung jedoch niemals ersetzen und sollten eine notwendige Behandlung auch nicht verzögern. Wenn Sie krank sind oder sich krank fühlen, suchen Sie bitte einen Arzt oder Heilpraktiker Ihres Vertrauens auf, und befolgen Sie seine Ratschläge.

Weltbild Buchverlag -Originalausgaben-

Steinerne Furt 67, 86167 Augsburg

Projektleitung: Dr. Ulrike Strerath-Bolz
Redaktion: Claudia Krader
Umschlaggestaltung: Andrea Göttler
Umschlagabbildung: PhotoDisc, Hamburg/Seattle
Layout: X-Design, München
Satz: Lydia Koch, Augsburg
Reproduktion: Point of Media GmbH, Augsburg
Druck und Bindung: Offizin Andersen Nexö Leipzig GmbH, Spenglerallee 26-30, 04442 Zwenkau

Gedruckt auf chlorfrei gebleichtem Papier
Printed in Germany
ISBN 3-89897-353-0

Zum Weiterlesen

- *Eva Maria Anders:* Das Chakren-Buch. Die Energiezentren für Gesundheit und Wohlbefinden. © Verlagsgruppe Weltbild GmbH. Augsburg 2003
- *Melody Beattie:* Kraft zur Selbstfindung. Tägliche Meditationen für den Weg zu sich selbst. © Wilhelm Heyne Verlag. München 2006
- *Dieter Beh:* Atemgymnastik. Bewusst atmen, entspannt leben. © BLV Verlagsgesellschaft mbH. München 1999
- *Reinhard Bögle:* Frauen-Yoga. Das 28-Tage-Programm. © Wilhelm Heyne Verlag. München 2005
- *Andrea Christiansen:* Mudras – Fingeryoga für mehr Wohlbefinden und Lebensfreude. © Südwest-Verlag. München 2005
- *Andrea Christiansen:* Blitz-Yoga. Schnell und mühelos im Alltag entspannen. © Urania. Stuttgart 2005
- *Larry Costa:* Massage. Über 30 Anwendungen für Entspannung und Gesundheit. © Dorling Kindersley. Starnberg 2004
- *Kim da Silva:* Gesundheit in unseren Händen. Mudras – die Kommunikation mit unserer Lebenskraft durch Anregung der Finger-Reflexzonen. © Verlagsgruppe Droemer-Knaur. München 2000
- *Kim da Silva:* Kreativ lernen. © Veritas. Linz 2000
- *Kim da Silva:* Meinen Körper in meine Hände nehmen. © Verlagsgruppe Droemer-Knaur. München 2000
- *Archarya Keshav Dev:* Die Heilkraft der Mudras. © Verlag via nova. Petersberg 2005
- *Angela Fischer:* Frauen meditieren anders. © Rowohlt Taschenbuch Verlag. Reinbek bei Hamburg 2003
- *Dr. med. Wilhelm Gienger und Zora Gienger:* Ganz entspannt schwanger. Yoga, Meditationen und andere Wohlfühlmethoden. © Urania-Verlag. Stuttgart 2005
- *Zora Gienger:* Massagen zum Wohlfühlen. Streicheleinheiten für Körper und Seele. © Urania-Verlag. Stuttgart 2005
- *Zora Gienger:* Meditationen. © Heinrich Hugendubel Verlag. München 2004
- *Zora Gienger:* Meditation. Der einfache Weg zur Entspannung. © Ariston-Verlag. München 2005

- *Zora Gienger:* Meine Wohlfühloase. © Urania-Verlag. Stuttgart 2004
- *Zora Gienger:* Mein Wohlfühl-Badebuch. © Urania-Verlag. Stuttgart 2004
- *Monnica Hackl:* Qi Gong. Heilende Übungen für jeden Tag. © Heinrich Hugendubel Verlag. München 2005
- *Gertrud Hirschi:* Mudras. FingerYoga für Gesundheit, Vitalität und innere Ruhe. © Wilhelm Goldmann Verlag. München 2003
- *Karin Hunkel:* Ganzheitliche Farbberatung. Ein Ratgeber zur richtigen Farbentscheidung. © Schirner Verlag. Darmstadt 2005
- *Shakta Kaur Khalsa:* Yoga für Frauen. Gesundheit und Wohlbefinden in jeder Lebensphase. © Dorling Kindersley. Starnberg 2003
- *Jack Kornfield:* Meditation für Anfänger. Mit Audio-CD. © Wilhelm Goldmann Verlag. München 2005
- *Matthias Mala:* Wohlfühlen durch Mudras. © Verlagsgruppe Droemer-Knaur. München 2006
- *Sabrian Mesko:* Heilende Mudras. © Wilhelm Goldmann Verlag. München 2001
- *Else Müller:* Bewusster Leben durch Autogenes Training und richtiges Atmen. © Rowohlt Taschenbuch Verlag. Reinbek bei Hamburg 2001
- *Karin Schutt:* Relax-Massage. © Gräfe und Unzer. München 2004
- *Linda Sparrowe und Patricia Walden:* Yoga und Gesundheit für Frauen. © Wilhelm Goldmann Verlag. München 2004
- *Lillian Too:* Mantras & Mudras. © Urania-Verlag. Stuttgart 2003
- *Anna Trökes:* Yoga. Kraft für die Seele. Mit CD. © Gräfe und Unzer. München 2005
- *Anna Trökes:* Die Yoga-Box. © Gräfe und Unzer. München 2003
- *Christine Wagener-Thiele:* Zeit, die ich mir nehme. Die Kunst, sich selbst etwas Gutes zu tun. © Gustav Lübbe Verlag. Bergisch Gladbach 2004
- *Bettina Weichold:* Bewegungsfluss. Atem und Bewegung in Balance. © Verlag modernes lernen. Dortmund 2001
- *Dorothea Zimmer:* Yoga. Das Praxisbuch. Mit CD: Musik zum Entspannen. © Verlagsgruppe Weltbild GmbH. Augsburg 2004
- *Dorothea Zimmer:* Yoga ab 50. Der einfache Weg, gesund und beweglich zu bleiben. © Verlagsgruppe Weltbild GmbH. Augsburg 2003

Interessante Internetadressen

Wenn Sie sich durchs Internet klicken, bleiben Sie kritisch! Manche Adressen, die man bei Eingabe des Stichworts »Yoga« findet, sind nicht sehr kompetent und geben falsche Informationen. Dennoch ist das Internet heute eine wichtige Informationsquelle, die man nicht außer Acht lassen sollte.

Webseiten mit Informationen über Gesundheit und Lebensstil:

http://www.gesundheit-aktuell.de/
http://www.lifeline.de/
http://www.gesundheit.de/
http://www.gesundheitpro.de/
http://focus.msn.de/gesundheit
http://www.info-gesundheit.de/
http://www.meine-gesundheit.de/
http://www.netdoktor.de/
http://www.onmeda.de/

Allgemeine Informationen rund um Yoga:

http://www.yoga-vidya.de/index.html
http://www.br-online.de/umwelt-gesundheit/thema/ayurveda_yoga/index.xml

Übungsvorschläge zum Thema Yoga:

http://www.brigitte.de/gesund/fit/beste_uebungen/yoga_pilates_training/
http://www.womenweb.de/bodyhealth/wellness/yogafigurderwoche.html

Viele Produkte rund ums Yoga:

http://www.yogishop.com/
http://www.yogistar.com/

Hier finden Sie einen Yogalehrer in Ihrer Nähe und Erläuterungen rund um das Thema Yoga:

http://www.yoga.de/
http://www.traditionelles-yoga.de/home.htm

Wer sich zum Yogalehrer oder zur Yogalehrerin ausbilden lassen will, kann u.a. hier Hilfe finden:

http://www.yogalehrer-ausbildung.de
http://www.yogaschulebraunschweig.de
http://www.wegdermitte.de
http://www.ausbildung-yogalehrer.de
http://yogalehrer-ausbildung-koeln.de

Der Berufsverband der Yogalehrenden

Die Yogalehrenden in Deutschland haben sich zu einem Berufsverband zusammengeschlossen, der es sich zum Ziel gemacht hat, Informationen über Yoga zu verbreiten, die Qualität der Ausbildung zu sichern und interessierte Menschen mit dem richtigen Yogalehrer oder der richtigen Lehrerin in Verbindung zu bringen. Hier die Kontaktdaten:

Berufsverband der Yogalehrenden in Deutschland e.V.
Jüdenstraße 37
37073 Göttingen
Telefon 05 51/4 88 38 08
Telefax 05 51/4 88 38 60
Internet: www.yoga.de
E-Mail: info@yoga.de

Wenn Sie durch dieses Buch Freude an Mudras bekommen haben und mehr lernen wollen oder gelegentlich auch in einer Gruppe üben wollen, dann haben Sie dazu reichlich Möglichkeiten. Gerade die Volkshochschulen bieten heute in vielen Fällen Kurse an. Auch private Yogaschulen bieten Gelegenheit zum Üben von Mudras, hier sollten Sie sich aber über die Kosten und über die Atmosphäre in der Schule erst gründlich informieren. In Arztpraxen und Kliniken werden ebenfalls schon Mudra-Kurse angeboten.

Die deutschsprachige Yoga-Zeitschrift:

http://www.yoga-aktuell.de/

Auf diesen Seiten erfahren Sie etwas über Mudras:

http://www.tibet-galerie.de/index.html
http://www.heliweb.de/lucas/1796058.htm
http://www.christina-jung.com/

Informationen über Meditation im Allgemeinen:

http://www.religio.de/dialog/197/197s14.html

Mudras von A bis Z

Beschwerden & Wirkungen von A bis Z

Stichwortverzeichnis